村级公共产品自愿性供给问题研究

——基于“一事一议”制度的运行机制及绩效视角

周　密　谭晓婷　黄　利　陈鹏飞　著

中国农业出版社

前　言

村级公共产品决定了农业生产效率的高低及农村经济社会的发展，由此村级公共产品供给成为影响中国农业、农村发展的关键因素之一。提高村级公共产品供给水平和供给质量，改进供给效率、提高供给效果，有助于改善农村生产、生活环境，缩小城乡差距，促进社会和谐，且对于新农村建设、确保到2020年农村贫困人口实现脱贫、全面建成小康社会具有重要现实意义。2003年起全面开展的农村税费改革工作，取消了村提留和乡统筹，禁止各种集资和摊派，同时逐步取消农村劳动积累工和农村义务工，在此背景下，以社区自主决策、成员分摊供给成本为特征的“一事一议”成为解决村级公共产品供给问题的主要制度安排。

“一事一议”是党和政府在农村税费改革过程中为了解决农村公益事业建设资金和劳务筹集问题提出的一项制度安排。2000年3月，《中共中央、国务院关于进行农村税费改革试点工作的通知》第一次以正式文件的形式提出“一事一议”制度，农业部据此出台《村级范围内筹资筹劳管理暂行规定》。从国际经验看，当国民经济发展到一定阶段以后，随着城市化进程的推进，为了进一步保障欠发达地区公共产品的有效供给，政府应当对这些地区公共产品的供给予以补贴。中国从2011年起开始在全国范围推广村级公共产品自愿性供给的奖励和补助政策，即一事一议财政奖补制度。该制度是提供村级公共产品的重要制度创新，旨在解决农民自己筹资筹劳中存在的资金不足、缺乏议事激励等问题，亦成为目前村级公共产品供给的最主要方式。

本书正是从“一事一议”制度入手，系统分析了村级公共产品自愿性供给问题。在构建“村级公共产品供给制度安排—制度具体运行机制及其绩效—制度优化设计”的理论分析框架基础上，以“一事一议”制度演变历程为主线，对该制度展开研究。结合各时期问卷调查资料，运行定性分析和定量分析相结合的方法，分别对“一事一议”筹资筹劳制度和一事一议财政奖补制度展开研究，分析了其框架结构和内在的运行机制。之后通过对制度运行绩效的探讨，指出了我国村级公共产品供给制度所发挥的重要作用及所存在的问题，对如何创新村级公共产品供给制度提出了有针对性的对策建议。最后，本书从生活性、生产性两类村级公共服务供给现状上分别提出了国内外经验借鉴，以更好地完善我国村级公共产品供给制度。本书共分为五大部分：导论、政策演变、“一事一议”筹资筹劳运行机制及其绩效、一事一议财政奖补运行机制及其绩效以及村级公共服务供给国内外经验借鉴。

第一部分导论。该部分由村级公共产品供给的重要性及我国村级公共产品供给制度的渐进改革，引出本书的研究对象——“一事一议”制度，并分析指出了我国村级公共产品供给目前所面临的问题，最后具体介绍了全书的内容与安排。

第二部分政策演变。本部分系统梳理了自税费改革配套实施“一事一议”制度后，“一事一议”筹资筹劳制度和一事一议财政奖补制度的详细演变历程，并指出各时期制度实施的原则、意义及所存在的问题；以此历程为主线，从制度实施的基本原则、财政奖补范围、财政奖补标准及资金来源和工作程序四个角度比较分析了各省一事一议财政奖补制度实施情况的异同点；最后以辽宁省为例，分析了“一事一议”制度的具体实施历程及所取得的成效。

第三部分“一事一议”筹资筹劳运行机制及其绩效。基于对沈阳市118位村书记的问卷调查数据，首先运用纳什均衡及嵌套博弈理论对“一事一议”筹资筹劳制度的运行机制进行了研究，发现只有在满足“熟人社会”和村民在选举中真实表达偏好两个假说的基础上，“一事一议”筹资筹劳制度才能更好地发挥作用。其次，对“一事一议”筹资筹劳制度的适用性进行了经验研究，分别利用计数模型中的零堆积负二项回归模型和零堆积泊松分布模型分析了“一事一议”筹资筹劳制度对生活性村级公共投资与生产性村级公共投资的影响，发现“一事一议”筹资筹劳制度对村级生活性公共产品的影响更显著。最后，利用计数模型中的负二项回归模型研究“一事一议”筹资筹劳制度对于村级公共投资项目个数的影响，结果发现“一事一议”筹资筹劳制度对增加村级公共投资项目数具有显著的影响。

第四部分一事一议财政奖补运行机制及其绩效。基于对辽宁省15个县45个乡镇135个村1 215个农户的调查数据，系统分析了一事一议财政奖补制度运行机制及其绩效。首先使用村级调查数据，通过空间计量模型分析发现，一事一议财政奖补制度的实施存在学习效应和竞争效应，且针对县内各村在获得一事一议财政奖补资金中的竞争，政府的协调机制表现为：在县级政府主导的协调下，人均纯收入低的村庄更容易获得一事一议财政奖补资金；此外，经济欠发达地区县内各村在获得一事一议财政奖补资金上的竞争更激烈。其次运用贯序博弈和嵌套博弈理论，分析了一事一议财政奖补制度对于村级公共产品供给的影响，并使用村级调查数据，分析了该制度对村级公共产品供给项目数的影响。零堆积负二项回归结果显示：在最近3年内，获得过一事一议财政奖补的村比未获得一事一议财政奖补的村平均多提供约1.3项村级公共产品。再次，运用二阶段排序选择模型和路径分析法，实证发现，当前对一事一议财政奖补制度满意的农户占84.8%。影响满意度的直接因素包括农户利用公共产品的程度、对以往提供的公共产品满意度、邻里关系和谐程度、村庄民主管理规范程度。农户对一事一议财政奖补制度满意度的间接影响表现为：在以农业生产为主的农户中，他们的满意度主要受到生产性公共产品供给的影响，而在受教育程度高的农户中，他们的满意度主要受到生活性公共产品供给的影响。最后，探究了新型城镇化背景下，外出务工率高的村，其获得财政奖补资金的概率较小，外出务工率低的村，获得财政奖补资金的概率较大。

第五部分村级公共服务供给国内外经验借鉴。本部分将村级公共产品划分为生产性公共产品和生活性公共产品，分别介绍各类型公共产品供给模式及对我国村级公共产品供给的启示。首先，以财政支持小型农田水利建设为例，分析了生产性村级公共产品供给、服务的国内外经验借鉴；其次，从农村生活垃圾、污水、厕所及粪便处理三方面分析生活性村级公共产品供给、服务的国内外经验借鉴。

本书在中国村级公共产品供给制度不断改革创新的背景下，基于“一事一议”制度的运行机制及绩效视角，探讨了村级公共产品自愿性供给问题，并指出“一事一议”在中国村级公共产品供给制度所发挥的重要作用及存在的问题，对如何创新村级公共产品供给制度提出了有针对性的对策建议。

著　者

2017年11月

目　　录

第三篇　一事一议财政奖补运行机制及其绩效

第一章 导 论

1.1 村级公共产品供给问题的重要性

所谓村级公共产品主要是指仅仅供应本村村民使用的对农业生产和农民生活水平提高有积极作用的公共产品。在其类型划分上，按其存在形式、形态可划分为两类，一是有形的村级公共产品，主要指国防、公共道路、桥梁等其他公共设施；二是无形的村级公共产品（或服务），主要指法律、规章制度、政策以及意识形态等。按其的使用功能（最终用途）也可划分为两类，一是生产性村级公共产品，主要指道路、桥梁、农田水利设施建设等公共产品；二是生活性公共产品，主要指村民生活密切相关的村内自来水、村民饮水情况、村内公共厕所、生活垃圾回收和处理方式、生活污水处理方式、村内医院诊所、村内学校养老院的建设和村内修建健身娱乐广场、阅览室等。

村级公共产品的有效供给不仅有利于农业生产发展和农民生活水平的提高，也关系着社会主义新农村建设、乡村民主政治、城乡统筹发展和整个社会的和谐发展，对于新农村建设、确保到 2020 年农村贫困人口实现脱贫、全面建成小康社会具有重要现实意义。如生活性村级公共产品的供给有利于改善农村居民的生产生活条件，缩小城乡差距，促进全面小康社会目标的实现。生产性村级公共产品的供给则为农业现代化的转变提供保障。

由于我国农村公共产品供给的基础差、起步晚，现实中仍然存在供给总量不足、结构不尽合理、供给偏离需求、供给效率有待提高等问题。近年来，农村公共产品问题越来越引起政府和学者的高度关注，连续多年的中央 1 号文件都从“三农”问题出发，明确提出和强调了要重视农村基础建设，不断完善村级公共产品的供给和服务。本书正是在此背景下，系统分析我国村级公共产品供给的历史沿革，并从多角度对目前实行的村级公共产品自愿性供给制度——“一事一议”展开讨论，探讨在新型城镇化背景下，如何创新村级公共产品供给制度、加强社会主义新农村建设，全面实现小康社会。

1.2 村级公共产品供给制度的渐进改革

随着我国农村经济体制的变迁，村级公共产品供给制度也在渐进改革。具体可将其划分为人民公社时期、家庭承包制时期及税费改革后（包括“一事一议”筹资筹劳和一事一议财政奖补两个阶段）三个时期，本书将以“一事一议”制度为背景，探讨村级公共产品自愿性供给制度的创新。

表 1-1　不同时期的村级公共产品供给制度

制　　度	供给主体	供给客体	筹资渠道
人民公社时期的供给制度	人民公社	农村公共产品	公社财政（国家预算收、地方预算外收入、公社社有收入）；制度外（各级集体组织所筹资金）
家庭承包制时期的供给制度	政府、私人、社区、第三部门	农村公共产品	基层政府财政、乡镇自筹；制度外
一事一议筹资筹劳制度	政府、私人	村内设施建设	村民筹资、财政补助
一事一议财政奖补制度	政府、私人、村集体、第三部门	村内设施建设	财政奖补、村民筹资、村集体经济、社会团体捐资

1.2.1　人民公社时期农村公共产品供给制度

1958 年《中共中央关于在农村建立人民公社问题的决议》颁布后，人民公社化运动在全国展开，农村地区经过社会主义改造后，乡镇建制开始撤销，人民公社体制开始确立，实行“政社合一”的组织体制和“一大二公”的分配制度。

人民公社时期，人民公社成为了我国农村公共产品供给的唯一主体，公共产品供给包括财政和体制外（集体经济）两个渠道，通过自上而下的决策方式，由政府计划来满足农村所需的公共产品。在这一时期，农村的公共产品供给具有高度的计划性，决策程序采取自上而下的命令方式。农民没有权利而且不同农户之间具有较强的同质性，因此，对于农户来说，没有对村级公共产品的需求，更不存在对村级公共产品需求的差异性，这一特征使得农村公共产品的集中统一供给变得更为顺畅。人民公社的这种制度创新对于农村公共产品供给来说，通过制度安排使农村社会资源得到高度整合，解决了农民的组织难题，为我国农村提供了大量的公共产品，不断推动农业现代化的发展，从而改善了我国的农业生产条件，为农业现代化的建设打下坚实的基础。

表 1-2　人民公社时期乡村公共产品供给制度

项　目	具体筹资方式	决策方式
大型水利工程	财政投入为主，部分由集体筹资筹劳	
公共卫生院	实行社办公助的方式	
教育部举办农村中学	财政支出为主，部分由集体筹资，个人承担少部分	
队社修建小型农田水利设施	贫困社队，国家给予一定补助；有能力承担的社队，自筹	自上而下
乡村合作医疗	财政奖补；大队统筹；社区筹资	
社队办学	集体负担为主，财政给予必要奖补，个人负担少量学杂费	

1.2.2　联产承包责任制时期农村公共产品供给制度

20 世纪 80 年代初，我国开始实施家庭联产承包责任制，该制度使得农民拥有了土地的使用权，改变了之前集体所有、平均主义的分配模式，从根本上改变了公社的经济关系、生产关系以及社政关系。这一时期，在“乡政村治”模式下，农村公共产品的供给体制转变以政府供给为主的多元主体供给制度，改变了人民公社时期的单一政府供给。

实施家庭联产承包责任制后，农户获得了私有产权，随着经济社会和农业的不断发展以及农民收入水平日渐提高，农民对农村公共产品的需求有所增加，对教育、医疗等与生活息息相关的公共产品的需求日益提高。同时，由于农户之间的发展不平衡，收入差异扩大，农户对公共产品需求的偏好差异也随之拉大。

家庭联产承包责任制下的农村公共产品筹资渠道从人民公社时期的公社财政和制度外筹资转变为由基层政府财政和乡镇自筹组成，但其本质还是人民公社时期制度外的公共产品成本分摊制度的延续。虽然这一时期开始建立了乡镇一级财政，但乡村社区公共产品制度外筹资体制通过其他方式保留，以村提留（公积金、公益金、管理费）和乡统筹（用于乡村两级办学即农村教育事业附加费、计划生育、优抚、民兵训练、修建乡村道路等民办公助事业的款项）的方式由农户分摊农村公共产品供给所需的资金。

1.2.3　后税费时期农村公共产品供给制度

（1）“一事一议”筹资筹劳制度

2003 年在全国开展的农村税费改革工作全面取消了村提留、乡统筹和

“两工”（即农村劳动积累工和农村义务工），为避免村级公共产品供给主体的缺位，配套实施了“一事一议”筹资筹劳制度，旨在实现村级公共产品的适度供给目标。该制度规定原由乡统筹和村提留中开支的农田水利基本建设、道路修建、植树造林、农业综合开发有关的土地治理项目和村民认为需要兴办的集体生产生活等其他公益事业项目所需资金，不再固定向农民收取，采取“一事一议”的筹集办法。

（2）一事一议财政奖补制度

“一事一议”筹资筹劳制度的实施对增加村级公共投资项目具有显著的影响（周密，张广胜，2009），但在具体实践中却由于税费改革背景下的制度目标变异、村级公益模糊的竞争以及制度设计上的缺陷等因素而陷入困境。国家统计局农村社会经济调查总队对全国31个省份6.8万个农村住户的抽样调查显示，2004年“一事一议”筹资费人均仅1.6元，按人均筹资15元的上限和议办一事匡算，真正开展了“一事一议”的行政村不过10%多一点（杨卫军，王永莲，2005）。财政部的统计数据显示，截至2008年全国开展“一事一议”的村庄比例累计为14%（胡静琳，2009）。同时国家为了防止农民负担加重，对该制度的参与人数、决策方式和筹资筹劳上限等都有严格限制，且这项制度相关配套措施不完善，没有建立相应的激励机制，农民积极性调动不起来，制度的实施陷入了“事难议、议难决、决难行”的困境，严重制约了我国村级公共产品的供给。这种困境和难题引起了各级党委、政府的高度重视。自2008年起，中央政府率先在黑龙江、河北、云南三省开展村级公益事业建设一事一议财政奖补政策试点工作。2011年，这一政策在全国范围内得到全面实施。

1.3 村级公共产品供给面临的问题

公共产品是相对于私人产品而言的，是指用来满足社会公共需求的具有非排他性、非竞争性的商品和服务，是推动经济发展和促进社会进步的重要动力之一。我国目前正处于经济社会快速发展的重要阶段，公共产品的作用尤其突出，但现阶段的公共产品与服务并不能很好地满足广大人民群众的需要，这成为我国经济社会发展的一大阻碍。随着全社会对公共产品需求的日益增长，缺乏的公共产品供给问题更加凸显，我国进入公共产品短缺的时代。

长期以来，我国存在着二元经济结构，农村和城市发展不平衡，这使得我国农村的公共产品供给较城市来说更为缺乏，农村居民所享有的基础设施、社会保障、医疗卫生、文化教育等方面的公共产品供给水平远远落后于城市居民，并且这一差距正在逐步扩大。同时，农业产业化问题、农村农民的收入问题及农村老龄化问题的出现，使得农村居民对于公共产品的需求更加迫切并呈现出多样化的变化特征。

1.4 研究内容与结构安排

本书主体分为4篇11章：第一篇为政策演变，第二篇为“一事一议”筹资筹劳运行机制及其绩效，第三篇为一事一议财政奖补运行机制及其绩效，第四篇为村级公共服务供给的国内外经验借鉴。

第一篇梳理总结了一事一议制度的演变。其中，第一章对税费改革后我国村级公共产品供给制度的整体演变历程进行了细致归纳、总结；第二章从宏观角度出发，从实施一事一议财政奖补的基本原则、一事一议财政奖补范围、一事一议财政奖补的标准及资金来源、一事一议财政奖补工作程序等四个角度分析对比了各省一事一议财政奖补制度实施情况的异同点；第三章从微观角度出发，分析了一事一议筹资筹劳和财政奖补时期在辽宁省的具体发展历程以及一事一议财政奖补制度在辽宁省所取得的成就。

第二篇探讨研究了“一事一议”筹资筹劳制度的运行机制及其绩效。第四章探讨了其运行机制，运用纳什均衡及嵌套博弈理论研究发现只有在满足“熟人社会”和村民在选举中真实表达偏好两个假说的基础上“一事一议”制度才能更好地发挥作用。并利用沈阳市118个村书记的问卷调查数据对“一事一议”制度的适用性进行了经验研究，分别利用计数模型中的零堆积负二项回归模型和零堆积泊松分布模型分析了“一事一议”制度对生活性村级公共投资与生产性村级公共投资的影响，发现“一事一议”制度对村级生活性公共品的影响更显著。第五章探讨了一事一议筹资筹劳的运行绩效。通过对118位村书记的调查，利用模型研究了“一事一议”制度对于村级公共投资的影响，结果发现“一事一议”制度对增加村级公共投资项目具有显著的影响。研究还发现，村级公共投资项目数与经济发达程度、外出务工人员比重有相关关系。

第三篇探讨研究了一事一议财政奖补制度的运行机制及其绩效。第六章通过研究发现，针对县内各村在获得一事一议财政奖补资金中存在的竞争，政府的协调机制表现为：在县级政府主导的协调下，人均纯收入低的村庄更容易获得一事一议财政奖补资金。此外，经济欠发达地区县内各村在获得一事一议财政奖补资金上的竞争更激烈。使用2015年辽宁省村级调查数据，通过空间计量模型分析发现，一事一议财政奖补制度的实施存在学习效应和竞争效应：学习效应即县内其他村获得财政奖补提高了本村申请财政奖补的概率，竞争效应即财政奖补资金的获得在县内各村存在竞争，而非平均分配。第七至九章主要探讨了一事一议财政奖补制度的运行绩效。第七章运用贯序博弈和嵌套博弈理论，分析了一事一议财政奖补制度对于村级公共产品供给的影响，并通过对辽宁省 125 个村的问卷调查，分析了该制度对村级公共产品供给项目数的影响。第八章利用辽宁省 15 县 135 村 1 043 个农户的调查数据，运用二阶段排序选择模型，实证分析了农户对一事一议财政奖补制度满意度的影响因素，并进一步通过路径分析法揭示了各因素对农户满意度直接影响和间接影响的作用机制。第九章使用沈阳农业大学 2015 年“辽宁新农村建设百村千户”项目调查数据，运用描述性统计分析方法分析了新型城镇化对一事一议财政奖补制度的影响，按照不同兼业类型将农户分为纯农户、一兼农户和二兼农户，分析不同类型农户的特征差异、不同类型农户对一事一议财政奖补的满意程度、不同类型农户在公共产品投资行为方面差异以及新型城镇化背景下的耕地处置，并根据调研的村表数据分析外出务工比例与财政奖补之间的关系，从而探究新型城镇化对一事一议财政奖补制度的影响，并依据分析结果提出相关的政策建议。

第四篇探讨了村级公共服务供给的国内外经验借鉴。其中，第十章以财政支持小型农田水利建设为例，分析了生产性村级公共产品供给、服务经验借鉴；第十一章主要从农村生活垃圾、污水、厕所及粪便三方面分析生活性村级公共产品供给、服务的经验借鉴。

第一篇

政策演变

第二章 “一事一议”制度的演变历程

2.1 “一事一议”筹资筹劳时期（2000—2007年）

2.1.1 实施背景

作为一种村级公共产品供给制度，“一事一议”是随着我国农村公共产品供给制度的变迁而逐步形成的。首先，从公共财政、公共产品理论角度来讲，公共财政理论下农业基础设施的准公共产品属性，决定了政府财政支农是必要的和不可或缺的。总的来看，国家通过税收以及转移支付制度供给农村公共产品属于制度内供给，而国家对村级公共产品的供给意愿不足，导致我国制度内供给的农村公共产品数量非常有限，这才诱发了制度外供给公共产品的机制。在我国少数比较富裕尤其是集体经济发展较好的农村地区，制度外供给公共产品的组织者是基层政府，提供主体则是集体企业。然而，在我国大多数农村地区，村集体由于缺乏收入来源，提供农村公共产品的能力不足，因此，政府又出台了一些继税费改革之后的农村综合改革政策。其中，“一事一议”这种制度外公共产品提供机制成为农村公共产品的提供主体，这也是“一事一议”形成的原因。

2.1.2 实施历程

（1）2000年

在《中共中央、国务院关于进行农村税费改革试点工作的通知》（中发〔2000〕7号）中，中央确定在安徽省以省为单位进行农村税费改革试点。其他省、自治区、直辖市可根据实际情况选择少数县（市）试点，具体试点工作由省、自治区、直辖市党委、政府决定和负责，试点方案报中央备案。

（2）2001年

《国务院关于进一步做好农村税费改革试点工作的通知》（国发〔2001〕5号）规定：今年（即2001年）农村税费改革是否在全省（自治区、直辖市）范围内全面推开，由各省（自治区、直辖市）党委、政府结合当地实际情况自主决定，中央不作统一规定。条件具备并决定在全省（自治区、直辖市）范围内全面推开的，其改革方案要报经国务院审批；条件暂不成熟的，要选择若干县（市）扩大试点，积累经验，为下一步全面推开做好必要的准备。

江苏省自愿以省份进行全省试点，上海市、浙江省自费改革。

（3）2002 年

《国务院办公厅关于做好 2002 年扩大农村税费改革试点工作的通知》（国办发［2002］25 号）新增河北、内蒙古、黑龙江、吉林、江西、山东、河南、湖北、湖南、重庆、四川、贵州、陕西、甘肃、青海、宁夏 16 个省（自治区、直辖市）为农村税费改革试点省。至此，20 个省份进行了全省试点。

（4）2003 年

《国务院关于全面推进农村税费改革试点工作的意见》（国发［2003］12 号），全面推进农村税费改革试点，并要做到“三个确保”，即确保改革后农民负担明显减轻、不反弹，确保乡镇机构和村级组织正常运转，确保农村义务教育经费正常需要。要加强和规范农业税及其附加征收工作，同时要健全和完善农业税减免制度，农业税（包括农业税附加）灾歉减免应坚持“轻灾少减，重灾多减，特重全免”的原则。并提出村内“一事一议”筹资筹劳制度是农村基层民主政治建设的重要内容，必须长期坚持。

（5）2004 年

《国务院关于做好 2004 年深化农村税费改革试点工作的通知》（国发［2004］21 号），提出要完善村内“一事一议”筹资筹劳管理办法。要求全面落实 2004 年农业税减免政策，加强对试点工作的分类指导，2004 年在黑龙江、吉林两省进行免征农业税改革试点，河北、内蒙古、辽宁、江苏、安徽、江西、山东、河南、湖北、湖南、四川等 11 个粮食主产省（区）的农业税税率降低 3 个百分点，其余省份农业税税率降低 1 个百分点。

（6）2005 年

《国务院关于 2005 年深化农村税费改革试点工作的通知》（国发［2005］24 号）提出：严格区分加重农民负担与农民自愿投工投劳改善自己生产生活条件的政策界限，进一步完善“一事一议”制度，在切实加强民主决策和民主管理的前提下，本着自愿互利、注重实效、控制标准、严格规范的原则，引导农民开展直接受益的基础设施建设和发展公益事业。以加强小型农田水利建设为重点，探索建立农村基础设施建设和公益事业投入新机制，鼓励农民兴办农村公益事业。

（7）2006 年

农业部办公厅关于转发黑龙江省农业委员会《关于筹补结合 规范管理推进农村小型公益事业发展的报告》的通知（农办经［2006］20 号）提出：各地要结合实际，积极争取财政支持，努力使财政支持与农民筹资筹劳相结合，更好地发挥村民“一事一议”筹资筹劳制度的作用，努力促进农村小型公益事业发展。

(8) 2007年

《国务院办公厅关于转发农业部村民“一事一议”筹资筹劳管理办法的通知》(国办发〔2007〕4号)要求：筹资筹劳应遵循村民自愿、直接受益、量力而行、民主决策、合理限额的原则。农业部负责全国筹资筹劳的监督管理工作。县级以上地方人民政府农民负担监督管理部门负责本行政区域内筹资筹劳的监督管理工作。乡镇人民政府负责本行政区域内筹资筹劳的监督管理工作。

2.1.3　农村公共产品供给特征

供给主体：以农户为主。

供给渠道：以村社自助为主。

决策机制：自下而上的需求导向。

2.1.4　实施原则

(1) 村民自愿

“一事一议”筹资筹劳以村民的意愿为基础，即议什么、干不干、干哪些、怎样干，都要听取村民的意见，尊重村民的意愿，不能强迫命令。村民自愿不仅是议事的基础，也是能否议得成、办得好的重要前提。

(2) 直接受益

“一事一议”筹资筹劳项目的受益主体与议事主体、出资出劳主体相对应，即谁受益、谁议事、谁投入。全村受益的项目全村议，部分人受益的项目部分人议。直接受益是提高议事成功率和实施效果的重要条件。

(3) 量力而行

确定“一事一议”筹资筹劳项目、数额，要充分考虑绝大多数农民的收入水平和承受能力。筹资数额和筹劳数量较大的项目可制定规划，分年议事，分步实施。

(4) 民主决策

“一事一议”筹资筹劳项目、数额等事项，必须按规定的民主程序议事，经村民会议讨论通过，或者经村民会议授权由村民代表会议讨论通过，充分体现民主决策、民主监督。这是“一事一议”筹资筹劳制度的核心和关键。

(5) 合理限额

农民的整体收入水平不高，全国各地农民收入差距较大，省级政府应根据当地经济发展水平和农民承受能力，分地区制定筹资筹劳的限额标准，村民每年人均筹资额、人均筹劳量不能超过限额标准。

2.1.5 “一事一议”筹资筹劳制度实施的意义

（1）解决了政府管不好，市场不愿管，而群众急需要解决的村内生产公益事业建设问题

对于类似这样的棘手问题，通过农民的自己讨论协商，可以得到有效的解决，可以避免很多干群矛盾的产生和激化。

（2）推动了农村基层民主建设进程

实行“一事一议”制度后，村内兴办生产公益事业所需资金从预算到筹集、从使用到决算等环节，都要充分发扬民主，实行“民主决策、民主管理、民主监督”，使农民真正成为当家人，调动了农民参与管理的积极性，有效地推动了农村基层民主建设的进程。

（3）改善了农村干群关系

改革前，许多村“集资摊派年年有，干部常年忙收费，干群关系理不顺”。改革后，干部依法办事、按程序办事的意识明显增强，村内兴修水利、道路建设等集体生产公益事业，群众能监督，干部有责任，改变了过去“村干部上门要，老百姓不愿交”的局面，干群关系明显改善。

（4）有效控制了农村“三乱”

“乱集资、乱摊派、乱收费”是加重农民负担，危及农村稳定的重要原因，单靠清理整顿、限制分摊项目等办法来控制很难根治。采取“一事一议”，农民筹集资金数量标准是由村民大会或村民代表大会集体讨论决定的。对未经讨论投票表决而任意向农民摊派、集资或收费，村民均有权拒绝缴纳，从源头上堵住了“三乱”行为的发生。

2.1.6 “一事一议”筹资筹劳制度实施存在的问题

（1）“一事一议”开展不平衡

全国尚有多数村庄未开展“一事一议”筹资筹劳，有的根本未议，有的未议成。议事程序不规范。按政策文件规定，村级“一事一议”筹资筹劳应先编制预算方案，预算方案经村民会议讨论通过后再报乡镇政府审批。村申报预算方案时需同时附报筹资筹劳农户花名册和村民会议通过的情况说明材料。多数村组上报的筹资筹劳预算方案比较简单，缺农户花名册和村民会议通过情况等附件材料。

（2）开会议事难

按照规定，开展“一事一议”，必须召开村民会议或村民代表会议讨论和决定，但是，目前农民外出务工经商人数多，有议事能力的和经济能力的人往往不在家，留在家中务农的往往是没有议事能力和经济能力的人，再加上农民居住分散，开会议事人数难以达到规定要求。当然也不乏“有事难议”的例子。村里为了办一件集体生产公益事业，要么开会时村民不参会，要么参会时部分村民、特别是不直接受益的村民故意刁难，极力反对，从而形成“有事难议”。

(3) 筹资执行难

村干部力量强的村，“一事一议”资金能收95%，村干部力量弱的村，“一事一议”资金只能收70%左右。少数人不交钱给已经交款的村民造成消极影响，给下次筹资增加了难度。

(4) 筹资标准低，满足需要难

现行“一事一议”制度规定，平均每人每年一般为10～20元，筹资标准偏低，难以满足农村兴办公益事业的需要。

(5) 跨乡跨村工程组织难

由于“一事一议”筹资筹劳政策规定仅限于村内生产公益事业，跨乡、跨村的工程难组织，比方说，沿河的村屯，税改前，沿河乡镇互相联合利用秋冬季节，组织劳力可对堤防进行除险加固，税改后，这样跨乡跨村的工程难以“一事一议”组织施工。

(6)“一事一议”规范难

“一事一议”筹资筹劳制度在各地实施过程中难以规范操作。有的地方扩大“一事一议”范围，把计生投入、村聘教师待遇、五保户供养等不属于“一事一议”的收费项目列入议事范围；有的地方“一事一议”项目明显超过上限；有的村筹资前不张榜公布，不召开村民代表会议讨论，不征求群众意见，即使召开群众代表大会也是走过场，没有按规定进行运作；有的村所筹资金不单独建账、专人管理、专款专用。

2.2 一事一议财政奖补时期（2008年至今）

2.2.1 实施背景

自农村实行家庭联产承包责任制以来，中国的城乡差别日益严重，“城市像欧洲，农村像非洲”。特别是公益事业的差别表现得尤为突出。“户外村内”的道路、桥梁、水利等农村小型基础设施建设，直接关系到农民的切身利益，是改善农村生活环境、提高农民生活水平、增加农民收入的关键问题。

农村税费改革前，村提留、乡统筹和农村劳动积累工、义务工（简称“两工”）是村级公益事业建设的主要资金、劳务来源。农村税费改革逐步取消了村提留、乡统筹和“两工”，大幅度减轻了农民的负担，规范了涉农收费的行为，遏制了各方面向农民乱收费的现象。同时，国家规定，村级兴办集体公益事业所需资金，实行“一事一议”筹资筹劳，由村民大会民主讨论决定，实行村务公开、村民监督、上限控制和上级审计。但由于这项制度当时相关配套措施不完善，没有建立相应的激励机制，农民积极性调动不起来，出现了“事难议、议难决、决难行”的局面，从农村税费改革到一事一议财政奖补试点前，村级公益事业建设投入总体上呈下滑趋势，成为农民反映强烈、要求迫切的问题。

面对“一事一议”筹资筹劳面临的困境和难题，“一事一议”制度落实中存在的问题，影响到了新农村建设的推进，引起了各级党委、政府的高度重视，一些地方开始积极研究和探索解决的办法。黑龙江省从2005年起，省财政安排专项资金，对村民通过“一事一议”筹资筹劳建成的村内公益事业建设项目，政府按照省确定的每人每年12元的筹资限额给予一半的财政奖补。这一制度的实行，调动了农民筹资筹劳开展村内公益事业建设的积极性，促进了“一事一议”制度的落实，从2008年开始，被国务院农村综合改革办公室在全国范围进行了总结推广。从此，全国各地采取局部试点、逐步推进的方式，有选择地开展了一事一议财政奖补试点工作。

2.2.2 实施历程

小面积试点阶段——黑龙江、河北、云南（全省试点）。

2008年2月1日，为进一步巩固农村税费改革成果，扎实推进社会主义新农村建设，全面深化农村综合改革工作，按照《中共中央、国务院关于切实加强农业基础建设，进一步促进农业发展农民增收的若干意见》（中发［2008］1号）的精神和国务院有关规定，经国务院领导同意，国务院农村综合改革工作小组、财政部、农业部三部门以国农改［2008］2号文件，联合发布《关于开展村级公益事业建设“一事一议”财政奖补试点工作的通知》，各省、自治区、直辖市农村综合改革领导小组办公室、财政厅（局）、农业厅（委、局、办），新疆生产建设兵团农村综合改革领导小组办公室、财务局、农业局做好全国村级公益事业建设一事一议财政奖补的试点工作。一事一议财政奖补，拉开了全国村级公益事业建设“一事一议”财政奖补的序幕。

扩大试点范围阶段——黑龙江、河北、云南、江苏、内蒙古、湖南、安徽、贵州、重庆、宁夏等地区全省试点；湖北、广西、甘肃、福建、山西、陕西、江西等地区局部扩大试点。

2009年，国务院农村综合改革工作小组、财政部和农业部《关于扩大村级公益事业建设“一事一议”财政奖补试点的通知》中，进一步提出要充分认识扩大一事一议财政奖补试点的重要意义，并明确指出扩大一事一议财政奖补试点的指导思想和基本原则、实施步骤，并且要求各地做到因地制宜地制定一事一议财政奖补办法，一事一议财政奖补试点相关配套措施仍需进一步健全。

继续扩大实施范围阶段——黑龙江、河北、云南、江苏、内蒙古、湖南、安徽、贵州、重庆、宁夏、湖北、广西、甘肃、福建、山西、陕西、江西、浙江、辽宁、山东、四川等地区全省试点；新疆、海南、河南、吉林、青海、西藏等地区局部试点。

2010年，国务院农村综合改革工作小组、财政部和农业部《关于做好2010年扩大村级公益事业建设一事一议财政奖补试点工作的通知》又明确试点范围要继续扩大；要精心制定试点工作方案；完善一事一议财政奖补的操作程序及资金、劳务管理办法，加强制度建设；建立健全村级公益事业建设投入的有效机制；加强对一事一议财政奖补试点的监督检查。按照中央关于扩大一事一议财政奖补试点范围、探索建立新形势下村级公益事业建设有效机制的要求，2010年，除已在全省开展试点的黑龙江、云南、河北、江苏、内蒙古、湖南、安徽、贵州、重庆、宁夏等10个省份外，从已开展局部试点、工作基础扎实和有扩大试点意愿的省份中，选择确定浙江、福建、湖北、广西、甘肃、山西、陕西、江西、山东、辽宁、四川11个省份在全省范围内进行试点，新疆、海南、河南、吉林、青海、西藏6个省份进行局部试点。新增扩大试点的省份试点方案要尽快报国务院农村综合改革工作小组，国务院农村综合改革工作小组会同财政部、农业部于3月底前审核批复后实施。其他省份按照中央有关政策要求，自主开展试点。

全面实施阶段——全国推行。

2011年起，一事一议财政奖补工作将在全国所有省份展开。中央财政2011年预算安排奖补资金160亿元，部分奖补资金已提前拨付到地方，并将根据各地预算执行情况，按程序适当增拨奖补资金。同时努力将政府对农民筹资筹劳的奖补比例提高到50%以上，中央财政占政府奖补资金的比例提高到40%，建立一事一议财政奖补资金稳定增长机制。

2.2.3 农村公共产品供给特征

供给主体：政府和农户。

供给渠道：国家财政与村社自助。

决策机制：自下而上的需求导向。

2.2.4 实施原则

(1) 民主决策，筹补结合

一事一议财政奖补项目必须尊重民意，以村民民主决策、自愿出资出劳为前提，政府给予奖励补助，使政府投入和农民出资出劳相结合，共同推进村级公益事业建设。

(2) 直接受益，注重实效

一事一议财政奖补项目必须考虑村级集体经济组织、农民和地方财政的承受能力，县乡政府要加大规划指导力度，重点支持农民需求最迫切、反映最强烈、利益最直接的村级公益事业建设项目，适当向贫困村倾斜，提高项目效用，防止盲目攀比。

(3) 规范管理，阳光操作

建立健全各项制度，确保筹资筹劳方案的制订、村民议事过程、政府奖补项目的申请、资金和劳务使用管理公开透明、公平公正，接受群众监督。

2.2.5 一事一议财政奖补制度实施的意义

(1) 经济、社会效益显著

一是改善了农村生产生活条件，构建了村级公益事业建设的新机制，促进了社会主义新农村建设。通过试点，初步构建了“财政资金引导、农民筹资投劳、社会捐资赞助”的农村公益事业建设投入新机制，促进了新农村建设。建立一事一议财政奖补制度，加大政府对村内道路、水利、环境卫生和文化设施等公益事业的投入力度，特别支持解决农民生产生活中最紧迫的现实问题，不仅可以有效缓解农村公共产品供给不足的矛盾和问题，而且有利于引导农民自觉主动地参与社会主义新农村建设，改善农村基础设施，加快改变农村落后面貌。

二是解决了群众一家一户想办而办不了的最紧迫、最现实的困难，充分体现了党和政府执政为民的理念和公共财政的公共属性。

三是大力激发了农民自我发展的意识，充分调动了农民建设自己家园的积极性。在一事一议财政奖补政策实施过程中，由农民民主决策、自主建设、自主管护村级公益事业建设项目，通过试点，许多村干部和村民转变了观念，自发组织议项目，主动要求搞试点，从“要我干”转变为“我要干”，激发和调动了广大农民民主议事、办事、管事的积极性和创造性，议出了农村团结、发展的和谐景象。

四是推动了基层政权职能的转变，锻炼了基层干部的组织协调能力，增强了向心力和凝聚力。通过试点，为农村基层组织和干部联系群众、为农服务搭建了一个良好的工作平台，解决了村民最关心、最迫切的现实问题，基础组织和干部找到了工作抓手，服务得到了认可，群众得到了实惠，增强了基层组织的凝聚力和向心力，促进了农村和谐稳定。

(2) 积累了新鲜有益的经验，为进一步建设好村级公益事业奠定了坚实基础

一是要坚持农民自愿，自建自管。农民是村级公益事业的直接受益主体，也是直接的建设主体之一，只有在坚持农民自愿的基础上才能够更好地发挥农民的主观能动性和创造性，进而促进村级公益事业的建设和后期管护工作的落实。

二是要坚持因地制宜，形成各具特色的奖补模式。目前，主要有四种基本类型：①捐赠赞助型。主要是浙江、江苏、福建等经济发达地区，以民营企业家、个人捐款为主，村民适当筹资投劳建设村级公益事业项目。②实物补助型。主要是贵州、云南等欠发达地区农民现金收入少，开展村内公益事业建设以农民出工出劳为主，政府主要补助水泥、钢筋等物资。③定额补助型。主要是一些地方对农民开展公益事业建设实行定额补助。④分类奖补型。江苏、云南、河北、江西、甘肃等地根据不同地区经济发展水平，确定不同的奖补比例，适当向落后地区和少数民族地区倾斜。

三是要坚持民办公助，阳光操作。村级公益事业建设以农民筹资投劳为主、政府奖补为辅。农民筹资和财政奖补资金实行“专户管理、专账核算、直接支付、公开公示”管理方式，确保专款专用，规范透明，阳光操作。

四是要坚持统筹推进，以县为主。在试点组织实施上，强化省级统筹安排，县级具体组织，乡村具体落实的责任，对一定限额以下的奖补资金，由县级直接审批，省市重在政策指导、督促检查。

五是要坚持统一规划，有效整合。在新农村建设规划指导下，以一事一议财政奖补机制为支点，撬动涉农专项资金集中使用，实现公共资源有效整合，推进新农村建设。

各地财政奖补试点的实践表明，实行一事一议财政奖补，有利于更多财政资金投向“三农”，扩大公共财政惠及农村的覆盖面，加快城乡公共服务均等化进程；有利于激发农民“一事一议”筹资筹劳的积极性，引导社会资金参与投入，推进村级公益事业建设机制创新；有利于发挥农民主体作用，健全和完善基层民主制度，有效防止农民负担反弹。一事一议财政奖补制度是一项得民心、顺民意的“民心工程”和“德政工程”，是扩内需、保增长、重民生、促稳定的一项持久有效的惠民强农政策，得到了广大基层干部群众的衷心拥护和支持。一事一议财政奖补，事关广大农民群众的切身利益，事关农村经济社会的长远发展，意义重大而深远。这就要求我们，必须按照中央的决策和要求，扎扎实实搞好财政奖补试点，不断总结试点经验，完善财政奖补政策，加大奖补支持力度，积极探索建立以“一事一议”为基础，以财政奖补为引导，整合部门专项资金，鼓动社会各界投入，筹补结合、多元参与，建管并举、稳定投入的村级公益事业建设新机制。

2.2.6 一事一议财政奖补制度实施存在的问题

一是村民开会集中难，意见难统一。

二是“一事一议”制度操作还有待进一步完善。在实际操作中，难以避免农民搭便车行为，部分村民不履行筹资筹劳义务，影响了村级公益事业的健康发展。

三是现有的财政奖补政策标准低，难以解决实际问题。

四是变相增加农民负担。

五是诱发村干部贪污腐败。

六是凸显出“覆盖面窄”“议事难、议决难、事难议”“资金来源渠道少”“项目建设管理薄弱（有人建、无人管)”等问题。

七是认识到位难、组织管理难、事项议定难、筹资落实难、机构不够健全。

八是试点项目奖补资金清算兑现严重滞后，“先建后补”不利于工作开展。

九是在实践的过程中产生了审批程序过多、审批时间过长的问题。

第三章 各省一事一议财政奖补制度实施情况的异同点

3.1 三个首批试点省

2008年选取中国北部黑龙江、中部河北、南部云南三省为试点实行一事一议财政奖补制度。三个省均根据《国务院农村综合改革工作小组、财政部、农业部关于开展村级公益事业建设一事一议财政奖补试点工作的通知》（国农改［2008］2号）精神，结合本省实际情况制定了符合实际的实施方案。

3.1.1 从实施一事一议财政奖补的基本原则角度看

黑龙江省的实施要求：①政策引导，筹补结合；②发扬民主，集思广益；③全面推进，重点投入；④规范管理，阳光操作。由此可见，黑龙江省在执行政策时注重的是效率和民主。河北省的实施要求：①民主决策，筹补结合；②农民受益，注重实效；③整体推进、重点突破；④规范管理，阳光操作。由此可见，河北省在执行政策时注重的是公平和民主。云南省的实施要求：①民主决策，筹补结合；②量力而行，注重实效；③规范管理，阳光操作。由此可见，云南省在执行政策时注重的是实力和民主。由三省制定的基本原则可以看出实施一事一议财政奖补制度均要做到筹补结合、讲求民主。

3.1.2 从一事一议财政奖补范围角度看

三个省的奖补范围均是以农民“一事一议”筹资筹劳为基础、目前支农资金没有覆盖的村级公益事业项目。黑龙江省具体奖补项目为：村（屯）和场内水渠（灌溉区支渠以下的斗渠、毛渠）、堰塘、桥涵、机电井、小型提灌或排灌站等小型水利设施，村（屯）和场内道路、植树造林、环卫公共设施、沼气公共设施、自来水公共设施、有线电视公共设施、文化基础公共设施以及卫生基础公共设施等公益事业建设。河北省将奖补项目分为：村内道路硬化、村内小型水利、村内人畜饮水工程、村内街道照明设施、村内公共环卫设施、村内公共绿化以及农民认为需要兴办的村内其他集体生产生活所需的公益事业建设。云南省具体奖补项目为：自然村村内户外道路、小型农田水利、人畜饮水、环卫设施、植树造林、文化体育设施等农民迫切需要并直接受益的公益事业建设项目。

而对于超出省级人民政府规定的筹资筹劳限额标准和农民（农工）意愿及承受能力以及举债兴办的公益事业建设项目，三个省均规定一律不予财政奖补。在黑龙江省，采取按户、车、地、牲畜摊款筹资完成的公益事业建设项目也不予财政奖补。在河北省和云南省，跨村和村以上范围的公益事业建设项目投入主要由各级政府分级负责，由已有的投入渠道解决，对于农民房前屋后的修路、建厕、打井、植树等投资投劳应由农民自己负责。

3.1.3 从一事一议财政奖补的标准及资金来源角度看

黑龙江省实行补助与奖励相结合的奖补机制，河北省实行“重点倾斜、兼顾一般”和“双挂钩、双奖励”的奖补办法，云南省实行区别对待、分类奖补的奖补办法。三个试点省在财政奖补标准和资金来源方面出台的政策相差较大，可能的原因是三省地理位置和经济条件存在较大差异，各省因地制宜地制定了符合本省的财政奖补政策。

黑龙江省实行补助与奖励相结合的奖补机制。其中补助是按村级（农场）公益事业一事一议财政奖补政策，财政按照每人每年筹资额的80%予以补助，行政村（农场）可用集体积累和企业自有资金代替农民（农工）筹资开展的公益事业建设，该种情况也被列入补助范围。奖励包括对村级（农场）开展公益事业建设“一事一议”筹资筹劳工作成效显著、农民（农工）积极参与筹资筹劳以及所议项目是农民（农工）急需的公益事业项目（新农村建设试点村优先，修建村内道路、植树造林和自来水项目优先），实行财政奖励资金重点倾斜。各地、各有关部门根据本地、本部门农村（农场）公益事业建设规划，每年按照不超过所辖行政村（农场）总数5%的比例（国有农场按照比例计算不够1个的，允许推荐1个农场），推荐公益事业建设先进行政村（农场），由省财政厅、省农委审核后，省级财政予以每年每行政村（农场）基本能够辅助其建设公益事业奖补范围内某一项目所需资金的奖励。享受奖励的行政村（农场），当年不再重复享受前款规定的补助。

河北省实行“重点倾斜、兼顾一般”和“双挂钩、双奖励”的奖补办法。将列入当年省文明生态村创建行列的村兴办的“一事一议”项目，作为重点项目，在农民每人每年筹资20元限额内，由中央和省财政按照农民筹资总额1∶3给予奖励补助；将没有列入当年省文明生态村创建行列的村兴办的“一事一议”项目，在农民每人每年筹资20元限额内，由中央和省财政按照农民筹资总额1∶1给予奖励补助。对市、县财政配套安排奖补资金的，省财政再按市、县配套额的10%增加奖励补助。

云南省在使用中央和省安排的一事一议财政奖补资金时，由省财政在兼顾公平、确保普遍受益的前提下，根据各县（市、区）农村实际人口、地方财力状况和“一事一议”筹资筹劳开展情况等，实行区别对待、分类奖补。经批准列入一事一议财政奖补项目，对于村集体经济水平高、农民收入水平高、筹资筹劳能力强并能够争取社会捐赠赞助的，财政奖补资金可占到投资总额的40%；对集体经济薄弱、农民收入水平较低、筹资筹劳能力弱的贫困山区和边境少数民族村寨，财政奖补资金可占到投资总额的60%，个别情况特殊的，财政奖补资金可占到80%。

3.1.4　从一事一议财政奖补工作程序角度看

黑龙江省的工作程序包括：①农民委员会（农场）对“一事一议”筹资完成的项目提出资金补助（奖励）申请。其中奖励资金的申报为每年5月底前、补助资金申报为每年11月底前，逾期不报的列入下一年度申报。②一事一议财政奖补项目的审核。③一事一议财政奖补项目的审批。④一事一议财政奖补资金的拨付。省财政厅对县（市）和省直农场主管部门拨付财政奖补资金，县（市）财政局和省直农场主管部门接到资金后，及时拨付到应奖补乡（镇）财政所（农场）和省直农场的财政奖补资金专户。⑤一事一议财政奖补资金的发放。由乡（镇）财政所拨入乡（镇）财政所“一事一议”集体公益事业筹集资金专户对应村的账户；农场奖补资金按照财务隶属关系拨付。⑥“一事一议”筹资筹劳及财政奖补资金的管理。各级农业部门负责对村级范围内筹资筹劳的审查、监督和管理，实行专人、专账、专户运行。

与黑龙江省相比河北省、云南省一事一议财政奖补工作程序坚持先批后建、建补同行、自下而上、分级负责的原则。①项目建设申请。由拟开展“一事一议”筹资筹劳的村通过所属乡镇政府向县级农民负担监管部门和财政部门提出“一事一议”项目建设申请，县级农民负担监管部门和财政部门审批后，村民委员会收缴筹资，组织筹劳，开展项目建设。②奖补资金申请。乡镇财政所应分村设立“一事一议”筹资专户，村民委员会收缴农民筹资并全额交存所在乡镇“一事一议”筹资专户后，可向县级财政部门和农民负担监管部门提出财政奖补申请。县级财政和农民负担监管部门按职责分工对奖补申请审核后，汇总上报设区市财政部门和农民负担监管部门。设区市财政部门和农民负担监管部门审核汇总后上报省财政厅和省农业厅审定。扩权县（市）直接将奖补申请汇总上报省财政厅和省农业厅，并抄报所在设区市财政和农民负担监管部门备案。③奖补资金的拨付。省财政厅按省级审定的“一事一议”项目，将中央和省级财政奖补资金按规定标准和程序逐级拨付到县级财政部门。“一事一议”项目竣工后，县级财政部门和农民负担监管部门组织有关部门验收，对验收合格的项目出具验收报告。奖补资金5万元以上的，经村委会申请，县级财政部门可以按项目建设进度分期报账，完工验收后清算补齐；奖补资金5万元以下的，项目完工验收后，经村委会申请，由县级财政部门一次性拨付给项目筹资主体或垫资人。

表3-1　2008年三个试点省一事一议财政奖补政策汇总

省份	基本原则	奖补范围	财政奖补标准及资金来源	工作程序
黑龙江	①政策引导，筹补结合；②发扬民主，集思广益；③全面推进，重点投入；④规范管理，阳光操作	村（屯）、国有农场以农民（农工）“一事一议”筹资筹劳为基础，目前支农资金没有覆盖的村（屯）和场内小型水利设施、村（屯）和场内道路、植树造林、环卫公共设施、沼气公共设施、自来水公共设施、有线电视公共设施、文化基础公共设施以及卫生基础公共设施等公益事业建设。 超出省级人民政府规定的筹资筹劳限额标准和农民（农工）意愿及承受能力，采取借、贷、抬款和按户、车、地、牲畜摊款筹资完成的公益事业建设项目不予财政奖补	实行补助与奖励相结合的奖补机制。 补助包括：按村级（农场）公益事业“一事一议”筹资财政奖补政策筹资的，按照每人每年筹资额的80%予以补助。 奖励包括：选出公益事业建设先进行政村（农场），由省级财政予以该行政村（农场）基本能够辅助其建设公益事业奖补范围内某一项目所需资金的奖励。 同时，倡导市县财政安排适当奖补资金和社会各界捐赠赞助资金，多元投入开展村级公益事业建设	①项目申报；②项目审核；③项目审批；④资金拨付；⑤资金发放；⑥资金管理
河北	①民主决策，筹补结合；②农民受益，注重实效；③整体推进、重点突破；④规范管理，阳光操作	以农民“一事一议”筹资筹劳为基础，目前支农资金没有覆盖的村内街道硬化、村内小型水利的修建、村内人畜饮用水工程、需要农民筹资的电力设施的修建、村内公共环卫设施的购建、村内公共绿化以及农民认为需要兴办的村内其他集体生产生活等公益事业。 跨村和村以上范围的公益事业建设项目投入应主要由各级政府分级负责，由现有的投入渠道解决。农民房前屋后的修路、建厕、打井、植树等投资投劳应由农民自己负责。对于不符合《河北省农民“一事一议”筹资筹劳管理办法》的规定、举债等兴办的村内公益事业项目，不予奖补	实行“重点倾斜、兼顾一般”和“双挂钩、双奖励”的办法。将列入当年省文明生态村创建行列的村兴办的“一事一议”项目作为重点项目，由中央和省财政按照农民筹资总额1∶3给予奖励补助。将没有列入当年省文明生态村创建行列的村兴办的“一事一议”项目，由中央和省财政按照农民筹资总额1∶1给予奖励补助。对市、县财政配套安排奖补资金的，省财政再按市、县配套额的10%增加奖励补助。 鼓励有条件的市、县、乡政府加大对村级“一事一议”项目的投入力度，倡导社会各界捐赠、赞助、投资村级公益事业建设	坚持先批后建、建补同行、自下而上、分级负责的原则。 ①项目建设申请；②奖补资金申请；③奖补资金的拨付

（续）

省份	基本原则	奖补范围	财政奖补标准及资金来源	工作程序
云南	①民主决策，筹补结合；②量力而行，注重实效；③规范管理，阳光操作	以农民“一事一议”筹资筹劳为基础，目前支农资金没有覆盖的自然村村内户外道路、小型农田水利、人畜饮水、环卫设施、植树造林、文化体育设施等农民迫切需要并直接受益的公益事业建设项目。 跨村以及村以上范围的公益事业建设项目投入，应主要由各级人民政府分级负责，由现有的投入渠道解决，原则上不向农民筹资筹劳；农民宅前屋后的修路、建厕、打井、植树等投资投劳，应由农民自己负责	经批准列入一事一议财政奖补项目的，财政奖补资金可占到投资总额的40%；对集体经济薄弱、农民收入水平较低、筹资筹劳能力弱的贫困山区和边境少数民族村寨，财政奖补资金可占到投资总额的60%，个别情况特殊的，财政奖补资金可占到80%。 财政奖补资金主要由中央和省通过财政转移支付安排，省级财政按照中央奖补资金1∶1配套。倡导社会各界捐赠赞助，形成政府补助、部门扶持、社会捐赠、村组自筹和农民筹资筹劳相结合共同推进村级公益事业建设的投入新机制	坚持先批后建、建补同行、自下而上、分级负责的原则。 ①项目建设申请；②奖补资金申请；③奖补资金的拨付

3.2　2009年新增14个试点省、自治区、直辖市

2009年新增江苏、内蒙古、湖南、安徽、贵州、重庆、宁夏7个省份在全省范围内开展试点，选择湖北、广西、甘肃、福建、山西、陕西、江西7个省份局部为试点实行一事一议财政奖补制度。目前没有开展试点的省份由各省（自治区、直辖市）选择1～2个县（市）自主开展试点，积累经验。

3.2.1　从实施一事一议财政奖补的基本原则角度看

各省、自治区、直辖市均要求规范管理、阳光操作，说明一事一议财政奖补在实施过程中政府规范操作、合理管理很重要。江苏省坚持“谁投资谁受益；谁所有谁养护”原则。由此可见，江苏在执行政策时注重的是明确公益设施所有权，落实养护责任主体。内蒙古坚持“民主决策，筹补结合；农民受

益，注重实效；量力而行、合理负担；重点突破，整体推进；整合资金，形成合力；透明操作，强化监督”原则。由此可见，内蒙古自治区更加注重政策的公平性以及政策实施效果。湖南、安徽、广西、江西则更加注重政策的实施效果以及农民、地方财政承受能力。贵州、重庆、湖北、宁夏更加注重政策实施过程中的统筹规划问题。福建、山西、陕西更加注重政策实施过程中的规范管理和责任机制。

3.2.2 从一事一议财政奖补范围角度看

各省、自治区、直辖市均是以农民“一事一议”筹资筹劳为基础，以目前支农支牧专项资金没有覆盖的村级公益事业项目为重点，主要分为生活性公共产品和生产性公共。最基本的包括村内小型农田水利设施、村内道路、植树造林、安全饮水工程、户外村内环卫设施、公共文化设施等项目建设。而对于跨村以及村以上范围的公益事业建设项目投入，主要由各级人民政府分级负责，由现有的投入渠道解决，不向农民筹资筹劳，不予财政奖补；农民宅前屋后的修路、建厕、打井、植树等投资投劳，由农民自己负责，不予财政奖补；对于超过国务院和省委、省政府规定的筹资筹劳限额标准、举债兴办的村级公益事业建设项目，不予财政奖补。

由于各省地理条件、经济结构等存在差异，各省所需村级公益事业建设项目也有所差异。如内蒙古横跨中国东北、华北、西北三大地区，有“东林西矿、南农北牧”之称，同时也是中国最大的草原牧区，因此，在确定财政奖补范围时加入了公共饲草料基地（打草场）、牲畜药浴池以及农畜产品交易场所等。贵州还包括电力设施以及体育设施建设，福建还包括村容美化亮化以及新能源设施。

3.2.3 从一事一议财政奖补标准及资金来源角度看

在村级公益事业建设过程中实施了一事一议财政奖补制度后，各省村级公益事业建设项目资金基本上是由农民筹资筹劳、省和中央财政进行奖补、市县财政配套奖补三部分筹得。同时各省鼓励和支持村集体自主投资、倡导社会各界捐赠赞助，期待形成政府补助、部门扶持、社会捐赠、村组自筹和农民筹资筹劳相结合，共同推进村级公益事业建设的投入新机制。

但是，由于各各省、自治区、直辖市经济发展水平存在较大差异，而村级公益事业建设程度也有所不同，因此，各地区财政奖补标准也存在较大差异。江苏省坚持“普惠制”和“特惠制”相结合，在苏北地区试点县按项目投资总额的50%进行奖补，在苏中地区及苏南村级经济相对薄弱地区的试点县按项目投资总额的66.7%进行奖补。内蒙古自治区财政奖补占项目投资总额的66.7%，既可以是资金奖励，也可以是实物补助。湖南省对国家和省级扶贫开发重点县要求原则上不得向农民筹资，政府按村或建设项目规模大小给予5万～10万元的补助；其他地区按项目投资总额的75%奖补。安徽省县级财政根据全县农业人口数，按人均不低于5元的标准落实奖补资金，中央和省财政依据农业人口、地方财政状况等因素，并参照各地一事一议财政奖补工作开展情况的考评结果予以奖补。贵州省财政奖补占项目投资总额的28.6%，省与市（州、地）、试点县（市、区、特区）各按1/3的比例负担。重庆市财政奖补占项目投资总额的25%～50%。湖北省财政奖补占项目投资总额的25%，所需政府补助资金原则上由省和中央财政承担2/3、试点县（市、区）财政承担1/3。广西壮族自治区对财政奖补资金实行限额控制，以村（屯）为单位，原则上不得超过30万元；因特殊情况超过30万元的，报市综合改革办公室审批，并报自治区综合改革办公室备案。福建省对普惠制项目的奖补标准是，3 000人（含）以上的行政村按照投资总额的31%予以财政奖补，1 500～3 000人的行政村按照投资总额的33%给予财政奖补，1 500人（不含）以下的行政村按照投资总额的35.5%给予财政奖补；对23个省级扶贫开发重点县的一事一议财政奖补项目，奖补标准每档提高5个百分点。山西省对一般村兴办的公益事业建设项目按照投资总额的50%予以奖补；对示范村和重点示范基地项目，可适当予以倾斜。陕西省财政奖补占项目投资总额的25%，奖补资金由中央、省财政承担2/3，市县财政共同承担1/3。江西省财政奖补占项目投资总额的25%，奖补资金由中央、省和县财政各承担1/3。

3.2.4　从一事一议财政奖补工作程序角度看

各地区村级公益事业建设一事一议财政奖补制度的实施程序均包括村级申报、乡镇初审、县级复审三个步骤。先由村民民主议事决事，统一筹资筹劳兴办村级公益事业后，由村“两委”向上级申报；由乡镇财政部门会同农经部门对村“两委”的财政奖补申请进行审核，对符合申报要求的由乡镇政府上报区县财政部门，抄送区县农业部门；区县财政部门按照轻重缓急原则和总体建设计划，对乡镇上报奖补申请进行筛选排序，形成一事一议财政奖补工作方案。在重庆市还要经过市级审批和备案。然后组织项目建设，建成后进行项目验收，验收合格的拨付财政奖补资金。

表 3-2 2009 年新增试点省一事一议财政奖补政策汇总

省份	基本原则	奖补范围	财政奖补标准及资金来源	工作程序
江苏	坚持“谁投资谁受益；谁所有谁养护”的原则，明确公益设施所有权，落实养护责任主体	按规定通过民主决策、由农民筹资筹劳投入建设的村内公益事业项目。主要包括：村内水渠（灌溉区支渠以下的斗渠、毛渠）、堰塘、桥涵、机电井、小型提灌或排灌站等小型水利设施，村内道路（行政村到自然村或居民点）和户外村内环卫设施、植树造林、村容村貌改造等	坚持“普惠制”和“特惠制”相结合。 苏北地区试点县（市、区），按农民“一事一议”筹资额 1∶1 的比例确定补助；苏中地区及苏南村级经济相对薄弱地区的试点县（市、区），按农民“一事一议”筹资额 1∶0.5 的比例确定补助。 同时，引导社会各界捐赠赞助，建立全方位、多渠道的投入新机制	①村级申报；②乡镇初审；③县级复审
内蒙古	①民主决策，筹补结合；②农民受益，注重实效；③量力而行、合理负担；④重点突破，整体推进；⑤整合资金，形成合力；⑥透明操作，强化监督	以农牧民“一事一议”筹资筹劳为基础，目前支农支牧专项资金没有覆盖的村级公益事业项目，主要包括：村内街（巷）道硬化、小型农田水利设施、小型人畜饮水设施、公共饲草料基地（打草场）、牲畜药浴池、农畜产品交易场所、村容村貌改造和公共绿化、环卫设施以及农牧民认为急需兴办的村内其他集体生产生活方面的公益事业。 跨村及村以上范围的公益事业建设项目，应主要由各级政府分级负责，由现有的投入渠道解决。农牧民房前屋后的铺路、建厕、打井、植树，以及农牧民在其承包的耕地、草坡、荒地、荒滩上改造生产条件、提高地力、种树种草等投资投劳项目，应由农牧民自己负责	坚持“区级统筹，分级负责，以盟市、旗县为主，上级适当奖补”的原则。 按照“重点倾斜，兼顾一般”的原则，采取“双奖励、双挂钩”的政策。 农牧民筹资筹劳和其他非政府投入数额，一般不应低于项目投资总额的 1/3，在此基础上由当地财政部门给予奖补。在奖补内容上，提倡因地制宜、因事制宜，既可以是资金奖励，也可以是实物补助	①提出申请；②乡镇政府初审；③旗县复审；④项目建设；⑤项目验收；⑥奖补资金拨付。 旗县可先预拨部分奖补资金，一些项目可实行建设与奖补并行

（续）

省份	基本原则	奖补范围	财政奖补标准及资金来源	工作程序
湖南	①农民自愿，量力而行；②民主决策，农民受益；③因地制宜，分类指导；④加强管理，规范操作	对以农民“一事一议”筹资筹劳为基础，目前支农资金没有覆盖的村内道路、村内小型水利设施、村内公共环卫设施、村内公共绿化等。 对扩大议事范围的不补，超标准筹资筹劳的不补，负债建设的不补	对贫困地区以补为主，其他地区以奖为主。 国家和省级扶贫开发重点县原则上不得向农民筹资，对农民筹劳开展村内“一事一议”公益事业建设的村，政府按村或建设项目规模大小给予5万～10万元的补助；其他地区按农民“一事一议”筹资总额1∶3的比例给予奖补；对覆盖面广、受益面大、投入相对较多的议事项目，由县市区提出申请，经省综改办审查批准后，可适当提高奖补比例。县市区财政要在预算内安排资金，原则上按省财政补助资金的50%配套安排	①村级申请；②乡镇初审；③县审核拨付
安徽	①民主决策，筹补结合；②量力而行，注重实效；③因地制宜，分类指导；④规范管理，阳光操作	以农民“一事一议”筹资筹劳为基础的“村内户外”公益事业建设，主要包括村内小型农田水利设施、道路、植树造林、安全饮水工程、环卫设施、公共文化设施等项目建设，以及农民认为需要的其他村内公益事业建设。 跨村的项目及农民房前屋后的项目不纳入一事一议财政奖补范围	中央和省财政依据农业人口、地方财政状况等因素，并参照各地一事一议财政奖补工作开展情况的考评结果予以奖补。 县级财政根据全县农业人口数按人均不低于5元的标准落实奖补资金。 提倡有条件的市级和乡镇财政加大奖补资金投入，鼓励倡导村集体经济组织和社会各界捐赠	①农民议定；②村级申报；③乡镇初审；④县级审批
贵州	①农民自愿；②量力而行；③合理规划；④以县为主；⑤自主建设；⑥阳光操作	以农民“一事一议”筹资筹劳为基础，目前其他支农资金等没有覆盖的村内道路、小型水利、人畜饮用水工程、需要农民筹资筹劳的电力设施、公共环卫设施、村内公共文化、体育设施建设、公共绿化等	按群众筹资和筹劳折资额的40%给予补助。所需政府奖补资金，省与市（州、地）、试点县（市、区、特区）各按1/3的比例负担	严格按照：规划→申请→审核→审批→设计→实施→验收→评估来执行。50万元以下的小型项目，可根据实际需要适当简化程序

（续）

省份	基本原则	奖补范围	财政奖补标准及资金来源	工作程序
重庆	①适当奖补，客观公平；②统筹规划，注重实效；③点面结合，量力而行	以农民通过“一事一议”筹资筹劳为基础，村内农民直接受益的公益事业，主要包括村内道路、村内小型农田水利设施、村容村貌等建设。 跨村及村以上范围的公益事业建设项目投入由现有投入渠道解决；农民房前屋后的修路、建厕、打井、植树等投资投劳由农民自行负责	除市级确定的重点村外，区县财政部门具体安排财政奖补资金时，按农民筹资总额给予“不低于1∶1，不高于2∶1”的奖补。鼓励行政村集体投入村级公益事业建设	①农民民主议事决事；②村“两委”申报；③乡镇初审；④区县审核；⑤市级审批；⑥市级备案
宁夏	①农民自愿，量力而行；②科学规划，注重实效；③突出重点，整体推进；④加强管理，阳光操作	以农民“一事一议”筹资筹劳为基础，目前支农资金没有覆盖的村内公益事业。主要包括：村内道路修建、小型农田水利建设、人畜饮用水工程建设、村庄绿化、环境卫生设施建设、文化基础设施建设以及农民认为需要兴办的村内其他集体生产生活公益事业	中央和自治区安排的一事一议财政奖补资金，由自治区财政在兼顾公平、确保普遍受益的前提下。根据各县（市、区）农村人口、劳动力、筹资筹劳平均限额、耕地面积、“一事一议”开展情况以及地方财力状况等因素，采取补助与奖励相结合的办法，给予奖补	①项目申报；②项目审批；③项目实施；④资金兑付；⑤考核验收
湖北	①民主决策，筹补结合；②量力而行，注重实效；③逐步推进，统筹规划；④规范管理，阳光操作	以农民“一事一议”筹资筹劳为基础，目前支农资金没有覆盖的村内道路、小型农田水利、环卫设施、造林绿化、公共文化设施以及农民认为迫切需要且直接受益的其他公益事业建设。 超过国务院和省委、省政府规定的筹资筹劳限额标准、举债兴办的村级公益事业建设项目，不得纳入奖补范围	政府按照农民筹资筹劳总额1/3的比例予以补助。所需政府补助资金原则上由省和中央财政承担2/3，试点县（市、区）财政承担1/3。 鼓励和支持村级组织发展集体经济，提高自我发展和自我建设的能力。倡导社会各界捐赠赞助，形成政府补助、部门扶持、社会捐赠、村组自筹和农民筹资筹劳相结合，共同推进村级公益事业建设的投入新机制	①项目规划；②项目申请；③项目初审；④项目审批；⑤项目实施；⑥项目验收；⑦资金拨付

（续）

省份	基本原则	奖补范围	财政奖补标准及资金来源	工作程序
广西	①农民自愿、量力而行；②民主决策、筹补结合；③择优选项、讲求实效；④规范管理、阳光操作	以农民“一事一议”筹资筹劳为基础的村（屯）内小型水利设施、村内道路、户外村内环境设施、植树造林、村容村貌改造、自来水公共设施、文化基础公共设施、卫生基础公共设施等公益事业以及其他与农民生产生活关系密切的村内公益事业项目	“一事一议”项目的财政奖补资金实行限额控制，以村（屯）为单位，原则上不得超过30万元。因特殊情况超过30万元的，报市综改办审批，并报自治区综改办备案。奖补资金主要由中央、自治区财政奖补资金和县财政配套资金组成。各级要在财政奖补基础上，倡导社会各界积极捐赠赞助	①农民议定；②村级申报；③乡镇初审；④县级审批；⑤自治区备案
福建	①民办公助，适当奖补；②严格管理，专款专用；③直接受益，注重实效	以农民“一事一议”为基础的“村内户外”公益事业建设项目，包括：村内道路、桥涵建设、村内小型水利建设、农民饮用水工程、村内公共环卫设施、村内公共活动场所、村容美化亮化、新能源设施和农民认为需要兴办的集体生产生活等其他公益事业项目	普惠制项目奖补标准是3 000人（含）以上的行政村，按照行政村人口测算的筹资筹劳总额的45%给予财政奖补，1 500～3 000人的行政村按照行政村人口测算的筹资筹劳总额的50%给予财政奖补，1 500人（不含）以下的行政村按照行政村人口测算的筹资筹劳总额的55%给予财政奖补。 对23个省级扶贫开发重点县的“一事一议”财政奖补项目，奖补标准每档提高5个百分点	①民主议事；②申报审批；③项目实施；④考核验收；⑤资金兑现；⑥设施管护；⑦档案保存
山西	①适当奖补，客观公平；②分清责任，建立机制；③直接受益，注重实效	以农民“一事一议”筹资筹劳为基础，目前支农资金没有覆盖的村内小型水利、村内道路、环卫设施、植树造林等农民直接受益的公益事业	财政奖补实行“重点倾斜、兼顾一般”的办法，一般村兴办的公益事业建设“一事一议”项目，财政按照农民筹资总额1∶1给予奖励补助；对示范村和重点示范项目，适当予以倾斜，倾斜比例由试点县掌握	①项目建设申请；②奖补资金申请；③财政奖补资金的拨付

（续）

省份	基本原则	奖补范围	财政奖补标准及资金来源	工作程序
陕西	①民办公助，适当奖补；②分清责任，明确范围；③严格管理，专款专用；④直接受益，注重实效	对农民通过“一事一议”筹资筹劳开展的村内道路、农田水利、村容村貌改造以及农民通过民主程序议定需要兴办且符合有关政策规定的其他公益事业建设项目。 跨村以及村以上范围的公益事业建设项目，通过现有专项资金渠道解决，不得列入“一事一议”财政奖补范围；农民房前屋后的修路、建厕、打井、植树等投资投劳由农民自己负责	政府对农民通过“一事一议”筹资筹劳开展的村级公益事业建设，在筹资筹劳限额内按照筹资筹劳总额的1/3予以补助。奖补资金由中央、省和市县财政共同负担，中央、省财政通过奖补的方式承担政府补助资金的2/3，市县财政共同承担1/3。 倡导社会捐资、赞助，鼓励集体经济投入村级公益事业建设	普惠制项目实行：①村级申报；②乡镇初审；③县级审批；④市级备案。 特惠制项目实行：①乡镇申报；②县级初审；③市级审批；④省级备案
江西	①民主决策，筹补结合；②突出重点，注重实效；③规范管理，阳光操作	以农民“一事一议”筹资筹劳为基础，目前支农资金没有覆盖的村内小型水利设施、村内道路、环卫公共设施、植树造林等村级公益事业建设。 国有农林场、农垦企业代管的村、实行总分场管理体制改革后的分场公益事业建设参照村级公益事业列入奖补范围	在农民每人每年筹资筹劳限额内，政府按照1/3的比例予以补助，所需政府补助资金由中央、省和县财政各承担1/3。 鼓励有条件的地方结合实际，将支农专项资金和“一事一议”奖补资金捆绑使用；鼓励村级组织发展集体经济，提高自我发展和自我建设能力；倡导社会各界捐赠赞助开展村级公益事业建设	①项目建设申请；②财政奖补资金申请；③财政奖补资金的拨付

注：因缺失甘肃省相关政策信息，故未在表中列出。

3.3 2010年新增10个试点省、自治区、直辖市

2010年，除已在全省范围内开展试点的黑龙江、云南、河北、江苏、内蒙古、湖南、安徽、贵州、重庆、宁夏10个省份外，从已开展局部试点、工作基础扎实和有扩大试点意愿的省份中，选择确定浙江、福建（2009年已开展局部试点）、湖北（2009年已开展局部试点）、广西（2009年已开展局部试点）、甘肃（2009年已开展局部试点）、山西（2009年已开展局部试点）、陕西（2009年已开展局部试点）、江西（2009年已开展局部试点）、山东、辽宁、四

川11个省份在全省范围内进行试点，新疆、海南、河南、吉林、青海、西藏等6个省份进行局部试点。即浙江、山东、辽宁、四川、新疆、海南、河南、吉林、青海、西藏10个省份为2010年新增试点省份。

3.3.1 从实施一事一议财政奖补的基本原则角度看

各省、自治区、直辖市均要求加强管理、规范操作，说明一事一议财政奖补在实施过程中政府规范操作、合理管理对于制度的实施具有重要意义。浙江省要求“规划先行，有序推进；先议后筹，先筹后补；因地制宜，量力而行；公开公示，阳光操作”，可以看出浙江省更加注重整体规划发展，注重农民以及地方财政的承受能力。山东省要求“尊重农民意愿；彰显农村特色；推进城乡均等；部门合力共建；强化多元投入；注重绩效监督；确保持续发展”，可以看出山东省执行政策时更加注重农民的意愿和农村特色。辽宁省要求“农民自愿，筹补结合；突出重点，注重实效；健全机制，合力推进；规范管理，阳光操作”，可以看出辽宁省在执行政策时更加注重政策实施所带来的效果以及运行机制的完善。四川省、新疆维吾尔自治区要求“农民自愿，量力而行；突出重点，注重实效；因地制宜，分类指导；加强管理，规范操作”，说明两地更加注重自身的实际情况，考虑到因地制宜、考虑到农民以及地方财政的承受力。海南省要求“民主决策，筹补结合；村民受益，注重实效；规范管理，阳光操作；量力而行，逐步推广；多元投入，整合资金”，说明海南省在执行政策时注重政策实施的成效和建设在资金来源，鼓励多元投入村级公益事业建设项目。河南省要求“民主决策，筹补结合；村民受益，注重实效；全面推进，重点投入；加强管理，阳光操作”，说明河南省更加注重政策执行的范围以及奖补程度问题。吉林省要求“循序渐进，量力而行；村民自愿，民主决策；多筹多补，多干多补；公开透明，规范操作”，说明吉林省在执行政策时更加注重对农民投入的引导和鼓励。青海省要求“适当奖补，客观公平；分清责任，建立机制；直接受益，注重实效”，说明青海省更加注重供给责任的划分和政策执行的效果。

3.3.2 从一事一议财政奖补范围角度看

各省、自治区、直辖市均是以农民“一事一议”筹资筹劳为基础，以目前支农支牧专项资金没有覆盖的村级公益事业项目为重点，主要分为生活性公共产品和生产性公共。最基本的包括村内小型农田水利设施、村内道路、植树造林、安全饮水工程、户外村内环卫设施、公共文化设施等项目建设。而对于跨村以及村以上范围的公益事业建设项目投入，主要由各级人民政府分级负责，由现有的投入渠道解决，不向农民筹资筹劳，不予财政奖补；农民宅前屋后的修路、建厕、打井、植树等投资投劳，也应由农民自己负责，不予财政奖补；对于超过国务院和省委、省政府规定的筹资筹劳限额标准、举债兴办的村级公益事业建设项目，不予财政奖补。

由于各省地理条件、经济结构等存在差异，各省所需村级公益事业建设项目也有所差异。如新疆维吾尔自治区位于中国西北边陲，山脉与盆地相间排列，盆地与高山环抱，喻称“三山夹二盆”，农林牧可直接利用土地面积10.28亿亩*，占全国农林牧宜用土地面积的1/10以上，是全国五大牧区之一。因此，新疆维吾尔自治区因地制宜地增加了牧道、药浴池、疫病防疫设施的建设项目。

3.3.3 从一事一议财政奖补标准及资金来源角度看

在村级公益事业建设过程中实施了一事一议财政奖补制度后，各省村级公益事业建设项目资金基本上是由农民筹资筹劳、省和中央财政进行奖补、市县财政配套奖补三部分筹得。同时各省鼓励和支持村集体自主投资、倡导社会各界捐赠赞助，期待形成政府补助、部门扶持、社会捐赠、村组自筹和农民筹资筹劳相结合，共同推进村级公益事业建设的投入新机制。

但是，由于各省、自治区、直辖市经济发展水平存在较大差异，而村级公益事业建设程度也有所不同，因此，各地区财政奖补标准也存在较大差异。浙江省要求项目总投资额控制在100万元左右，省级财政奖补资金一般为项目总投资的1/3左右，省与市、县（市、区）财政原则上按1：1配套安排。山东省财政奖补占项目投资总额的28.6%，省财政对东、中、西部地区试点县（市、区），分别按照财政负担奖补资金的40%、50%、60%比例予以补助，市级财政负担比例由各市自行确定。辽宁省财政奖补占项目投资总额的33.3%，所需奖补资金由省以上财政承担70%，市、县财政承担30%，具体承担比例由市确定；对15个省定扶贫开发工作重点县，省以上财政的奖补比例提高到80%，市、县财政承担20%。辽宁省国有农（林）场类似于村级公益事业建设项目，财政按照职工（农工）筹资筹劳（折资）总额的50%比例给予补助，省以上财政承担70%，市、县财政或国有农（林）场承担30%。其中县属国有农（林）场的项目，市财政承担10%、县财政承担20%；市属国有农（林）场的项目，市财政承担10%、国有农（林）场承担20%；省属国有农（林）场的项目，由国有农（林）场承担30%。四川

* 亩为非法定计量单位，1亩=1/15公顷。——编者注

省财政奖补占项目投资总额的50%，所需奖补资金由省、扩权县按70%、30%分担；对其他地方，省、市、县按50%、20%、30%分担；对少数民族县（含少数民族待遇县）由省全额负担。新疆维吾尔自治区财政奖补占项目投资总额的33.3%。海南省财政奖补占项目投资总额的60%（其中上级财政奖补35%、市本级财政奖补25%）。河南省财政奖补占项目投资总额的25%，其中省财政承担2/3，市、县级财政承担1/3。吉林省财政奖补占项目投资总额的33.3%以上。青海省财政奖补占项目投资总额的33.3%，所需政府补助资金由地方财政承担2/3，中央财政通过奖补的方式承担政府补助资金的1/3。

3.3.4 从一事一议财政奖补工作程序角度看

各地区村级公益事业建设一事一议财政奖补制度的实施程序均包括村级申报、乡镇初审、县级复审三个步骤。先由村民民主议事决事，统一筹资筹劳兴办村级公益事业后，由村两委向上级申报；由乡镇财政部门会同农经部门对村两委的财政奖补申请进行审核，对符合申报要求的由乡镇政府上报区县财政部门，抄送区县农业部门；区县财政部门按照轻重缓急原则和总体建设计划，对乡镇上报奖补申请进行筛选排序，形成一事一议财政奖补工作方案。在重庆市还要经过市级审批和备案。然后组织进行项目建设，建成后进行项目验收，验收合格的拨付财政奖补资金。山东、辽宁，新疆还进行项目管护工作。

表3-3 2010年新增试点省一事一议财政奖补政策汇总

省份	基本原则	奖补范围	财政奖补标准及资金来源	工作程序
浙江	①规划先行，有序推进；②先议后筹，先筹后补；③因地制宜，量力而行；④公开公示，阳光操作	奖补资金使用范围主要包括：村庄道路、村内小型农田水利设施建设、村民饮用水项目、村内卫生保洁设施、村民公共活动场所建设以及村民群众认为受益面较广的其他便民利民设施项目	对要求列入省财政奖补计划的项目，要求项目总投资额原则上控制在100万元左右，省级财政奖补资金一般为项目总投资的1/3左右，省与市、县（市、区）财政原则上按1∶1配套安排	①村民议定；②村级申报；③乡镇初审；④市县审核；⑤省和市县逐级审批

（续）

省份	基本原则	奖补范围	财政奖补标准及资金来源	工作程序
山东	①尊重农民意愿；②彰显农村特色；③推进城乡均等；④部门合力共建；⑤强化多元投入；⑥注重绩效监督；⑦确保持续发展	以村民“一事一议”筹资筹劳为基础、目前支农资金没有覆盖的村内小型水利设施、村内道路、户外村内环卫设施、植树造林以及村容村貌改造等村级公益事业建设	奖补资金按照村民筹资筹劳（折款）总额的40%予以奖补，原则上由省、市、县三级分别承担。省财政对东、中、西部地区试点县（市、区），按照财政负担奖补资金的40%、50%、60%比例予以补助，市级财政负担比例由各市自行确定	①民主议事；②项目申报；③项目审批；④项目实施；⑤考核验收；⑥资金兑换；⑦运行管护
辽宁	①农民自愿，筹补结合；②突出重点，注重实效；③健全机制，合力推进；④规范管理，阳光操作	以村民“一事一议”筹资筹劳为基础、目前财政涉农资金没有覆盖的户外村内道路、环卫设施、文化活动场所、植树造林、村容村貌以及村内小型水利设施等村级公益事业建设项目。 国有农（林）场类似于村级公益事业建设的项目纳入财政奖补范围	财政按照农民筹资筹劳（折资）总额的50%予以补助。所需奖补资金由省以上财政承担70%，市、县财政承担30%，具体承担比例由市确定。对15个省定扶贫开发工作重点县，省以上财政的奖补比例提高到80%，市、县财政承担20%。 国有农（林）场类似于村级公益事业建设项目，财政按照职工（农工）筹资筹劳（折资）总额的50%比例给予补助，省以上财政承担70%，市、县财政或国有农（林）场承担30%。其中县属国有农（林）场的项目，市财政承担10%，县财政承担20%；市属国有农（林）场的项目，市财政承担10%，国有农（林）场承担20%；省属国有农（林）场的项目，由国有农（林）场承担30%	①项目计划；②项目申报；③项目审批；④项目实施；⑤项目验收；⑥项目管护；⑦资金兑付

（续）

省份	基本原则	奖补范围	财政奖补标准及资金来源	工作程序
四川	①农民自愿，量力而行；②突出重点，注重实效；③因地制宜，分类指导；④加强管理，规范操作	以村民"一事一议"筹资筹劳为基础，目前财政支农资金没有覆盖的村内小型水利设施、文体娱场地设施、环卫设施、出行道路以及植树造林等	财政按照农民筹资筹劳（折资）总额1∶1给予奖励补助。省、扩权县按70%、30%分担，对其他地方，省、市、县按50%、20%、30%分担。对民族县（含民族待遇县）由省全额负担	①村级组织填表申报；②乡镇政府审核上报；③县级相关部门审批
新疆	①民主决策，筹补结合；②农牧民自愿，量力而行；③普惠为主，兼顾重点；④直接受益，项目化管理；⑤加强管理，规范操作	以村民"一事一议"筹资筹劳为基础的"村内户外"公益事业建设。具体包括：村内街道硬化、村内小型水利及晒场、村内人畜饮用水工程及牧道、药浴池、疫病防疫设施、需要村民筹资的电力设施、村内公共环卫设施、村内公共绿化以及村民认为需要兴办的村内其他集体生产生活等公益事业	村级公益事业建设一事一议财政奖补项目在当年投入、建成并验收合格的，自治区按照"一事一议"筹资筹劳额的50%给予财政奖补	①民主议事；②项目申报；③项目审核；④项目审批；⑤项目实施；⑥考核验收；⑦设施管护
海南	①民主决策，筹补结合；②村民受益，注重实效；③规范管理，阳光操作；④量力而行，逐步推广；⑤多元投入，整合资金	以村民"一事一议"筹资筹劳为基础，目前支农资金没有覆盖的村内小型水利设施、村内道路、户外村内环卫设施、植树造林以及村容村貌改造等村级公益事业	财政部门按照项目投资总额的60%给予奖励补助（其中上级财政奖补35%、市本级财政奖补25%）。社会捐助、整合资金或村民筹资筹劳等自筹资金40%。其中：社会捐助、整合资金或村民筹资应达到36%以上，村民投工折劳在4%以下。尽量减少村民投工折劳，减轻农民负担	①项目申报；②项目审批；③项目实施；④资金兑换；⑤考核验收

（续）

省份	基本原则	奖补范围	财政奖补标准及资金来源	工作程序
河南	①民主决策，筹补结合；②村民受益，注重实效；③全面推进，重点投入；④加强管理，阳光操作	以村民“一事一议”筹资筹劳为基础、目前支农资金没有覆盖的村内小型水利设施、村内道路、户外村内安全饮水工程、村容村貌整治、植树造林以及村民认为需要兴办的其他集体生产生活等村内公益事业项目。 对整合各类资金投入农村公益事业和列入扶贫开发整村推进村、新农村建设示范村等涉农资金支持范围的项目，优先列入一事一议财政奖补范围	实行补助与奖励相结合的方式。 一是补助。按村民“一事一议”筹资筹劳总额的1/3给予补助，其中省财政承担2/3，市、县级财政承担1/3。 二是奖励。对开展村级公益事业建设“一事一议”筹资筹劳工作成效显著、“两委”班子公信力强的行政村以及村民积极参与筹资筹劳、所议项目是村民急需的公益事业项目，实行奖励。 倡导社会各界捐赠、赞助、投资村内公益事业	①项目审批；②资金监管；③省奖补资金申请；④资金拨付；⑤项目实施；⑥资金支付
吉林	①循序渐进，量力而行；②村民自愿，民主决策；③多筹多补，多干多补；④公开透明，规范操作	以村民“一事一议”筹资筹劳为基础、目前支农资金没有覆盖的村级小型水利设施、村级道路、户外村内环卫设施、植树造林、绿化美化以及村容村貌等村级公益事业建设	一事一议财政奖补的比例平均不低于村民筹资与筹劳总和的50%。 在筹资最高限额内，受益村民筹资额度多的，获得的奖补资金也相应增多；村民为改变家乡面貌，自愿多出工的，也相应多获得一部分奖补资金	①村民议定；②村级申报；③乡镇初审；④县级审批；⑤省级备案
青海	①适当奖补，客观公平；②分清责任，建立机制；③直接受益，注重实效	以村民“一事一议”筹资筹劳为基础、目前支农资金没有覆盖的村内水渠（灌溉区支渠以下的斗渠、毛渠）、堰塘、桥涵、机电井、小型提灌或排灌站等小型水利设施，村内道路（行政村到自然村或居民点）和户外村内环卫设施、植树造林、村容村貌改造等村级公益事业建设	政府对农民通过“一事一议”筹资筹劳开展村级公益事业建设按照1/3的比例予以补助，所需政府补助资金由地方财政承担2/3，中央财政通过奖补的方式承担政府补助资金的1/3，并考虑地方财政困难程度调整确定各地奖补系数	①合理选择试点项目村；②确定具体项目；③村民会议或村民代表会议讨论决定项目预算、实施方案、筹资筹劳等相关事宜

注：因缺失西藏相关政策信息，故未在表中列出。

3.4 2011年全国范围普遍实行

2011年除香港、澳门特别行政区以及台湾省外，中国其余31个省、自治区、直辖市均开始实施了村级公益事业建设一事一议财政奖补制度。其中北京、上海、天津3个直辖市以及广东为2011年新增省份。

3.4.1 从实施一事一议财政奖补的基本原则角度看

各省、自治区、直辖市均要求规范管理、阳光操作，说明一事一议财政奖补在实施过程中政府合理管理、规范操作对于制度的实施具有重要意义。北京市要求“规划先行，有序推进；农民自愿，筹补结合；突出重点，注重实效；规范管理，阳光操作”，可以看出北京市在实施“一事一议”财政奖补政策时更加注重政策实施的效率和整体规划问题。上海市要求“规划先行，有序推进；民主决策，筹补结合；突出重点，扶持薄弱；加强整合，形成合力；规范管理，阳光操作”，可以看出上海市更加注重整体规划和贫困地区建设问题。天津市要求“尊重农民主体意愿；突出地域特色；实施区县负责制；专款专用；做好农民负担监督管理”，说明天津市更加注重农民主体意愿和有特色发展问题。广东省要求“全面发动，自愿申报；突出重点，注重实效；多方筹措，减轻负担；量力而行，不留尾巴；加强管理，规范操作”，可以看出广东省更加注重政策实施的效率和资金的多方筹集问题。

3.4.2 从一事一议财政奖补范围角度看

各省、自治区、直辖市均是以农民“一事一议”筹资筹劳为基础，以目前支农支牧专项资金没有覆盖的村级公益事业项目为重点，主要分为生活性公共产品和生产性公共。最基本的包括村内小型农田水利设施、村内道路、植树造林、安全饮水工程、户外村内环卫设施、公共文化设施等项目建设。而对于跨村以及村以上范围的公益事业建设项目投入，主要由各级人民政府分级负责，由现有的投入渠道解决，不向农民筹资筹劳，不予财政奖补；农民宅前屋后的修路、建厕、打井、植树等投资投劳，也应由农民自己负责，不予财政奖补；对于超过国务院和省委、省政府规定的筹资筹劳限额标准、举债兴办的村级公益事业建设项目，不予财政奖补。

由于地理条件、经济结构等存在差异，各地所需村级公益事业建设项目也有所差异。如北京市的奖补范围还包括田间道路，上海市的奖补范围还包括桥梁修建、宅前屋后环境整治、村沟宅河环境整治等。

3.4.3 从一事一议财政奖补标准及资金来源角度看

在村级公益事业建设过程中实施了一事一议财政奖补制度后，各省、直辖市村级公益事业建设项目资金基本上是由农民筹资筹劳、省（直辖市）和中央财政进行奖补、市县（区县）财政配套奖补三部分筹得。同时各省（直辖市）鼓励和支持村集体自主投资、倡导社会各界捐赠赞助，期待形成政府补助、部门扶持、社会捐赠、村组自筹和农民筹资筹劳相结合，共同推进村级公益事业建设的投入新机制。

但是，由于各省、直辖市经济发展水平存在较大差异，而村级公益事业建设程度也有所不同，因此，各地区财政奖补标准也存在较大差异。其中，北京市对山区区县的财政奖补占项目投资总额的 80%，平原区县为 75%，所需奖补资金由中央财政提供 40%，市级财政提供 40%，区县财政提供 20%。上海市财政奖补标准为 2 万元/户，根据区县财力状况，市对奖补资金实行差别补助政策。其中闵行区、嘉定区、宝山区、浦东新区市补助 40%，松江区、青浦区市补助 50%，奉贤区、金山区市补助 60%，崇明县市补助 80%。天津市财政奖补占项目投资总额的 80%（其中中央和市财政承担 50%、区县财政承担 30%）。广东省财政奖补占项目投资总额的 33.3%以上，其中广州、珠海、佛山、东莞、中山以及江门市（恩平、台山和开平市除外），中央和省财政奖补占项目投资总额的 13.3%，市县财政补助不少于筹资筹劳总额的 20%；粤北山区、东西两翼 14 个地级市以及江门恩平、台山、开平市，中央和省财政按筹资筹劳总额补助 26.7%，市、县财政补助不少于筹资筹劳总额 6.6%，由市财政和县财政各负担 50%。

3.4.4 从一事一议财政奖补工作程序角度看

四个地区村级公益事业建设一事一议财政奖补制度的实施程序均包括村级申报、乡镇初审、区县审批、市级备案四个步骤。先由村民民主议事决事，统一筹资筹劳兴办村级公益事业后，由村“两委”向上级申报；由乡镇财政部门会同农经部门对村两委的财政奖补申请进行审核，对符合申报要求的由乡镇政府上报区县财政部门，抄送区县农业部门；区县财政部门按照轻重缓急原则和总体建设计划，对乡镇上报奖补申请进行筛选排序，形成一事一议财政奖补工作方案；最后报送市财政局备案。

表 3-4　2011 年新增 4 个省、直辖市一事一议财政奖补政策汇总

省份	基本原则	奖补范围	财政奖补标准及资金来源	工作程序
北京	①规划先行，有序推进；②农民自愿，筹补结合；③突出重点，注重实效；④规范管理，阳光操作	以村民“一事一议”筹资筹劳为基础，目前支农资金和转移支付资金没有覆盖的村内小型水利设施、村内道路、田间道路、环卫设施以及植树造林等村级公益事业	奖补比例：山区区县为 80%，平原区县为 75%。财政奖补资金匹配比例为：中央财政占 40%，市级财政占 40%，区县财政占 20%	①村民议定；②村级申报；③乡镇初审；④区县审批；⑤市级备案
上海	①规划先行，有序推进；②民主决策，筹补结合；③突出重点，扶持薄弱；④加强整合，形成合力；⑤规范管理，阳光操作	对目前支农资金没有覆盖，由村民通过“一事一议”民主议事程序确定开展的村级公益事业项目实施奖补。主要包括：村内道路、桥梁修建，农户生活污水收集处理等、宅前屋后环境整治、村沟宅河环境整治、村庄绿化、村内公共服务、活动场所修建、环卫设施建设以及村内路灯安装等	一事一议财政奖补资金由市（包括中央专项补助）、区县两级财政承担，奖补标准为 2 万元/户。 根据区县财力状况，市对奖补资金实行差别补助政策，其中闵行区、嘉定区、宝山区、浦东新区市补助 40%，松江区、青浦区市补助 50%，奉贤区、金山区市补助 60%，崇明县市补助 80%	①民主议事；②项目申报；③项目审批；④检查验收
天津	①尊重农民主体意愿；②突出地域特色；③实施区县负责制；④专款专用；⑤做好农民负担监督管理	主要进行村内道路硬化、街道亮化、修建健身广场等项目。 区县根据村庄建设的实际需要，可适当增加建设项目	中央和市财政承担 50%，区县财政承担 30%，其余资金由乡镇财政、村集体和村民通过筹资筹劳等渠道解决	①村庄申请；②乡镇审核；③区县审批；④市级备案

（续）

省份	基本原则	奖补范围	财政奖补标准及资金来源	工作程序
广东	①全面发动，自愿申报；②突出重点，注重实效；③多方筹措，减轻负担；④量力而行，不留尾巴；⑤加强管理，规范操作	以村民“一事一议”筹资筹劳为基础，包括村内户外道路、小型农田水利、人畜饮水、环卫设施、植树造林以及文化体育设施等村民迫切需要并直接受益的公益事业建设项目。适当向农村新社区和公共服务中心拓展	财政补助资金不少于农民筹资筹劳的50%。对珠三角地区和欠发达地区实行不同的奖补比例。市县负担部分，由市财政和县财政各负担50%。 ①广州、珠海、佛山、东莞、中山以及江门市（恩平、台山和开平市除外），中央和省财政按筹资筹劳总额补助20%，市县财政补助不少于筹资筹劳总额的30%；②粤北山区、东西两翼14个地级市以及江门恩平、台山、开平市，中央和省财政按筹资筹劳总额补助40%，市、县财政补助不少于筹资筹劳总额10%。 鼓励市县增加对村级公益事业建设一事一议财政奖补项目的补助比例，提倡社会各界捐助	①项目申报；②项目审批；③项目实施；④资金拨付

第四章　辽宁省“一事一议”制度的历史沿革

4.1　“一事一议”筹资筹劳时期

为从根本上减轻农民负担，保护农民利益，调动农民的生产积极性，加快发展农村经济，按照党中央、国务院的部署，辽宁省委、省政府决定，从2003年9月1日起在全省进行农村税费改革试点。农村税费改革试点的基本原则是从轻确定农民负担水平，保持政策长期稳定；在农民负担明显减轻的前提下，兼顾各方面的承受能力，使乡镇机构和基层组织能够正常运转；建立规范的分配制度和简便易行的征收方式；实行综合配套改革，精简机构，压缩人员，完善县乡财政体制；坚持从实际出发，实事求是，分类指导。具体内容包括：取消按农民上年人均纯收入一定比例收取的乡统筹费、农村教育集资等专门面向农民征收的行政事业性收费和政府性基金、集资；自2013年1月1日起，取消统一规定的劳动积累工，至2006年全部取消；自2013年5月1日起取消屠宰税；调整农业税收政策，重新规范农业税减免政策；调整农业特产税政策，对农业税计税土地上生产的农业特产产品收入只征收农业税；改革村提留征收和使用办法。

同时，制定转移支付方案、进一步推进乡镇机构改革、推进农村教育体制改革以减轻由于缓解农业税而对市县财政收入造成的影响，并对乡镇债务情况进行调查摸底，有条件的地方可以进行化解乡镇不良债务试点。在注重实效、控制上限、严格规范的前提下实行“一事一议”筹资筹劳制度，村内道路修建、环境整治等公益项目，通过村民“一事一议”筹资酬劳实施。但在实施中普遍存在着事难议、议难决、决难行等问题，致使辽宁省农村公益事业建设欠账较多，总体投入呈下滑趋势，已经严重影响了新农村建设和城乡一体化进程。

4.2　一事一议财政奖补时期

2009年辽宁省通过选择本溪市本溪县、辽阳市灯塔市、朝阳市凌源市作为试点县进行试点，建立以政府奖补资金为引导，以充分发挥基层民主作用为动力，筹补结合、多方投入的村级公益事业建设新机制。探索开展一事一议财政奖补工作的做法，为制定完善奖补制度提供经验和依据，为全省全面铺开此项工作奠定坚实基础。并进一步推动农村基层民主政治制度的落实和完善，促进农村社会和谐稳定。同时也建立了城乡统筹协调发展、社会公共服务一体化的新格局，促进了新农村建设。

辽宁省在试点实行一事一议财政奖补制度时，一直遵循着“民主决策、筹补结合；村民受益、注重实效；突出重点、有机结合；规范管理、阳光操作”的原则。对以村民“一事一议”筹资筹劳为基础、支农资金没有覆盖的村内水渠（灌溉区支渠以下的斗渠、毛渠）、堰塘、桥涵、机电井、小型提灌或排灌站等小型水利设施、村内道路（行政村到自然村或居民点）和户外村内环卫设施、植树造林、村容村貌改造等村级公益事业进行投资建设。跨村和村以上范围的公益事业投入主要由各级政府分级负责，通过已有投入渠道解决。村民房前屋后的修路、建厕、打井、植树等投资投劳应由村民自己负责。超过省政府规定的筹资筹劳限额标准、举债举办的村内公益事业建设等项目，不得列入奖补范围。政府对农民通过“一事一议”筹资筹劳开展村级公益事业建设项目，按照1/3的比例予以补助，所需补助资金由省、市财政各承担50%。

2010年辽宁省全面展开一事一议财政奖补试点工作，并且加强了财政奖补力度，对农民通过一事一议筹资筹劳开展的村级公益事业建设，财政按照筹资筹劳（折资）总额的50%比例予以补助。所需财政奖补资金省以上财政承担70%，市、县财政承担30%，市、县两级财政都要承担，具体承担比例由市确定。对15个省定扶贫开发工作重点县，省以上财政的奖补比例提高到80%，市、县财政承担20%。国有农（林）场类似于村级公益事业建设项目，财政按照职工（农工）筹资筹劳（折资）总额的50%比例给予补助，省以上财政承担70%，市、县财政或国有农（林）场承担30%。其中县属国有农（林）场的项目，市财政承担10%，县财政承担20%；市属国有农（林）场的项目，市财政承担10%，国有农（林）场承担20%；省属国有农（林）场的项目，由国有农（林）场承担30%。

申报程序为：村民委员会在制定村级公益项目建设方案，并按规定落实一事一议筹资筹劳后，通过乡镇政府向县农村综合改革办公室、县财政局和县农委（县农发局、县农经局、县农林局）提出奖补项目及资金申请。县农村综合改革办公室、县财政局和县农委审核后，按省实施方案确定的省、市、县相应审批限额，分别逐级报县政府，市农村综合改革办公室、市财政局、市农委和省农村综合改革办公室、省财政厅、省农委审批。省、市、县财政采取预先下达和年终清算的方式兑现财政奖补资金。市、县财政视村民一事一议筹资筹劳开展情况，尤其是筹资存入乡镇村会计委托代理办公室专户情况，按相应承担的比例，预先将奖补资金下达到县或乡镇财政设立的报账户，省财政视市、县财政奖补资金到位率情况，同比例下达省奖补资金。县农村综合改革办公室和县财政局采取建补并行和报账制方式，按项目进度拨付资金，项目竣工验收合格后清算。国有农（林）场的奖补项目和资金申请、审批按隶属关系，经同级主管部门审核后，报同级农村综合改革办公室、财政局和农委，参照上述申报程序进行审批，财政奖补资金按预算关系拨付。

工作机制为省统筹、市协调、以县为主。省主要负责统筹组织、政策制定、实施方案审批、工作指导、监督和检查验收等，市主要负责组织协调、市级政策和方案制定、对县实施方案的审批和工作指导、监督检查等，县主要负责全面组织实施的各项工作。省、市要尽量下移管理权限，充分发挥县一级工作积极性。

同时实施一系列配套措施，如严格执行村民"一事一议"筹资筹劳制度，坚持村民自愿、民主决策、上限控制、程序规范的制度规定，积极引导农民出资出劳开展村级公益事业建设，严禁加重农民负担。统筹编制奖补项目规划，县级政府要根据新农村建设总体规划和群众意愿，结合村级公益事业的发展现状，按照"统一规划、突出重点、因地制宜、连片推进、分步实施"的要求，组织统筹编制以行政村为单元的"一事一议"财政奖补项目5年规划和年度计划。各市、县政府要结合本地实际，制定切实可行的实施方案。各市实施方案报省农村综合改革办公室、省财政厅、省农委审批；重点县实施方案，经市农村综合改革办公室、市财政局、市农委审批后，报省农村综合改革办公室、省财政厅、省农委备案。建立奖补项目农民自主施工管理制度，项目实施由村民委员会组织农民自主建设，无法由村民自行完成的建设项目，由村民委员会组织招投标实施。按照"谁投资、谁受益、谁所有、谁养护"的原则，对奖补项目形成的资产，归项目议事主体所有，并承担日常管理和养护责任，建立农村公共设施运行维护新机制，提高资产的使用效率和养护水平，发挥资产的长期效用。实行检查验收和奖罚机制，省、市要定期组织有关部门对县级试点工作进行考核验收，切实加强财政投入和资金管理。

4.3　一事一议财政奖补制度在辽宁省取得的成就

2009年7月，辽宁省确定本溪县、灯塔市和凌源市为省级村级公益事业建设一事一议财政奖补试点县（市），同时要求各市自主开展试点。一年来，3

个省级试点（县）市共组织实施一事一议财政奖补项目 169 个，项目投资额 9 013万元，重点扶持了村内道路、小型水利设施等村级公益事业建设，受益农民群众 23 万多人。沈阳、抚顺等市自主试点涉及 50 多个村 60 多个项目，总投资 1 700 多万元。这些试点村通过一事一议财政奖补项目建设，不仅极大地改善了村内生产生活条件，而且降低了生产成本，促进了农民增收，调动了农民开展公益事业建设的积极性。

截至 2010 年 10 月底，全省共实施一事一议财政奖补项目 4 681 个，村民筹资筹劳总额为 10.8 亿元，实际财政奖补资金 5.4 亿元，受益人数达 869 万人。共修建村内小型水利设施修筑水渠 1 613 公里、堰塘 66 个（约 50 万立方米）、机电井 258 眼、小型提（排）灌站 61 座、安全饮水管线 3 090 公里、其他小型水利设施 283 个；村内道路修筑水泥或沥青路面 5 628 公里、其他路面 10 353 公里，修筑桥涵 1 423 座；修筑村内环卫设施垃圾收集点 81 个（约 250 万立方米）、公共厕所 851 座、公共浴室 6 个（约 3 000 平方米），村容美化亮化修筑路灯 4 870 盏、村内绿化植树 166 万株、村内花池 11 961 平方米，修筑农村燃气管线 4 018 公里，村内新能源设施 14 个，村内公共场所 97 万平方米。

2012—2015 年，全省村级公益事业一事一议财政奖补工作重点开展村内组与组之间道路和村内巷道的建设，修建沥青或水泥路面道路，并与县乡村公路网建设紧密结合，初步形成了农村公路网，为农村经济发展、农村社会面貌改善，以及农民群众出行提供了良好便利的交通条件。同时，选择农民积极性高、地理位置和环境相对较好的村屯，开展其他公益事业项目建设。

2013 年，在各级农村综改、交通、农委等部门的共同努力下，全省一事一议财政奖补村内道路建设工作稳步推进。截至 6 月底，全省有 1 237 条村内道路开工建设，开工率达到 45.8%，比上年同期提高了 16.1 个百分点，其中辽阳市、锦州市、葫芦岛市和绥中县，村内道路开工率超过了 70%；已完成村内道路 970 公里，工程进度为 22.1%，比上年同期提高了 8.3 个百分点，其中盘锦市 38.8%、绥中县 37.9%、辽阳市 37.5%、朝阳市 37.5%。全省共有 163 项村内桥梁工程开工建设，开工率达到 44.7%，比上年同期提高了 23.7 个百分点；已完成桥梁建设 1 356 延米，工程进度达 22.5%，比上年同期提高了 13.3 个百分点，其中昌图县进度最快，达到了 79.7%。1—6 月份，各县区实际支出财政奖补资金 3.93 亿元，比上年同期增加 2.9 亿元，支出进度为 28.6%，其中沈阳市支出 7 751 万元，支出进度最高达到了 63.2%，抚顺市、本溪市、朝阳市、葫芦岛市，以及绥中县和昌图县支出进度均超过了 30%。

2014年，在省委、省政府及厅党组的正确领导下，各级财政、农委和交通部门建章立制，健全有效的运行机制，加强投入，规范管理，认真组织，协调配合，层层落实，积极有效地开展一事一议财政奖补村内道路建设工作。截至10月底，全省一事一议财政奖补村内道路建设完成4 862.9公里，超额完成省政府确定的4 500公里的年度目标任务；完成村内桥梁4 934.1延米，全面完成了年初确定的目标任务。各级财政奖补资金已支出10.6亿元，完成年初计划的76.7%。这些项目的建成，有效缓解了当地村民出行难的问题，极大地改善了农民的生产生活条件，激发了广大农民主动参与村级公益事业建设的热情，进一步增强了基层政权组织的凝聚力，同时也为今后的工作积累了很多有益的经验。

第二篇

“一事一议”筹资筹劳运行机制及其绩效

第五章 “一事一议”制度的运行机制与适用性研究

村级公共品的有效供给不仅关系着农业生产发展和农民生活水平提高，也关系着社会主义新农村建设、乡村民主政治、城乡统筹发展和整个社会的和谐发展。如何解决目前村级公共品的供给是当前的重要问题。“一事一议”筹资筹劳是农村税费改革以后农民参与农村基础设施建设等公益设施建设的主要方式（范小建，2006）。该制度本质上是一种集体选择的制度，也是代理人与委托人博弈的机制，这种制度是否能够显示村民的真实偏好，对于提高公共品的供给效率和使用效率具有重要的现实意义。

叶兴庆（1997）认为各级农村集体经济组织提供的社区公共品属于制度外筹资。根据政策的规定，只有乡一级政府就办学、计划生育、优抚、民兵训练和交通五类公共事业，可以在本乡范围内向农民筹集资金，但是在实际操作过程中，所筹资金不仅包括这五项内容。超出范围的统筹资金是农村公共产品供给体制的必然结果，这是由于制度外公共产品的供给的自下而上的决策程序决定的。制度外的公共产品供给是指，主要不是由乡、村两级政府内部决定的农村公共产品的需求种类，而是由乡、村以外的政府命令决定的，例如乡以上的政府和部门下达的各种指标、任务和活动执行等。林万龙（2002，2007）指出村级公共产品制度外筹资模式应来源于多主体，而不仅仅依靠某一种模式。农户之间的资源禀赋、收入、生产条件水平和经济结构等方面存在差异，他们对农村公共服务的需求和筹资意愿存在差异，完全依靠“一事一议”制度难以解决。收入水平的提高和经济的快速发展，引发了农民对农村公共产品新的需求，随着时间的推移，农民对村级公共产品的需求差异性日益增加，并且这种差异性逐渐地明显。需求的差异性是因为经济的市场化和农民独立经营主体地位的获得，由于资源禀赋（包括人力资源、社会资本等）不同，将农户之间的差距渐渐拉大。这种差异性表现在农民的收入、生产条件水平和生产结构的构成，甚至是家庭结构上，如此多的差异性都必然导致农民对农村公共产品的需求不一致。农民对农村公共产品的需求差异性意味着，即使是在同一个村庄，村级公共产品的统一集中、自上而下的供给方式也有可能无法让每个村民的需求与之相吻合，达到人人满意。在农村税费改革之后，乡、村的公共产品的投资资金来源变得单一，县级以上的专项资金几乎成为了唯一的渠道，其他的筹资方式会变得微不足道，这种筹资结构的单一势必带来农村公共产品供给方式的单一，这与需求的多样性形成了鲜明的对比。李琴等（2005）认为由于“一事一议”制度交易成本高、不确定性大等原因不利于公共产品的供给，应该取消“一事一议”制度，村级公共产品供给纳入市场化范畴。在农村税费改革之后，将原来的乡统筹和村提留改成农业附加税，与农民息息相关的村级公共产品供给采用了“一事一议”制度，要在全体农民同意的决策下决定村级公共产品的项目，依照文件的规定，向每位农民筹集的资金要有上限的限制。即使让全部农民按照筹资上限的金额筹措“一事一议”制度的费用，筹集资金的数额也太少，只能解决小型的农村公共产品的项目建设。如果是修建村级道路、村内路面硬化和维护农田水利设施等大型施工项目时，通过农民所筹集的资金就会变得杯水车薪。另外，虽然国家颁布的“一事一议”制度规定，筹集的资金应单独设立账户、单独核算、实行专款专用，成立村民民主理财小组，负责对所筹资金实行事前、事中、事后全程监督，资金的管理使用情况经村民民主理财小组审核后，定期张榜公布，接受村民监督，但农民对所筹资金的管理并不放心。刘祖华（2007）认为实践中出现的“有事难议”“议事难决”“决事难行”现象，让该制度的存废饱受争议。但仍有一部分学者认为应该完善“一事一议”制度而不是简单地废止。一个制度的产生，会有一定时间的“磨合期”，国家出台“一事一议”制度是围绕农民减负为中心实施的。“一事一议”制度是农村税费改革中的一项重要配套政策，是在国家和集体意愿不足或者是投入不足的前提下，发挥民主制度，让农民参与村级公益事业的建设，但是在实际操作过程中，难免会有“决难行”等问题的出现，故应积极、快速地解决问题，完善“一事一议”制度内容，推动“一事一议”制度向好的方向发展，而不是废止，让农村回到以前。杨卫军、王永莲（2005）认为我国农村公共产品的提供远不能满足需要，绝大多数地区只能靠“一事一议”方式提供，而“一事一议”制度存在缺陷只能完善而非废止。在我国许多的农村地区，乡镇、村集体由于陈年旧账，负债累累，乡、村两级很难提供农村公共产品，丧失了投资村级公共产品的能力，那么，“一事一议”制度则实际上成为了提供农村公共产品的唯一方式，如果废止“一事一议”制度，村级公益事业项目就彻底丧失了投入的主体，这样会使本来就极其薄弱的农村公共产品变得雪上加霜。虽然农民成为这项制度的供给者，应该说由农民提供村级公共产品是不公平的，但是农民同样也是最直接的受益者，让农民出资也是不得已的选择。陈定洋（2008）利用农村公共产品供给的“政府失灵”与“市场失灵”两个非合作博弈理论，推导出“一事一议”制度会造成“农户选择不提供公共产品，基层政府也选择不提供公共产品”的唯一的纳什均衡，强调中央和基层政府应调整政策，积极引导农民形成组织化，培育多元的供给主体，确定公共财政理念等多方面着手使基层政府与农民、农民与农民之间的非合作博弈走向合作博弈。农业税取消后，乡村财政因债务问题而无力保证农村公共产品的有效供给，而筹资机制又是农村公共产品供给机制的核心。政府应该从培植财源和节省其他开支着手，尽可能满足农村公共产品供给的资金需求。以节约开支的方式确保村级公共产品的资金投入，这不是一个长久之计，应该大力发展村集体经济和乡镇工商业经济来增加乡村财政。政府的着手点是培育多元的供给主体，积极引导民间资本投入到农村公共产品范围内，增加村级公共产品供给的筹资方式。周密、张广胜（2009）通过对118位村书记调查分析发现“一事一议”制度对村级公共投资有显著影响。还发现，村级公共投资项目数与经济发达程度、外出务工人员的比例具有相关关系。基于研究分析提出应该完善该制度而不是简单地废止。虽然“一事一议”制度存在缺陷，但是也存在着提高的空间，完善“一事一议”制度有利于提高农村公共产品的有效供给，增加农民收入。综上所述，由于“一事一议”制度的高交易成本以及村级公共品的特征，我国具有地区的差异性，致使“一事一议”制度注定不能适用所有农村地区的情况，从而进一步探讨“一事一议”制度的适用性更具有重要的意义。

本章中的“一事一议”是指在农村兴办农田水利基本建设、植树造林、修建和维护村级道路等集体公益事业时，所需要的资金要通过村民大会或者村民代表大会集体讨论、研究，实行专事专议的办法筹集部分资金的制度。衡量“一事一议”绩效的指标用村级公共投资项目数表示。村级公共投资仅指受益者为本村村民的在道路、桥梁、农田水利、村民饮水、医院诊所、绿化、修建广场等方面的投资，本章将其划归为生产性村级公共投资（包括道路、桥梁和农田水利）和生活性村级公共投资（包括饮用水和医院诊所）。

5.1 “一事一议”制度的运行机制

5.1.1 两个农户的简单博弈模型：熟人社会的假说

博弈论的一种定义是“从衡量利弊得失角度出发，分析形势从而决定‘对策’”。

一个人要组织某项活动，并且希望把活动尽可能搞成功，他要考虑会有哪些人来参加？每个人在活动中有哪些行为可以选择？活动结束后每个人会得到什么？每个人知道些什么？谁先行为，谁后行为？这些对应了博弈的五要素：局中人、策略集、收益、信息和行动顺序。

局中人就是在博弈中独自决策最后获得相应结果的个体。局中人可以是一个人、一个团队、一个组织或企业，也可以是一个国家或数个国家的联盟。

博弈理论家关于局中人一般有局中人是理性的基本假设，即假设局中人作出的决策与局中人追求的目的是一致的。博弈论建立在决策理论的基本结论的基础上，因此博弈论中也假设每个局中人的目的是其最大化收益的期望值，局中人的收益可以用一个数字表示，或者说局中人的收益可以量化。当分析一个博弈问题时，同博弈理论家或社会科学家一样，博弈中的局中人知道理论家关于博弈知道的每件事情，且关于问题能做理论家能做的推理。理性人不等于自私的人，因个人偏好的不同，理性人可能是利己主义者，也可能是利他主义者。

理性可分为完全理性和有限理性。如果一个局中人有博弈所需要的一切分析能力，并且行为上不会犯失误等任何错误，则称该局中人有完全理性。如果一个局中人在分析、判断和行为上有任何一点失误，则称这个局中人（只）有有限理性（或称这个局中人不是完全理性的）。从上述定义可以了解到完全理性的局中人是不存在的。理性也可分为个体理性和整体理性。追求个体利益最大化的称为个体理性，追求集体（团体）利益最大化的称为集体理性。

策略集是一个局中人的所有的策略的全体。一个策略是一个局中人的完整的、相机抉择的行动计划。局中人的一个行动是局中人在博弈的某个时间点（或某个时刻）的一个选择。在简单情况中，一个策略就是一个选择，也就是说，简单情况中，一个计划里只有一个选择；复杂的时候，面对的是一系列的选择，如便士博弈中，取“正”就是一个策略。

一个博弈结束后，每个局中人从博弈中的所得，可能是经济利益，可能是荣誉等，称为这个局中人的收益（或支付）。假设局中人的收益都是可以量化的，即可以用数字表示，但要注意不少收益是不能随意量化的，或者说不完全能用数字表示，如安全感、荣誉感等。收益类似于经济学中的效用，是一定行为后的满足程度或自我感受，而不一定是一个数。收益可以进行自我比较，同一个局中人在不同时刻、不同状态下的收益可以进行比较，而不同局中人在同一时刻、同一种状态下的收益就不一定能进行比较。收益可以自我比较的性质使得即使说不出收益到底是多少，但可以给各个不同的收益按照高低的次序排序。在博弈论中，对收益可以量化的博弈，也是通过比较收益的高低来进行策略的选择，这样，不可以量化的收益和可以量化的收益讨论的方法也就基本一致了。一个博弈中，每个局中人选定一个策略，所有局中人各选定的策略就构成一个策略组合，过去也称为“局势”。每个局中人的收益都是策略组合的函数。注意，在实际中，要给出一个很正确的收益函数是比较困难的。

博弈论中主要的信息概念有完全信息、不完全信息、完美信息和不完美信息。

一个博弈中，如一局中人对各种策略组合下，所有局中人的收益都完全了解，则称该局中人有完全信息。一个博弈中，如一局中人对有些策略组合下，有些局中人的有些收益不完全了解，则称该局中人有不完全信息。注意，有不完全信息不是完全没有信息，如果是完全没有信息，那就不能用博弈论的方法去处理这个决策问题。因此，一个决策是正确决策的前提是要有尽可能充分的实际调查。

一个动态博弈中，轮到行为的局中人对此前的博弈进程完全了解，即能完全观测到已行为的局中人的所有行为，则称该局中人有完美信息。一个动态博弈中，轮到行为的局中人对此前的博弈进程不完全了解，即对已行为的有些局中人的有些行为不能完全观测，则称该局中人有不完美信息。

行动顺序从字面上就很明确，但是行动顺序很重要，相同的局中人和相同的策略集，行动顺序不同，每个局中人的最优策略可能就不同，导致最后的收益就不一样。当然相同的局中人和相同的策略集，行动顺序不同仍然是不同的博弈。

博弈的分类包括合作博弈和非合作博弈、静态博弈和动态博弈。

如一博弈中，各局中人间达成了具有约束力的协议（违反该协议必受到惩罚），则称该博弈为合作博弈。一个博弈中，局中人间没有具有约束力的协议，那么此博弈就称为非合作博弈。

非合作博弈不是局中人不和平共处，提到非合作博弈往往会只朝“零和博弈”这个极端的情况去联想，认为局中人的利益完全是相对的，完全没有任何共同利益。绝大多数非合作博弈中，局中人是有共同利益的。同时，局中人因为自己的个人利益，也会合作，如“重复博弈”，非合作的意思就是局中人考虑问题时只考虑自己的个人收益大小，不关注其他方面。

如一博弈中，所有的局中人都只有一次行为机会并且他们在信息意义下同时行为，则称此博弈为静态博弈。所谓信息意义下的同时，就是指一局中人在行为前不能观测其他局中人的行为。时间意义上的同时，必定是信息意义上的同时，反之则不一定。

静态博弈中，每个局中人只有一次行为机会，此时，策略、行动和选择三者是同一个量。“便士博弈”属于静态博弈。

如一博弈中，有些局中人有不止一次的行为机会，或有些局中人在行为前能够观测到一些他人的行为，则称该博弈为动态博弈。

如果一个博弈中，所有的局中人都有完全信息，那么该博弈称为完全信息博弈。这样，博弈又分类为完全信息静态博弈、完全且完美信息动态博弈、完全但不完美信息动态博弈、不完全信息静态博弈和不完全信息动态博弈。“便士博弈”是完全信息静态博弈。

假定整个村庄只有甲、乙两位住户。他们面对村级公共品供给的选择有两种，一种是合作，两人一起提供公共品，提供公共品的成本由两人均分；另一种选择是不合作，这样若对方提供该产品，则自己尽管不付出成本也可以搭到便车，坐享其成。假定公共品得到提供，则两人得到的收益均为 $R_1=R_2=R$；而提供一项公共产品的成本为 C，且 $C/2\leqslant R\leqslant C$，则得到如下的支付矩阵：

		乙	
		合作	不合作
甲	合作	$R-C/2$，$R-C/2$	$R-C$，R
	不合作	R，$R-C$	0，0

由此可以看出，若甲乙两人都选择提供公共产品，则两人的收益均为 $R-C/2$；若甲选择合作，乙选择不合作，则甲要承担所有的成本，而乙不用付出任何成本就可以得到收益 R；若甲乙均选择不合作，则公共产品不能供给，两人都得不到收益。由此可以看出甲乙的最优策略均是不合作，这是一个典型的纳什均衡（不合作，不合作），造成了村级公共产品供给的“囚徒困境”。非合作博弈主要分析的是博弈中各局中人的行为，要预测各局中人可能采取的策略，每个局中人取定一个策略就构成一个策略组合，博弈论就是要预测哪个策略组合会出现，这个策略组合就是博弈的解，也称为均衡。博弈论中的均衡和经济学中的均衡有所不同，虽然都是指局中人不愿意偏离的一种相对静止的状态，但经济学中的均衡指的是一组价格，而博弈论中的均衡是一个策略组合。

对一个局中人来说，他如果有上策肯定取上策，每个局中人都取上策导致的均衡称为“上策均衡”，“囚徒困境”中是“上策均衡”。但现实中，绝大多数的博弈中的绝大多数局中人不存在上策，也就是绝大多数博弈没有“上策均衡”。

我国农村社会是一个熟人社会。从国家和社会的关系看，权威和秩序可分为两种类型：一是社会内在力量形成的内生性权威以及依靠这一权威整合社会形成的自然秩序；二是由外部的国家力量加上社会的规定性权威以及依靠这一权威力量整合社会所形成的建构性秩序（徐勇，2002）。在农村中由于存在这种制度的制约，使大部分村民都会考虑自己的“声誉”而选择合作，例如一些村对缴纳“一事一议”费用的农户张榜公布，这对不参加合作的农户就是一种惩罚，他们要受到缴费农户的“歧视”。下面从理论上对这种情况进行分析。

假定一项公共产品的成本以及甲、乙从中得到的收益状况同上。若一方提供公共产品，另一方选择不合作，选择不合作者受到的惩罚为 P，那么支付矩阵为：

		乙	
		合作	不合作
甲	合作	$R-C/2$，$R-C/2$	$R-C$，$R-P$
	不合作	$R-P$，$R-C$	0，0

上述支付矩阵中（合作，合作）与（不合作，不合作）均为纳什均衡。在1950—1951年，纳什提出了纳什均衡，并证明了纳什均衡的存在性。定义为，一个博弈中，如果存在一个策略组合，单个局中人独自离开这个策略组合，其收益不会增加，则称此策略组合为该博弈的一个纳什均衡。但显然，只要 $(R-C/2)>(R-P)$，即 $P>C/2$，惩罚的强度大于合作时分摊的成本，（合作，合作）就是甲乙双方的必然选择，而不会选择（不合作，不合作）。这表明，在“熟人社会”里，人们会由于这种自然秩序为其不参加“合作”而承担更大压力，因此“一事一议”制度提供了一种破解集体选择困境的路径。注意，单个局中人独自离开这个策略组合是指这个局中人去选择其他策略，而不是这个局中人离开这个博弈了，局中人参加了一个博弈后，他是无法随意离开这个博弈的，现实中也是一样，一个人开始做了一件事以后，不是他随意想停下来就能停下来的。

20世纪80年代以前的经济学，主要讨论完全竞争的市场经济，它建立在亚当·斯密的“看不见的手”的原理上，即每个人都从利己的角度出发，从不考虑对他人的影响，但最后却获得了全社会的最优。但“囚徒困境”和纳什均衡质疑了这个原理，也解释了个体都精明强干，但现实社会的现状却不令人满意的原因。“价格战”“产量决策”（局中人生产的产量不是局中人利益最大的产量）都是“囚徒困境”的现实例子。

5.1.2 嵌套博弈与“一事一议”制度：民主选举的假说

在“一事一议”制度的执行中经常会出现“有事难议”的现象，这是“事”非所需的缘故吗？对这个问题可以用嵌套博弈（Nested Game）来分析，体现了新社会经济学的中心思想。该理论的核心观点是人们的互动行为与决策不是某个孤立博弈的结果，而是受到博弈所处更大范围的关系与结构的影响，即该博弈可能嵌套于某个大博弈中，从而产生不同于单个博弈的均衡结果。罗杰·麦凯恩用实际案例分析了嵌套博弈的长策略选择与均衡问题。他指出，在很多博弈中参与者的行为看似是不理性的，但当意识到这个博弈只是更大博弈的一部分时，就能明白他们的行为是理性的。看似非理性的博弈是嵌套或嵌入在更大的博弈之中的。这种情况下，针对大博弈选择的最优反应就不是独立的小博弈的最优反应了，即小博弈可能作为子博弈嵌套的序贯博弈中。Granovetter 较早研究了经济活动的社会嵌入性（social embeddedness）问题，他强调经济行为和经济制度不是孤立运行的，都受社会关系的约束。他进一步指出，古典经济学和新古典经济学主要研究独立的、非社会化的人类行为，这只是继承了功利主义的传统。这些理论通过假设而忽略了社会结构及社会关系对生产、分配和消费的影响，因而不能正确解释一些社会问题。美国经济学家 Bardhan 和 Rudrad 等人研究了西孟加拉的地主向农民放贷情景，发现这种信用博弈嵌套在更大的交换活动中，并直接与劳动交换相联系。在这种嵌套博弈下，地主愿意以极低的利率向农民放贷，以便在特殊情况下换取农民的超额劳动。日本经济学家青木昌彦运用嵌套博弈思想，成功地分析了社区规范的形成与作用，以及制度的历时关联等问题，并提出“博弈域”概念，丰富和拓展了嵌套博弈的内容与解释力。这里博弈中局中人是村委会和农户，即村委会的决定与村民表决之间的博弈。我们将“一事一议”的决策程序表示如下：

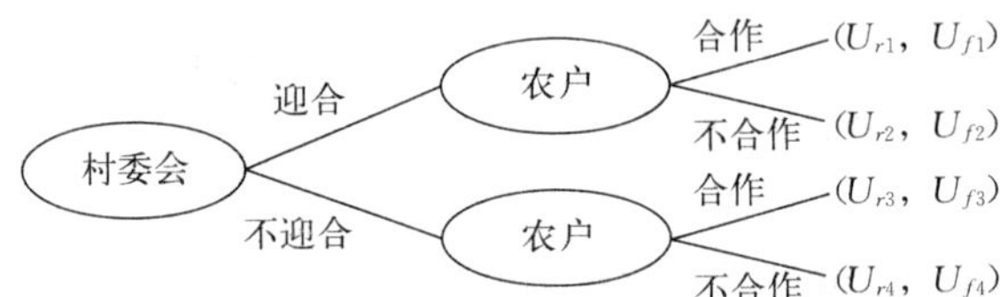

引用美国经济学家 Akerlof-Kranton（2000）效用函数：$U_r=U_r$（α_{ri}，α_{fi}），$U_f=U_f$（α_{ri}，α_{fi}，E_{fr}）。其中 α_{ri} 和 α_{fi} 分别表示村委会和农户的决策向量（$i=1$，2，…，n）。这里的 E_{fr} 表示农户的决定嵌套在村委会的决策，是一个连续函数并且可微，其函数形式为：$E_{fr}=\left[\sum_{i=1}^{n}(\alpha_{ri}-\alpha_{fi})^2\right]^{\frac{1}{2}}$。由此得到农户的效用函数：

$$U_f=U_f\left\{\alpha_{ri},\alpha_{fi},\left[\sum_{i=1}^{n}(\alpha_{ri}-\alpha_{fi})^2\right]^{\frac{1}{2}}\right\}$$

然而，农户在公共品提供的决策上处于弱势地位，因为目前的村级公共品供给主要由村委会提供，若他们的意见与村委会的决策相左可能会遭到村委会的“报复”，而且这种“自上而下”的决策体制也决定了农户的弱势地位。同时这里排除乡村精英的作用，只考虑单个农户的决策，这样他们的决策力量非常小，往往是决策的接受者。进一步推导，则有：

$$\frac{\partial U_f}{\partial \left[\sum_{i=1}^{n}(\alpha_{ri}-\alpha_{fi})^2\right]^{\frac{1}{2}}}<0$$

这表明农户选择与村委会意愿一致的策略会提高其效用水平，村委会提供的公共品与农户需求的公共品偏差越大，会使农户对村委会的认可度越低。在一个“熟人社会”中农民会选择合作，这一方面有自然秩序的压力，另一方面担心村委会的“报复”。这样剔除掉农户选择“不合作”的策略，这时村委会的选择可以是迎合也可以是不迎合，这根据村委会的自身利益而定。但是，在目前村民自治的情况下，村委会要民主选举，这就降低了村委会不迎合农户的可能，因此，最后的决定往往是村委会迎合、农户合作。

5.2 “一事一议”制度适用性的经验研究

笔者利用2008年3月对沈阳市辖区内村书记进行的问卷调查数据进行计量分析。调查对象选择村书记是因为他们既是“一事一议”的组织者又是村级公共投资决策的重要影响者，他们能从全村更宏观的角度评价村级公共产品供给制度，也更了解村级层面上公共投资的数据。参加此次调查的村书记平均年龄49岁，其中45～60岁的人约占68.6%，这说明村书记的年龄普遍偏大；村书记的年平均工资8 170元；初中及初中以上学历的占64%，这说明村书记的文化水平比较高。村庄特征变量主要包括常住人口、外出务工人口和人均纯收入这三个变量。“一事一议”筹资项目按公共投资的类别分解表明，富裕地区相对更注重生活质量的提高，如在饮用水和医院诊所上的投入更多。

5.2.1 变量选择

借鉴张林秀等（2006）的研究结果，除了一些政策因素以外，当地经济发展水平是影响农村公共投资的重要因素，外出务工人员较多的村，外出人员就不愿意对村里进行公共投资。笔者选择外出务工人数和村人均纯收入作为影响村级公共投资的重要变量，同时设置了一个虚拟变量——是否通过“一事一议”筹资来考察“一事一议”制度对不同类别的村级公共投资项目数的影响。为考察“一事一议”制度对不同类型村级公共投资项目数的影响，按村级公共投资的类别可将其分为生活类村级公共投资与生产类村级公共投资。因此因变量有两类计数数据：生活类村级公共投资项目数和生产类村级公共投资项目数。

表 5-1 样本概况

变 量	单位	样本个数	均值	标准差	最小值	最大值
性别	—	118	0.042 373	0.202 297	0	1
年龄	岁	118	49.110 17	8.108 014	26	70
文化程度	年	118	9.542 373	3.350 326	4	15
村书记年工资	元	118	8 170.051	2 023.322	2 100	14 000
村常住人口	人	118	1 537.559	674.643 2	330	4 700
村外出务工人数	人	118	220.254 2	217.679 7	9	1 400
村民人均纯收入	元	118	4 848.28	1 116.991	2 000	9 450
生产性公共投资项目数	个	118	0.644 067 8	0.745 647 5	0	3
生活性公共投资项目数	个	118	0.288 135 6	0.600 593 7	0	3

资料来源：根据调查问卷整理。

5.2.2 模型选择

本研究的因变量村级公共投资项目个数为计数数据（Count Data），对此类数据通常采用泊松分布或负二项回归模型进行拟合。根据 Cameron 和 Trivedi（1998）提出的检验标准，利用加州大学 Elder 提供的 stata 宏程序 nbvargr，可以把公共投资项目数的实际分布同时与泊松分布和负二项分布进行比较以考察用哪种回归模型更适合。但生产性公共投资项目数和生活性公共投资项目数都存在"零堆积"现象，对此，零堆积泊松回归模型（ZIP）和零堆积负二项回归模型（ZINB）可能也是较好的拟合模型。对于模型的选择遵循如下思路：首先通过利用 nbvargr 宏程序检验是否存在过度分散现象，以决定采用泊松回归还是负二项回归；其次通过对 ZIP 与泊松回归的 vuong 检验、ZINB 与负二项回归的 vuong 检验决定是否选择零堆积模型。

5.2.3 "一事一议"制度适用性的计数模型分析

采用 stata 10.0 按上述步骤进行分析，发现生产类村级公共品的投资项目数均值为 0.64，方差为 0.74，nbvargr 宏程序检验结果表明不存在过度分散效应，故采取泊松回归。但是有 60 个村的生产类村级公共投资项目数为 0，可能存在"零堆积"现象。vuong 检验的结果表明应该选择 ZIP 模型。生活类村级公共投资的项目数均值为 0.29，方差为 0.60，nbvargr 宏程序检验结果表明存在过度分散效应，负二项回归模型拟合更好。但是有 92 个村的生活类村级公共投资项目数为0，存在“零堆积”现象。vuong检验的结果表明应该选择ZINB模型。

笔者将生活类村级公共投资项目数进行ZINB模型回归，该模型分两部分来估计变量的影响，一方面估计对零部分建立模型，其结果与一般的logistic回归一样；另一方面对大于零的部分建立负二项回归，其解释和传统的负二项回归一致。表5-2列出了用ZINB模型的结果和负二项回归的结果。

表5-2 生活类村级公共投资项目数的计数模型回归结果

	ZINB			负二项回归		
	系数	SE	P	系数	p	边际
零部分回归						
外出务工人数	−0.000 954	0.001 428 3	0.504	−0.000 776 4	0.505	−0.000 171 9
农民人均纯收入（元）	0.000 17	0.000 162 8	0.296	0.000 407 3	0.014	0.000 090 2
是否通过“一事一议”	1.318 539	0.474 896 6	0.005	0.825 982 2	0.042	0.196 208 1
常数项	−2.458 98	0.917 093 4	0.007	−3.682 456	0.000	
非零部分负二项回归						
外出务工人数	−0.000 866 7	0.006 016 3	0.885			
农民人均纯收入（元）	−0.003 532 1	0.002 152 7	0.101			
是否通过“一事一议”	10.110 17	12.752 21	0.428			
常数项	6.943 872	12.844 01	0.589			

注：边际效应=dy/dx，即当其他变量取均值时，自变量单位变化所带来的因变量的变化；当自变量为虚拟变量时，是指0～1变化。

表5-2表明，无论采用负二项回归模型还是采用ZINB模型进行回归，是否通过“一事一议”都对生活类村级公共投资项目有显著正影响，采用“一事一议”制度有利于生活类村级公共投资的进行。村级公共产品大部分都属于准公共品，对于这类产品通过筹集资金的方式供给是有效的。而且，表明“一事一议”制度会促进生活类公共品项目数的增加，但是影响并不显著，这可能与目前“一事一议”制度的交易成本过高、效率低下有关。logistic回归结果表明外出务工人数越多的地区进行生活类村级公共投资的可能性越少，负二项回归的结果显示外出务工人数越多提供的生活类村级公共投资项目数越少。其原因可能是，外出务工人员对生活类的村级公共投资享用的机会少，因此外出务工人数越多的地区在生活类村级公共投资方面的热情越不高。而越是富裕地区越可能进行生活类村级公共投资，但这些有投资的地区人均纯收入越高，生活类村级公共投资的项目数却越少。这可能是因为人均收入越高的村庄，生活

类公共产品也越完备，导致越富裕的地区再投入的数量会越少。

对于生产类村级公共投资项目数进行ZIP模型回归，该模型分两部分来估计变量的影响，一方面对零部分建立模型，其结果与一般的logistic回归一样；另一方面对大于零的部分建立泊松回归，其解释和传统的泊松回归一致。表5-3列出了用ZIP模型的回归结果和泊松回归的结果。

表5-3　生产类村级公共投资项目数的计数模型回归结果

	ZIP			泊松回归		
	系数	SE	P	系数	p	边际
零部分回归						
外出务工人数	0.000 589 3	0.000 480 1	0.220	0.000 662 7	0.146	0.000 371 7
农民人均纯收（元）	0.000 132 5	0.000 103 4	0.200	0.000 150 2	0.123	0.000 084 2
是否通过“一事一议”	0.670 343 2	0.430 288 8	0.119	0.945 074 7	0.000	0.577 155 6
常数项	−1.492 905	0.731 422 3	0.041	−1.876 605	0.001	
非零部分泊松回归						
外出务工人数	−0.001 133 5	0.002 604 8	0.663			
农民人均纯收（元）	−0.000 303 7	0.000 571 9	0.595			
是否通过“一事一议”	−21.721 01	23 068.64	0.999			
常数项	0.592 663 8	3.122 885	0.849			

表5-3结果显示，无论采用ZIP模型还是泊松分布模型，是否通过“一事一议”对村级生产类项目数都有正影响。但是ZIP模型的logistic回归部分表明是否有“一事一议”制度对是否进行生产类村级公共投资的影响并不显著，而负二项回归部分更显示出“一事一议”制度对村级生产类公共投资的项目数有负影响。究其原因有以下几点：首先，生产类的公共品服务的地域范围局限性更大，可能一项小的水利设施只能几个农户之间享用，这样“一事一议”交易成本高的劣势就显现出来了。其次，生产性公共品筹资数额往往较大，“一事一议”制度筹资上限可能会导致资金不足。外出务工人越多的地区越可能对生产性公共产品进行投资，但外出务工人数越多投资的项目数却越少。主要是由于外出务工需要一定的基础设施，这可以减少他们的迁移成本，因此他们会有意愿进行该部分公共产品的投资，但随着外出人数增加，“一事一议”的“议事”人越难召集，“决事”也越难执行，导致投资的项目数减少。越富裕的地区越可能进行生产性村级公共投资，但投资的数目却越少，这主要是因为有些农业基础设施每年都需要维修，富裕地区越可能进行投资，但是富

裕地区的基本农业基础设施可能比较完备，这样往往不需要增加新的生产类基础设施，因此在这方面的投资项目数较少。

5.3 结论与建议

“一事一议”制度是村民自主筹资的一种主要模式，但并不是唯一模式，也不适合所有村级公共品。通过理论分析表明“一事一议”运行机制的前提条件是：农村“熟人社会”的假定以及村民选举的真实偏好表达。经验研究表明，“一事一议”制度对于生产性村级公共投资效用不明显，而对于生活性村级公共投资的效用很显著。生产性的村级公共品可以由政府或其他投资主体提供，以满足农业基本生产所需；生活性的村级公共品，由于各地差异性较大，应该通过“一事一议”制度表达村民的偏好。

针对“一事一议”制度的局限性，首先，政府应该在生产性村级公共投资方面加大投入力度。尤其取消农业税后，村级财政匮乏，若仅仅依靠“一事一议”制度筹集村级生产性公共品的资金是远远不够的，政府应该充当生产性村级公共产品的供给主体，还可以通过其他渠道融资，如一些地方的“用水者协会”等第三方组织。作为生产性村级公共产品，多数是农田水利设施、村级道路硬化等一些大型的村级公共产品项目，在“后农业税”时代，村级财政难以承担全部的农村公共产品项目，要完全依靠“一事一议”筹资筹劳制度完成生产性村级公共产品的建设，还存在着较大困难，这时就需要政府方面的鼎力支持。政府要结合本地的实际情况，全面统筹城乡建设，逐渐缩小城乡“二元”结构，达到全面建设小康社会的总体目标要求。我国的农村建设与城市相比差距较大，并且任务繁重，而农村集体经济组织的实力相对薄弱，农民收入较低，需要政府作为后续力量，继续加强建设广大农村地区，重点是加大财政资金的投入。当下面临资金筹措紧张的情况，不仅政府要想法设法加大财政支持，还可以从社会上或者是其他的组织机构寻求资助。例如，建设小型农田水利设施，可以和当地的“用水者协会”合作，提高农村水利灌溉条件，共同建设村级公益事业；修建村级道路硬化工程，村委会可以适当的与交通局等有关部门进行联合修路，尽可能地使每家每户门前都通上柏油马路，方便农民出行。

其次，在生活性村级公共投资方面要谨防过度投资，以免给农民造成负担。是否要提供一项生活性村级公共品应该让农民通过投票的方式决定，但是由于“一事一议”的筹资额度比较低，这需要政府再通过“一事一议”补贴弥补农民筹资金额的不足。区别于生产性村级公共产品，生活性公共产品是那些可以改善农民生活条件的供给项目，比如，村内改厕工程、垃圾分类处理等，这些生活性村级公共产品投资的项目，不能一味地过度投资，过度投资极容易增加农民负担，这与当初“一事一议”制度的初衷是相违背的。投资生活性公共产品，要有选择投资，符合农民切身需要的农村公共产品，要经过村民的同意，以举手表决的投票方式，尽可能满足全体村民的需求，至少是能够代表绝大多数村民的利益，才能确立村级公共产品的项目。以少数服从多数的原则，但也不能忽略少数人的需求愿望，可以在下次的村民会议中，充分讨论，重新确定新的村级公共产品项目。由于农民收入较低，使得“一事一议”筹资筹劳制度在开展过程中遇到了困难，特别是在筹资环节中，因为由农民筹集的资金相对较少，所以只能解决农村公共产品的一小部分，比如建造农村的垃圾房，这与想要改善农村环境，提高农民生活水平还有较大差距。在大型的村级公益事业项目建设时，不仅农民要进行自筹资金，还需要政府通过“一事一议”制度的补贴弥补资金的不足。采取激励的机制，由农民筹资筹劳完成的生活性公共产品项目，对限额内农民实际出资的额度，可以由财政部安排专项资金对履行“一事一议”筹资筹劳制度的农民给予一定比例的资金奖励，让农民充分感受到由“一事一议”制度带来的好处，也为后续开展“一事一议”活动奠定良好的群众基础。

再次，从组织规范性的角度应该规范村民选举制度和“一事一议”制度，使“一事一议”制度法制化，同时加强对“一事一议”经费运转的监管。除此以外，还可实行项目外包等机制，通过引入市场竞争解决资金使用效率低的问题。“一事一议”筹资筹劳制度是我国农村特有的一项制度，不同于城市的建设，是农村村民履行义务的一种方式。村民享有选举权和被选举权，选举制度体现了公平、公正、公开的原则。规范村民的选举制度，让农民从不了解制度到渐渐接受“一事一议”筹资筹劳制度，最后让农民满意“一事一议”制度，循序渐进推进“一事一议”制度，也为以后在农村地区开展其他活动做好铺垫。同时，“一事一议”制度也应该法制化，国家有关部门应该出台相应的法律政策，规范操作实施“一事一议”制度过程中的各个环节，使农民有法可依、有法可循，让农民按章办事，行使自己应有的权利。不仅“一事一议”制度要规范化和法制化，还应该对“一事一议”制度中涉及的资金进行长期有效的管理。要实行专款专用，专户核算，坚持统一建账、统一核算、统一管理的原则，每笔资金使用要公开、透明。可以聘请村中有威望的人、深得全体村民信任的人成立村级财务监督小组，用于监管“一事一议”制度的资金使用情况。使用“一事一议”筹资筹劳制度建设村级公益事业，可以把公共项目外包给专业施工队伍，通过将市场竞争引入到农村，可以让村民了解到市场行情的变化，这样能够加大所筹资金的使用效率，进而加快建设完成农村公共产品项目。

最后，从农民主体性的角度应加强农民的法制意识与民主意识，提高农民参与“一事一议”决策的积极性。要加强文化教育与思想政治教育相结合，在提高农民的科技技术文化的同时，注重农民的思想道德的教育，培养集体主义的观念，树立社会主义道德观念，引导教育农民树立长远意识，具有大局观念，提高农民的议事能力和水平。增强农民的法制观念，广泛宣传《村民委员会组织法》和中央农村税费改革有关的重要文件，让农民充分了解到“一事一议”制度的好处，这是尊重和保障民主决策、民主管理、民主监督等民主权利的重要方式，是推进村级公益事业建设的有力保障。加大宣传“一事一议”制度，让农民参与“一事一议”制度的建设，充分调动农民的积极性、创造性，发挥人民群众当家做主的精神，行使农民应具有的权利。

总之，村级公共产品的筹资问题是一个综合性问题，涉及农村社会生活的很多方面，如何利用、完善“一事一议”制度对于提高村级公共产品供给水平具有现实意义。但仅仅从“一事一议”制度本身来分析是不够的，还需要以后通过对不同筹资模式的对比研究提出不同类别村级公共产品的不同筹资模式、不同地区村级公共品的不同供给主体。就目前来看，城乡之间的较大差距依然存在着，缩小这种不公平的差距，是统筹城乡发展战略的重要内容，政府要承担起缩小这种差距的责任。“一事一议”制度作为增加农村公共产品供给的一项利好政策，是缩小城乡差距的一种解决方式，可以给广大农民带来生产上的帮助，解决生产技术上的困难，进而增加农民的收入。“一事一议”制度除了在生产性公共产品项目上帮助了农民，在生活上也同样给农民带来了好处，村内环境逐年好转，农民生活更加幸福。

第六章 “一事一议”制度与村级公共投资

农村公共品的供给关系到农业、农村、农民的发展，从2000年开始，国家实施了农村税费改革制度，并选取了安徽省为试点省份。农村税费改革的主要内容可以概括为：“三取消、两调整、一改革”。“三取消”，指取消乡统筹和农村教育集资等专门向农民征收的行政事业性收费和政府性基金、集资；取消屠宰税；取消统一规定的劳动积累工和义务工。“两调整”，指调整农业税和农业特产税政策。“一改革”，指改革村提留征收使用办法。随着我国农村税费改革试点的开展和逐步扩大农村税费改革的范围，“一事一议”制度逐渐在我国的农村实施起来，而“一事一议”筹资筹劳是农村税费改革的一项重要内容。目前，“一事一议”筹资筹劳阶段已经在多个省份进入了实践期，较早开展“一事一议”筹资筹劳的一些试点地区已经进入到形成并且规范这种制度阶段。因此，“一事一议”制度是目前农村公共产品供给的主要形式（杨卫军，王永莲，2005）。

根据笔者查阅国务院办公厅颁布的村民“一事一议”筹资筹劳管理办法的文件，以及各省份参照国务院文件制定出的适合本地区的“一事一议”筹资筹劳的政府文件，发现每人每年筹集的资金不得超过本县农民上年的人均纯收入的1%，各地区之间可以存在差异。然而，国家统计局农村社会经济调查总队（2004）对全国31个省份6.8万个农村住户的抽样调查显示，2003年“一事一议”筹资人均1.8元；2004年“一事一议”筹资人均仅1.6元，按人均筹资15元的上限和议办一事计算，真正开展“一事一议”制度的行政村的比例也就是10%多一点。汝信等（2007）研究认为，2005年上半年“一事一议”筹资人均0.8元，比上年同期增加0.4元，增长90.9%。数据说明“一事一议”制度并没有取得预期的效果，在实施过程中，所筹得的人均资金和按照文件规定的资金上限相差甚远。

实践中还出现了“有事难议”“议事难决”“决事难行”的现象（刘祖华，2007），让“一事一议”制度处在风口浪尖中，更让该制度的存废饱受争议。“决难行”是“一事一议”制度难以开展的主要原因。虽然国家经济处于高速发展阶段，人民收入不断增加，但是农村地区的发展依然落后于城市，农民收入的来源单一且不固定。地区经济发展存在的差异性，导致“一事一议”制度发展程度不一。在东部沿海发达的农村地区，经济基础条件较好，农民有一定的收入来源，只要在开展“一事一议”制度时，村“两委”做好宣传工作，让村民了解并且愿意接受“一事一议”制度，保证村民会议或者村民代表大会的顺利召开，就能够确定开展具体的村级公共项目，村民有能力筹集资金并且通过自愿出工或者是以雇工的形式参与项目建设。而在广大中西部的农村地区，经济实力薄弱，发展缓慢，农民的收入水平不高，除维持自己家庭的基本生活之外，拿不出多余的资金投入在村级公共产品项目的建设中。资金的筹措困难，使得“一事一议”筹资筹劳工作难以继续进行，农村发展建设工作停滞不前。农民收入偏低，没有能力筹集关于建设村级公共投资的资金，是“一事一议”制度不能取得预期效果的根本原因。

有的学者认为应该完善“一事一议”制度。杨卫军、王永莲（2005）认为我国农村公共品的提供远不能满足需要，绝大多数地区只能靠“一事一议”方式提供，而“一事一议”制度存在交易成本高等缺陷，不利于公共品的提供，但在目前形式下只能完善而非废止该制度。因为在我国农村的大多数地区，乡镇、村集体都是债务缠身，少则几十万元，多则上百万元，使得乡镇、村集体失去了提供公共产品的投入能力。而“一事一议”制度是增加农村公共产品供给的唯一方式，所以说，“一事一议”制度只能是继续完善，而不能终止废除。陈定洋（2008）从理论上推导出“一事一议”制度会造成“农户选择不提供公共品，基层政府也选择不提供公共品”的唯一的纳什均衡，强调中央和基层政府应调整政策使基层政府与农民、农民与农民之间的非合作博弈走向合作博弈。而有的学者则认为应该废止该制度。李琴等（2005）认为，由于“一事一议”制度交易成本高、不确定性大等原因不利于公共品的供给，应该取消“一事一议”制度，村级公共品供给应纳入市场化范畴。在现实情况下，开展“一事一议”制度存在着诸多不可实施的因素，将农民所上交的“一事一议”费用改为按照以市场价格计算和农民自己所需要的公共产品数量来进行付费是两全其美的选择。在全国各地的农村，逐渐兴起了种植、养殖等大户，这些大户拥有较多的资源，土地、资金相对较为宽裕，且信贷能力较为突出，如果将农田水利灌溉、道路硬化修缮等由集体统一管理的村级公共产品供给承包给这些种植、养殖大户，由这些大户出资建设村级公共项目，更换或维护破旧的小型水利设施，负责全村的农田水利灌溉、村内路面硬化、村内环卫设施等，农民以市场价格付费，可以较好地解决村级范围内的公共产品供给的资金与效率的问题。徐小军等（2008）认为，在农村“一事一议”制度实施过程中主要涉及村级组织和村民两个政策主体，在当前的制度安排下，对村级组织没有激励只有约束，对村民既没有激励又没有约束，势必难以调动两者的积极性。本研究试图通过对“一事一议”制度与村级公共投资之间的经验分析，以考察“一事一议”制度是否具有增加村级公共投资的作用，是否应该继续采用还是废止，这对于农村公共品的供给、社会主义新农村建设、村民民主政治建设都具有重要意义。

本章的调查对象是村书记，因为他们既是“一事一议”制度的组织者又是村级公共投资决策的重要影响者，他们能从全村更宏观的角度评价村级公共品供给制度，以村书记的视角为切入点，能够全面了解村级公共产品的供给情况，以及采用“一事一议”制度建设村级公共产品的情况，也更了解村级层面上公共投资的数据。本章中的“一事一议”是指在农村兴办农田水利基本建设、植树造林、修建和维护村级道路等集体公益事业时，所需要的部分资金要通过村民大会或者村民代表大会集体讨论、研究，实行专事专议的办法筹集。村级公共投资仅指受益者为本村村民在道路、桥梁、农田水利、村民饮水、医院诊所、绿化、修建广场等方面的投资，本章将其划归为道路桥梁、农田水利、饮用水、医院诊所和其他。

6.1 数据来源及描述性分析

本研究所使用的数据来自笔者 2008 年 3 月对沈阳市 118 位村书记进行的问卷调查。分别选取了性别、年龄、文化程度和村书记年工资作为基本信息进行数据统计。通过对参与调查的 118 位村书记进行性别统计，用 0 代表为男性、1 代表为女性，经过计算得出，性别的均值为 0.042 373，均值接近 0，说明男性村书记人数众多。参加此次调查的村书记平均年龄 49 岁，其中 45～60 岁的人约占 68.6%，年龄最小的 26 岁，年纪最大的 70 岁，说明村书记的年龄普遍偏大，而且年龄差距也较大。村书记的年平均工资 8 170 元，年工资最少的是 2 100 元，年工资最多的是 14 000 元，最大值是最小值的近 7 倍，说明村书记的年工资收入差距甚大。查阅有关村干部工资管理办法的资料显示，村干部的工资资金来源包括三部分，分别是市财政补助资金、村级三项资金以及村集体经济收入，工资构成包括基本工资、规模工资、考核工资和浮动工资。其中，规模工资是根据村庄人口的数量确定的，当村庄人口的数量达到一定规模的时候，会有一部分的规模工资计入在村书记的工资当中；考核工资是按照每年目标责任制的完成率进行考察的，考核小组依据实际情况对照内容进行逐项审计考核，考核通过者，会发放考核工资；浮动工资依据当年集体经济纯收入（发包收入按年均计算），不含市财政三项资金，当村级集体经济纯收入达到一定数额时，村书记的工资会依据相应的比例进行上调。因各地区的村级集体情况不同，村干部的工资就会有所差异，部分地区还会把工龄计入工资中，不论职务大小，按照实际工作的年限计算，并且可累计，作为工龄津贴算入其中。调查发现，文化程度最低的村书记上过4年学，文化程度最高的村书记上过15年学，对数据进行统计分析后，文化程度的均值是9.542 373年，其中初中及以上学历的村干部占64%，说明村书记的文化水平比较高，受教育程度相当于初中阶段。选用的村庄特征变量主要包括常住人口、外出务工人口和人均纯收入（表6-1）。在常住人口变量中，据对118位村书记的调查统计得知，常住人口最少的村有330人，最多的4 700人，常住人口均值为1 537.559人，体现了村庄规模的大小程度。选取的外出务工变量中，外出务工人数最少的村有9人，最多的1 400人，均值为220.254 2人，体现了村庄劳动力转移的情况。在人均纯收入变量中，人均纯收入最少的村为2 000元，最多的9 450元，均值为1 116.991元，比较最大值和最小值，极值是7 450元，人均纯收入不高，体现出不同的村庄，人均纯收入差距较大。选择村级公共投资项目数这一变量作为衡量农村公共产品供给的指标，调查了解到，公共投资项目数最少的村为0个，公共投资项目数最多的为8个，均值是0.966 107 7个，说明平均有近1个公共投资项目在村庄里开展，同时也说明了利用“一事一议”制度开展的村级公共产品项目数量较少，在辽宁地区，利用制度开展的项目主要是村级道路的修建。

表6-1 样本概况

变量	单位	样本个数	均值	标准差	最小值	最大值
性别	—	118	0.042 373	0.202 297	0	1
年龄	岁	118	49.110 17	8.108 014	26	70
村书记年工资	元	118	8 170.051	2 023.322	2 100	14 000
村常住人口	人	118	1 537.559	674.643 2	330	4 700
村外出务工人数	人	118	220.254 2	217.679 7	9	1 400
村民人均纯收入	元	118	4 848.28	1 116.991	2 000	9 450
村级公共投资项目数	个	118	0.966 101 7	1.253 591	0	8

资料来源：根据调查问卷整理。

农村公共产品供给的分类有很多种方式，本研究将公共投资项目分为两类，一类是由“一事一议”筹资开展的项目，另一类是由其他方式开展的公共投资项目。由“一事一议”筹资的项目又分为全部资金由“一事一议”筹集、非全部资金由本村自己筹集两类。为考察不同地区村级公共投资的特点，按农民人均纯收入水平由低到高排序，分别是十分不富裕、比较不富裕、比较富裕和十分富裕。根据数据的统计结果，发现越富裕的地区，通过“一事一议”筹资开展的项目数越多。

把“一事一议”筹资的项目按公共投资的类别进行分解，发现无论在哪类地区，公共投资大部分都用在道路桥梁这类基础设施上，而富裕地区相对更注重生活质量的提高，如在饮用水和医院诊所上的投入更多。修建道路桥梁是方便农民健康出行的最低要求，没有完整规划的村庄道路使得农村的生活条件未能随着经济的快速发展而得到同步的改善，农村自给自足的消费模式依然长时间存在，导致了农村发展的相对滞后。农民几番修建自家院落，从土阶茅屋摇身变成青砖碧瓦，居住条件日益改善，然而村庄的出行道路，每逢阴天下雨就会变得泥泞不堪，农民就会选择不出行。影响农民难买难卖的一个重要因素就是出行难。作为提供村级公共产品的“一事一议”制度，首先解决的是农民出行难的问题，村庄内部的道路修建和硬化是造福农民的一项民生工程。

在富裕地区，村里的道路规划是很完整的，家家户户门前都会通上柏油马路，农民出行方便。富裕地区的农民把公共投资放在了提高农民的生活质量上，每家每户接上自来水管道，有的村庄会 24 小时供应自来水，有的村庄会保证在农民每天早、中、晚做饭时供应自来水，提高农民的生活用水质量。修建村级的医院诊所，方便农民在生病时及时就医，不拖延病情，使农民在最快的时间里得到医治。村级医院诊所的建成，可以为农民建立长期的健康体检，关注农民的身体健康，是建设社会主义新农村的重要一项内容。

调查结果显示，没有实行“一事一议”或者当年没有采用“一事一议”制度筹集资金的村共 56 个，占总共样本量的 47.46%，公共投资项目数为 34 项，平均一个村 0.553 6 个，平均每项投资 9.49 万元；而采用“一事一议”筹资的村共 62 个，占总体样本量的 52.54%，公共投资项目数为 80 项，平均一个村 0.775 个，平均每项投资 14.86 万元。这表明目前“一事一议”在村级公益事业建设中得到了实践，但并没有得到广泛应用，应该加大宣传“一事一议”制度的力度。研究表明“一事一议”对投入公共产品项目数有较大影响，采用“一事一议”的村公共投资项目数更多、资金也更大，覆盖农村公共区域也更广泛。因此，应该加大“一事一议”投资力度，扩大投资范围，增加公共投资项目，让更多的项目惠及农村，造福农民。

6.2 模型估计及结果分析

6.2.1 计数模型选择

本研究的因变量以村级公共投资项目个数为计数数据，对此类数据通常采用泊松分布进行拟合。但是泊松分布要求事件发生的概率独立且恒定、事件数的均值等于其方差。从表 6-1 的描述性统计结果中发现，村级公共品提供的项目数均值为 0.966 1 个，标准差为 1.253 6 个，这不符合泊松分布的要求，其替代方法是用负二项分布进行拟合。泊松分布是负二项回归模型的一个特例。泊松回归的局限是泊松分布的期望与方差一定相等，被称为“均等分散”(equidispersion)。但这个特征常与实际数据不符。如果被解释变量的方差明显大于期望，即存在“过度分散”（overdispersion）。通常的处理方法是，在条件期望函数的对数表达式中加入一项：

$$\ln\lambda_i = x'_i\beta + \varepsilon_i \tag{6-1}$$

式中，随机变量ε_i表示条件期望函数中的不可观测部分或个体的异质性。由式（6-1）可得：

$$\lambda_i = \exp(x'_i\beta)\cdot\exp(\varepsilon_i) \equiv u_i v_i \tag{6-2}$$

式中，$u_i \equiv \exp$（$x'_i\beta$）为x_i的确定性函数，而 $\nu_i \equiv \exp(\varepsilon_i) > 0$ 仍为随机变量。给定x_i与ν_i，则y_i依然服从泊松分布：

$$P(Y_i = y_i \mid x_i,\ v_i) = \frac{e^{-u_i\nu_i}(u_i v_i)^{y^i}}{y_i!}\quad (y_i = 0,\ 1,\ 2\cdots) \tag{6-3}$$

但由于 v_i不可观测，故无法对式（6-3）进行估计。为此，记ν_i的概率密度函数为$g(v_i)$，则可以将 v_i 积分掉，以计算 y_i的边缘密度：

$$P(Y_i = y_i \mid x_i) = \int_0^\infty \frac{e^{-u_i v_i}(u_i v_i)^{y^i}}{y_i!} g(v_i)\mathrm{d}\nu_i \tag{6-4}$$

由于 $v_i > 0$，故通常选择 ν_i服从 Gamma 分布（指数分布与卡方分布都是 Gamma 分布的特例）。特别地，假设 $\nu_i \sim$ Gamma（$1/\alpha$，α），其中$\alpha > 0$。由数理统计知识可知，对于 Gamma（a，b），其期望为 ab，而方差为 ab^2。故 E（v_i）$=1$，而 Var（v_i）$=\alpha$（参数 α 即 v_i的方差）。将 Gamma（$1/\alpha$，α）的概率密度代入式（6-4），可得到负二项分布的概率密度，由此可以写出样本数据的似然函数，然后进行 MLE 估计。这称为“负二项回归”（negative binomial regression），因为它事实上假设样本来自“负二项分布”（negative binomial distribution）。假设某事件在一次实验中成功的概率为 θ（$0 < \theta < 1$）。记 Y 为在第 J 次成功前失败的总次数，则离散随机变量 Y 的分布律为：

$$P(Y = y \mid \theta,\ J) = C_{y+J-1}^{J-1}\theta^J(1-\theta)^y\quad (y = 0,\ 1,\ 2\cdots) \tag{6-5}$$

由于第（$y+J$）次一定为成功，故只要在前面的（$y+J-1$）次中找出成功的（$J-1$）次的组合次数即可。如果 $J=1$，则称为“几何分布”（geometric distribution）。

可以证明，负二项回归模型的条件期望仍为 E（$Y_i \mid x_i$）$= u_i = \exp$

$(x_i'\beta)$（负二项回归不影响条件期望），而条件方差为：

$$\text{Var}\ (Y_i \mid x_i) = u_i + \alpha u_i^2 > u_i = E\ (Y_i \mid x_i) \qquad (6-6)$$

这表明，在负二项回归中，条件方差大于条件期望（在泊松回归中，二者相等）。由于条件方差的表达式包含条件期望u_i的平方项，故也称为“NB2 模型”。从式（6－6）可以看出，条件方差是 α 的增函数，故 α 称为“过度分散参数”（overdispersion parameter）。特别地，当 $\alpha \to 0$ 时，泊松回归实际上是负二项回归的特例。因此，在进行负二项回归后，只要对原假设“H_0：$\alpha=0$”进行检验，即可确定应使用负二项回归还是泊松回归。

另外，如果将 Gamma（$1/\alpha$，α）中的 α 换为 δ/u_i，即假设 $\nu_i \sim$ Gamma（u_i/δ，δ/u_i），其中 $\delta>0$，则条件方差函数（6－6）变为：

$$\text{Var}\ (Y_i \mid x_i) = u_i + (\delta/u_i)\ u_i^2 = u_i + \delta u_i > u_i \qquad (6-7)$$

此时，条件方差变为条件期望u_i的一次函数，故称为“NB1 模型”，是负二项回归的另一形式。如果 $\delta \to 0$，则回到泊松回归的特例。在实践中，常使用 NB2 模型。在多数情况下，NB2 模型的二次条件方差函数更符合数据的特点。使用 NB2 模型的另一好处是，即使似然函数不正确，只要条件期望函数正确，则β_{QLME}依然是一致估计（但α_{QLME}不是一致估计），此时应使用稳健标准误。而 NB1 模型则无此优点。

对于负二项回归，如果个体的暴露期T_i不同，同样应将 $\ln T_i$作为解释变量，并令其系数为 1。在 NB2 负二项回归中，条件方差函数主要由参数 α 来刻画，不随个体 i 而变。作为一个推广，也可让此参数依个体 i 而变，记为α_i，并让 $\ln \alpha_i$依赖于变量z_i（z_i可以与解释变量x_i有重叠），正如 $\ln\lambda_i$依赖于解释变量x_i。然后使用 MLE 对条件均值方程与条件方差方程同时进行估计，这称为“广义负二项回归”（generalized negative binomial regression）。但在实践中较少使用。

根据 Cameron 和 Trivedi（1998）提出的检验标准，利用加州大学 Elder 提供的 Stata、宏程序 Nbvargr，可以把公共投资项目数的实际分布同时与泊松分布和负二项分布进行比较（图 6－1），公共投资项目数的分布更接近于负二项分布，特别是在投资项目数为 0 的时候。

通过公共投资项目数的频率分布（表 6－2）发现，有 56 个村公共投资项目数为 0，即 0 发生的频率为 47.46%，说明公共投资项目数存在“零堆积”现象。如果计数数据中含有大量的“0”值（zero outcome），则可考虑使用“零膨胀泊松回归”（Zero-inflated Poisson Regression，ZIP）或“零膨胀负二项回归”（Zero-inflated Negative Binomial Regression，ZINB）。从理论上说，决策可能分阶段进行。首先，决定“取零”（无）或“取正整数”（有），这相

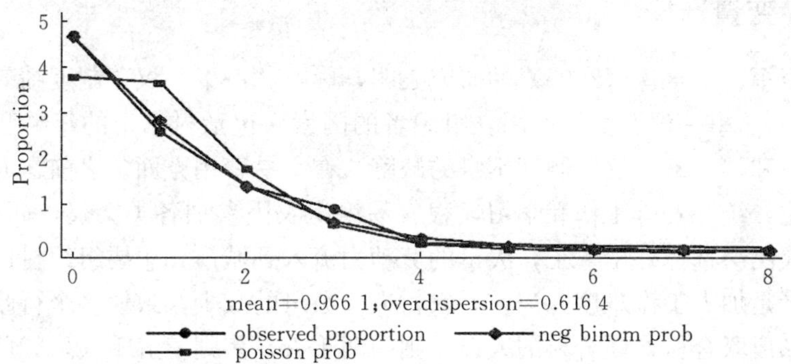

图 6-1 村级公共投资项目数的实际分布、泊松分布和负二项分布

当于二值选择。其次，如果决定“取正整数”，则进一步确定具体选择哪个正整数。为此，假定被解释变量y_i服从以下“混合分布”（mixed distribution）：

表 6-2 公共投资项目数的频率分布表

项目数	频数	频率	累计频率	项目数	频数	频率	累计频率
0	56	47.46	47.46	3	11	9.32	97.46
1	31	26.27	73.73	4	2	1.69	99.15
2	17	14.41	88.14	8	1	0.85	100

资料来源：根据调查问卷整理。

$$P(y_i=0 \mid x_i)=0$$

$$P(y_i=j \mid x_i)=\frac{(1-\theta)\ e^{-\lambda_i}\lambda_i^j}{j!\ (1-e^{-\lambda_i})}\ (j=1,\ 2\cdots) \qquad (6-8)$$

式中，$\lambda_i=\exp(x_i'\beta)$，而$\theta>0$与$\beta$为待估参数。可以证明，$\sum_{j=0}^{\infty}P(y_i=j \mid x_i)=1$。因此，这是一个离散随机变量的分布律。进一步，可以让θ依赖于解释变量z_i（z_i可以等于x_i，或与x_i有重叠部分），并用Logit模型来估计此二值选择问题，即$y_i=0$或$y_i>0$。使用MLE估计以上模型，即得到“零膨胀泊松回归”。类似地，可以定义“零膨胀负二项回归”。

对于存在“零堆积”现象的计数数据，除负二项回归模型（NBR）外，零堆积泊松回归模型（ZIP）和零堆积负二项回归模型（ZINB）均是较好的拟合模型，但AIC统计量[①]表明负二项回归模型为最佳拟合模型。

① 负二项回归模型的AIC=323.881 5，零堆积泊松模型的AIC=325.617 4，零堆积负二项回归模型的AIC=325.934 1。

6.2.2 变量选择

杨卫军、王永莲（2005）的研究表明，影响“一事一议”制度绩效的主要因素有：“一事一议”交易费用、组织者的因素（包括村书记的年龄和受教育程度等）和“一事一议”制度本身的缺陷。在交易费用方面。之前在农村是以组为单位，统一安排工作和学习，很容易组织农民参加各类会议，而现如今，适龄的农民会选择外出务工，大量的劳动力流入到城市，想要组织村民集体开会，无疑是加大工作难度。当前，农村人口数量的减少，致使多个行政村进行合并，形成联合村，联合村的人口少则一两千人，多则三五千人，如此多的村民参加村民会议，需要一个开会场所，除了学校操场外，很难想象有什么较大的开会地点能够容纳这么多的村民。即使顺利地召开了会议，但村民对于村级公益事业的理解不一致，并且他们的想法是实用主义，如果认为自己能够从中受益，就赞同这项方案；如果认为这项公共产品，自己不能够享受利益或者是利益不是那么大，村民就会反对这项提议，会形成众口难调的局面，难以形成统一的意见。即使这项提议通过了，意见统一了，但是在实施过程中，就会有“谁同意谁掏钱”的现象出现。不同意的农民以种种借口推脱，就是不肯出钱，对待这部分村民，组织也无能为力、无可奈何。如果纵容这部分农民的行为，就会带来严重的后果，违反了公平原则与合作的精神。公共产品的特点之一就是具有非排他性，即想要排除其他村民享用该村级公共产品带来的效益的成本是昂贵的，这样一来，愿意出资、响应号召的人也就不愿意出资了。一系列问题的出现，都会导致“一事一议”制度的难以顺利开展。

从组织者的角度考虑，“一事一议”制度的推动离不开村干部的支持，同样地，制度经济学认为，制度变迁的推动者，特别是行动集团对于制度变迁极其重要，没有了行动集团，制度变迁是不会发生的。如果缺乏强有力的行动集团，本应该可以办成的事情也会变成没办成；一旦有了强大的行动集团，即使是在非常困难的条件下，也会把事情办成的特别完美。在现实社会中，经常出现类似的事情，有了强大的行动力，做事会降低集体成本，会达到事半功倍的效果。客观地看“一事一议”制度，村干部就是其行动集团，诸多因素会影响村干部的积极性，根据国家或者各省份发布的文件，不仅对“一事一议”筹资上限有明确的规定，还要求有关“一事一议”制度的资金来源和使用情况公开、透明，对资金的使用程度进行了严格地控制，村干部要想在“一事一议”制度中捞些“油水”，其难度会特别的大，通过“一事一议”制度为集体办事谋福利会变得无利可图。“一事一议”制度的章程中，要求村干部组织村民召开村民大会或者是村民代表大会，必须征得村民的同意，才能立项作为村级公益事业的项目，而“一事一议”组织的难度让村干部望而却步。村干部认为，多一事不如少一事，不如维持现状，得过且过，村干部思想上的不积极进取，导致了“一事一议”制度的难以推动。目前，村干部的任期较短，根据《中华人民共和国村民委员会组织法》第十一条规定，村民委员会每届任期三年。在村干部带领下负责的项目，如果当届村干部不能获得连任的话，那么下届的村干部有可能会搁置此项目，最后会不了了之。村干部不愿意“前人栽树，后人乘凉”，把自己当初推动的项目业绩记录在其他人的业绩当中。因此，基层干部大力兴办村级公益事业出力不讨好，开展工作的热情下降，由于村干部相当于村级的行动集团，在缺乏积极性的情况下，“一事一议”制度的实施必然会开展缓慢。

出台“一事一议”政策是为了建设村级公共项目，建成社会主义新农村，但“一事一议”制度本身存在着一定的缺陷。在“一事一议”的较多文件中，有些规定过于详细，并且没有考虑地区之间的差异性，有些不尽合理。根据辽宁省人民政府办公厅发布的《村民“一事一议”筹资筹劳管理办法的通知》，“一事一议”的筹资上限是20元，显然政府不想加大农民的负担，本意是好的，而且20元的上限金额支付小额的开支还是可以应付的，但是遇到村级道路硬化、修建小型农田水利设施等较大项目时，筹集的资金就不能支付完成项目的开支，由此可见，“一事一议”制度的筹资上限不能做成大事。“两工”的取消也不合理，在某些村级公共产品的建设时，需要义务工和劳动积累工的帮助，农民作为村级公共产品的受益者，他们也表示支持和理解，实则是降低了村级公共产品的成本，变相地减轻了农民的负担。“一事一议”制度显然存在不符合农村实际的情况，因此“一事一议”制度在实施时也会大打折扣。

张林秀等（2006）的研究表明，除了一些政策因素以外，当地经济发展水平是影响农村公共投资的重要因素。外出务工人员较多的村，且外出务工人员大部分流向城市，因为这些人在村里停留的时间较短，所以一些村级公共产品带来的效益，他们享受不到，对他们的效用的影响也会降低。村庄里有长期居住在外地的村民，这部分人对村里发生的情况就会不关心，而农村公共产品对该部分人也没有起到作用，该部分村民就不愿意对村里进行公共投资。

综上所述，在考察“一事一议”制度对村级公共投资的影响时需要考虑一些控制变量。选择被调查者（即村书记）的性别、受教育程度、年工资收入作为衡量“组织者”的因素。选择村常住人口中外出务工人员所占比重来衡量外出务工的比率，选择村人均纯收入作为衡量当地经济发展水平的指标。同时设置了一个虚拟变量是否通过“一事一议”筹资，来考察具有“一事一议”制度的村投入公共品项目数与不具有“一事一议”制度的村投入公共品项目数之间的差别。

6.2.3 负二项回归结果分析

负二项回归模型可视为泊松回归模型的延伸模型（Greene，2003）。本研究利用负二项回归模型来估计“一事一议”筹资制度对村级公共投资项目个数的影响。表6-3给出了负二项回归模型的最大似然估计结果。

表6-3 负二项回归模型的回归结果

投资项目数	系　数	标准差	z	P	边际效应
性别	1.064 783	0.436 114 5	2.44	0.015	1.358 225
年龄	−0.003 29	0.014 115 8	−0.23	0.816	−0.002 462 2
受教育程度	−0.057 07	0.032 975	−1.73	0.084	−0.042 673 6
年工资收入	0.000 124	0.000 045 9	2.69	0.007	0.000 092 3
外出务工所占比重	1.689 378	0.822 900 8	2.05	0.040	1.263 256
农民人均纯收入	0.000 28	0.000 089 1	3.14	0.002	0.000 209
是否通过一事一议筹资	1.017 766	0.227 702 6	4.47	0.000	0.836 512 3
截距项	−2.691 97	0.906 762	−2.97	0.003	

注：样本容量为118，$LR\chi^2$（8）＝42.65、P＝0.000 0、Loglikelihood＝－138.615 56。边际效应＝dy/dx，即当其他变量取均值时，自变量单位变化所带来的因变量的变化。当自变量为虚拟变量时，是指从0～1的变化。

从表6-3的结果可知，在其他变量取均值时，采用“一事一议”筹资模式的村比未采取“一事一议”的村多提供约0.8项公共投资项目，这表明“一事一议”制度会促进村级公共品的投资，而且影响非常显著。这与以前学者从单因素角度研究的结论不一致，主要是因为剔除了其他因素的影响，例如同是在比较富裕的地区，采用“一事一议”制度更能促进村级公共投资。另外，“一事一议”制度是一种重复博弈的过程，有些问题可能开始很难议，但一旦解决好了，以后就很容易“议”了。例如与一名村书记的访谈中得知该村拟修建一条道路，开始有一部分人非常不同意，认为没有必要，虽然经过村委会不断做思想工作，勉强同意了修建公路，但是这部分人不出钱。于是，村委会垫上了钱，公路修好后很多买主亲自到村民地里去订购农产品，使得他们意识到修路是正确的，后来也补交了“一事一议”费用。该村书记表示如果要再修路向农民筹资一定不困难了。因此，“一事一议”制度本质上是一个动态博弈的过程。

在控制变量中，年龄与公共投资项目数成负相关，这与杨卫军等（2005）的理论研究相符，但年龄的因素影响并不显著。外出务工所占比重与公共投资项目数正相关，这表明外出务工人员越多对公共产品的需求越大，因为他们需要良好的交通通信和健康的身体，因此他们会愿意在道路交通、饮用水、医疗诊所等方面投资，这既有利于人力资本的积累，也有利于农村劳动力的流动。同时，务农人员越少也越希望提高农田水利的效率，也越愿意在这方面投资。外出务工可以获得更多的工资性收入，极大地提高了这一部分人对村级公共产品供给能力。农民人均纯收入的提高有利于村级公共投资的增加，这与张林秀等（2006）的研究结论基本一致，说明农民有提供村级公共产品的意愿，在经济条件允许的情况下，农民愿意增加村级公共产品的供给。由此可见，无论外出务工人员还是村内的农民，在经济条件允许的情况下，都愿意支持村级公共产品的投资建设。因此，政府对村级公共产品投资进行部分财政支持，可以有效地激励农民积极参与到村级公共产品的投资建设中去。

6.3 结论与政策建议

本章利用对村书记的调查问卷，从实证的角度对“一事一议”制度是否有利于村级公共投资进行了分析，研究发现“一事一议”制度在目前形势下对村级公益事业建设发挥较大作用。富裕地区、外出务工比重大的地区村级公共投资更活跃。因此，应该鼓励村集体积极发展村内经济，提高村级公共产品自给能力。同时，在村级公共投资上，应该充分利用“一事一议”制度，并不断加以完善。

首先，针对“一事一议”制度目前存在的问题，可推广部分省市实行的“一事一议”财政奖补政策，这既有利于促进农村基础设施的建设，又有利于促进城乡协调发展。“一事一议”制度的开展，是一个循序渐进、逐渐摸索的过程，“一事一议”筹资筹劳工作取得的成功，为“一事一议”财政奖补政策阶段奠定了深厚的基础，应该选取部分省市开展“一事一议”财政奖补政策，并选择一些愿望较强烈的试点县市作为首批执行“一事一议”财政奖补政策的先行者。积极处理好试点县市在执行“一事一议”财政奖补政策时所遇到的问题，总结经验教训，为在全省乃至全国实施“一事一议”财政奖补政策奠定基础。从“一事一议”筹资筹劳阶段进入到推广实行“一事一议”财政奖补政策，“一事一议”制度的发展，离不开政府的努力工作，各级政府必须要统筹兼顾城乡发展，缩小城乡“二元”结构的差距，快速调整“一事一议”制度，寻找好投资方向以及调整好投资重点，切实有效地加大对农村公共物品的投资力度。各级政府要考察当地农村的实际情况，了解农民的真正需求，把农民的利益放在第一位，这是政府在处理“三农”问题时的工作重点。各级政府要想农民之所想，急农民之所急，全面了解农民的切身想法，重点是要加大农村生产设施、农村公益产品设施和人居环境建设的投入，逐渐提高农业的综合生产能力、可持续发展能力，改善农村生活及生产条件，提高农民的生活质量与水平，推动农村社会走向健康、文明的发展道路，努力实现农村经济社会的协调发展。

其次，从农民主体性的角度，应提高农民的法制意识与民主意识，引导农民积极参与“一事一议”的决策，使其享受到民主带来的权力与利益。农民作为“一事一议”制度的受益者，要提高其对“一事一议”制度的了解程度，使广大的农民群众知道这是一项利民惠民的好政策。在执行“一事一议”制度时，要充分发挥民主决策和民主监督两个方面的制度建设，要把民主的思想贯穿在执行“一事一议”制度的每一个方面。搞好民主决策，就是村内有重大的事项时，如“一事一议”制度关乎到每个村民的切身利益时，要通过村民会议或者是召开村民代表大会，集中听取村民的意见和建议，了解村民心中的真实想法，解决农民最棘手的问题，对每件事情进行充分讨论，发挥集体智慧的力量，让农民群众享有参与权和决策权。先处理多数村民同意的问题，不同意的事情先暂缓，直到取得大多数村民的理解和支持再进行解决，绝不能搞“一言堂”。搞好民主监督，就是村内的重大事项和广大的农民群众最关心的问题，要向村民公开，受到群众的监督，重点是财务公开。特别是在“一事一议”筹资筹劳时期，农民出钱出工的项目支出情况，让农民知道钱花在了哪些具体事项上。做好财务公开工作，使农民享有充分的知情权、评议权和质疑权，发挥农民群众的监督作用。增强农民民主意识，有利于提高“一事一议”制度的工作效率，正确引导农民参与“一事一议”，能够改善农村生活条件，让农民生活在健康文明的环境中。

再次，从组织管理的角度，应加强“一事一议”的财务管理工作，使资金的运转得到全体村民的监督，使“一事一议”制度得到持续利用。“一事一议”制度中所涉及的财务工作应公开、透明，在召开村民会议或者是村民代表大会时，可以民主选出成立“一事一议”项目财务小组，小组成员通过民主选举产生。“一事一议”筹资筹劳实际上是专款专用的分配方法，村民所筹资金均属集体资金，通过“一事一议”制度立项时，要加强对预算的审核和开支的审查，在使用“一事一议”制度所筹资金时，严格控制资金的使用情况，要独立设账，按项目列支，每笔开销需要有责任人的签字，实行问责制度。当项目竣工完成时，要准确快速核算收支情况，做好验收结算工作。“一事一议”筹资筹劳的账目要与村集体账目分开，实行民主管理、民主监督、财务公开、上级审计的多位一体的长效监督管理机制，以防止“一事一议”筹资筹劳的钱款被截留、平调或者挪用等。应保证利用“一事一议”制度筹得的资金使用在村级公共产品项目上，真正地做到“一事一议”“一事一清”，这样，不仅保证了项目负责人的清正廉洁，还可以获得村民的信任，为之后开展“一事一议”工作奠定基础。

最后，应大力提高农民的组织化程度，让联合起来的农民在组织化过程中获益，形成公共品的多主体供给机制。在新农村建设时，农民组织化是一个在经济领域范围内参与过程及行为，也是村级集体发展的必要形式。目前，我国已经进入到一个“后农业税时代”，新的社会矛盾和社会问题也随之而来，这样就迫使农民自主组织起来，形成一种较大的规模组织。在一个村民自治的农村环境中，有一些人是属于村中受人尊敬的人，如村主任，可以在这些德高望重的人的带领下，加快组织发展，使村民形成一个团体，推动村民形成一种合力，使通过组织联合起来的农民在参与村级集体项目时利益最大化。农民组织化的形成，同样需要制度的制约，其作用的发挥取决于制度化的程度，制度化程度越高，农民组织化发挥的作用越大，则农民的凝聚力越强。在形成组织化制度时，要依据村规民约，制定出符合本村的规章制度。农民组织化，前期阶段应该发挥政府的主导作用，包括加大投入，保障组织的有序发展。经过一段时间的发展，在政府的引领下，可以引导农村、市场和社会力量参与，如此健康有序发展，可以完善组织管理机制，规范组织运行制度，建立农村组织可持续发展的资源保障机制。

第三篇

一事一议财政奖补运行机制及其绩效

第七章　一事一议财政奖补制度实施的双重效应及其协调机制

——基于空间计量模型的实证分析

在发展中国家，弱势群体往往很难享受到上级政府提供的服务，所以不得不依靠所在社区提供的公共服务，因此，寻求最有效的社区治理方式，就各种治理方式进行实证评价已经成为农村发展过程中普遍面临的一个关键问题。在中国，大部分人口居住在农村，他们主要依靠所在村提供最基本的基础设施，如灌溉、饮用水和道路交通等。农民上缴大量税费，但从中央政府得到的财政再分配和转移支付却很少。在这种大背景下，农村治理方式无疑直接影响到基层公共物品供给的效率。农民税收负担问题长期困扰着国家领导人和学术界。如何有效地改善农村公共财政制度，提高农村公共物品提供的效率，是政策制定者无法回避的一大挑战（张晓波等，2003）。“一事一议”作为农村税费改革的一项配套制度安排，是指在村民自愿的基础上，经过一定的民主程序，由他们自主决定出资出劳，兴办包括村内农田水利基本建设、道路修建、植树造林、农业综合开发有关的土地治理项目等村民直接受益的集体生产公益事业的行为，其实质上是一种民主化的农村公共产品供给制度。长期以来，在我国“二元经济结构”下，农村与城市之间实行两套不同的公共产品供给体制，城市公共产品基本是由国家提供，而农村公共产品有相当大的比重则是由农民自己承担。“一事一议”制度主要有提供农村公共产品和推进农村基层民主建设两大目标任务。“一事一议”是民主化的村庄公共产品供给机制，它包括公共产品供给的民主决策制度、公共产品供给的资金筹措或者成本分摊制度以及用于公共产品供给的资金的使用与管理制度三个基本要素。“一事一议”制度，是农村税费改革后确保村庄社区公共产品供给的重要制度安排。“一事一议”主要是解决村庄范围内农田水利基本建设、植树造林、修建村级道路、改水、血吸虫防治等村内集体生产公益事业建设的筹资筹劳问题。“一事一议”的突出特点是民主决策，即村内公益事业的建设必须征得村民的同意。村内建设什么样的公益事业、如何分摊成本、怎么组织实施等都必须经过村民的民主决议。“一事一议”实际上是对村民享有对村庄事务的参与权、选择权、决定权和监督权的肯定和尊重。它的实施则是民主决策、民主管理和民主监督的生动体现。如今，“一事一议”已经成为当前兴办农村公共事业的主要模式。在现有的制度环境与发展要求下，如何有效促进制度的主要相关者参与和支持“一事一议”农村公共产品供给成为解决当前我国农村公共产品供给不足和供求失衡的关键所在。究竟应该从哪些方面推动“一事一议”农村公共产品的供给问题？这是非常值得研究的问题。目前，“一事一议财政奖补”制度是兴办农村公共事业的重要保障，是深化农村综合改革的一项重大制度创新。该制度将农民需求偏好和政府决策偏好有机地结合起来，充分实现了村级公共产品供给与需求的有效对接，并且得到了广泛的认可和好评（余丽燕，2015）。村级公益事业“一事一议”是一个典型的自下而上的公共物品供给集体行动过程，行动的直接主体是村民和村干部：理性村民在综合计算成本和收益的基础上决定自己所在的家庭是否提供资金和劳动力参与村庄的“一事一议”项目合作，进而直接影响到公共物品的供给；村干部作为村组织的代表，其决策影响村集体对村公益事业建设的出资，其“一事一议”的工作积极性也决定了村民会议通过的公益事业建设方案能否被有效地执行，进而也直接影响到村级公共物品的供给。因此村级公益事业供给的有效形成，就要从调动村民合作积极性和村干部“一事一议”工作积极性两方面入手。然而，从需求方面来看，在村财弱、村组少、人口少的村庄，农户之间更不容易开展合作提供大型的村级公共产品，因此“一事一议”制度改革的方向，一方面要继续加大对村庄“一事一议”筹资的奖补力度，另一方面要建立对不同村庄不同需求的开放式回应机制，尤其是建立针对弱势村庄的特惠奖补机制，最终促成不同特征的村庄都能通过“一事一议”合作形成村级公共物品的供给（李秀义，刘伟平，2016）；从供给方面来看，有些研究检讨了现行农村公共产品供给体制的缺陷与不足，认为农村公共产品供给体制的不合理是造成农民负担问题日益突出的重要原因。有些研究则提出了制度创新的政策建议、倡导建立更为合理的农村公共产品供给机制。本章研究观点表明“一事一议”财政奖补资金的发放采用项目制的形式，对所资助的村庄存在选择性。因此，为了避免村级公共产品供给出现“马太效应”，有必要考察，上级政府在一定的财政约束情况下，优先资助的究竟应该是基础条件好的富裕村，还是基础条件差的非富裕村？

为此，基于上述研究，需要回答以下三个问题：①在获得“一事一议财政奖补”资金上各个村庄是否存在竞争效应？②如果村庄之间存在竞争效应，上级政府是否有相应的协调机制？如果存在协调机制，哪一级政府起主导作用？③如果上级政府有所协调，那么更倾向于向哪一类村庄提供“一事一议财政奖补”？清楚回答好以上问题，将有利于了解“一事一议财政奖补”制度的倾向性及其内在的运行机制。"一事一议财政奖补"是加强农业基础建设，统筹城乡发展，促进城乡公共服务均等化的重要举措，是深化农村综合改革的一项重大制度创新，有利于激发村民参与"一事一议"的热情，引导和鼓励村民出资出劳，调动农民参与公益事业建设的主动性，促进社会主义新农村建设；有利于调动基层干部和群众的民主议事积极性，运用民主方式解决涉及农民切身利益的问题，并不断完善民主议事机制，推进农村基层民主政治建设；有利于形成村级公益事业建设多渠道投入的新机制，让农民切身感受到党和政府的关怀。相应的政策含义将对完善"一事一议财政奖补"制度、促进新农村建设、促进城乡协调发展，构建社会主义和谐社会、全面建成小康社会具有重要的现实意义。

7.1　文献综述

本章的研究涉及以下三种类型文献：

第一，关于"一事一议筹资筹劳"制度的相关文献。"一事一议筹资筹劳"制度是2011年之前村级公共产品自愿性供给的主要方式，主要通过村民的筹资筹劳建设村级公共产品，上级政府不给予奖励或补助。但是由于这种方式筹措的资金少而且难以开展大项目，2011年之后一事一议财政奖补制度应运而生，一事一议财政奖补制度是公共财政制度和基层民主管理制度融合而成的村公共产品供给制度，是我国农村村民民主决策的重要保障，是村民自治与管理方式的一次制度变革与创新，同时也是对我国农村公共产品供给方式的制度变革与创新，更是推进城乡一体化发展的制度变革与创新。一事一议财政奖补制度的基本目标是达到农村公共产品供给与需求的相对均衡。在此之前，无论是在数量上还是在结构上，政府的直接供给制度都无法满足农民对公共产品的需求，而原"一事一议筹资筹劳"制度也无法保证足够资金投入，无法调动村民和村集体的积极性。而一事一议财政奖补制度是以农民自愿筹资筹劳为前提的，重点是建设农村保障民生的工程，尤其是农民迫切需求的、直接受益的公共工程，旨在解决农村范围内的公共产品的供给问题，有利于推动农村经济建设的发展。该制度既延续了以往村集体的"一事一议筹资筹劳"制度，又新增加了上级政府的"财政奖补"制度。有学者认为，自从改革开放以来，国家将有限的财力大部分投向城市，造成了农村公共产品供给的严重短缺，成为制约农民收入增长缓慢的重要原因。而农村公共产品供给能够有效地提高农业生产的边际产出，增加农户和其他投资主体的投资积极性，降低农业生产所面临的风险和不确定性。同时农村公共产品的非排他性、非竞争性和外溢效应明显的特点，决定了政府应该在农村公共产品供给中发挥重要的作用。“一事一议筹资筹劳”制度没有政府奖补制度，其交易成本高、不确定性大，不利于公共产品的供给，应该取消“一事一议”制度，村级公共产品的供给应该纳入市场化范畴（李琴等，2005）。有更多学者认为，“一事一议筹资筹劳”制度有其积极意义，它能充分利用民间资本，拓宽公共服务的筹资渠道，减轻政府财政的公共服务供给压力，有助于逐步建立与市场经济环境相适应的农村公共财政体制。所以该制度在农村公共产品供给中发挥了重要的作用（林万龙，2007；Zhang and Zhou，2010）。“一事一议”在满足“熟人社会”和村民真实表达偏好的条件下发挥较大作用。富裕地区、外出务工比重大的地区村级公共投资更活跃。总之，村级公共产品的筹资问题是一个综合性问题，涉及农村社会生活的很多方面，如何利用并且完善好“一事一议”制度对于提高村级公共产品供给水平是具有现实意义的，但是仅仅从“一事一议”制度层面来分析是远远不够的，还需要以后通过对不同筹资模式的对比研究提出不同类别村级公共产品的不同筹资模式、不同地区村级公共产品的不同供给主体。同时，在村级公共投资的基础之上，应该充分利用“一事一议”制度，并且不断完善该制度，该制度会对增加村级公共投资项目产生显著影响（周密，张广胜，2009，2010）。“一事一议”有助于村集体实施村民最需要的公共投资项目，也有助于及时满足村民急需的公共投资项目需求，因此“一事一议”民主化决策过程确实能够保证在项目决策的过程中更多地采纳村民的意见并且满足其对村级公共物品的需求偏好。同时，“一事一议”还提高了村民在村级公共投资项目实施过程中的集资份额与出工数量，表明“一事一议”有效提高了村级公共投资项目实施过程中的村民参与水平，所以未来应继续推广并深化这一村级公共投资的民主化决策制度。一方面，应该关注那些尚未实行“一事一议”的村庄，探究其没能够实施这一制度的具体原因，并且寻找相应的解决方案或替代性的制度安排；另一方面，对于广大已经实行了“一事一议”的村庄，应该进一步探究“一事一议”的每一个环节中村民的公共投资意愿是否得到充分的表达，以期待达到更好满足村民对村级公共物品的需求偏好以及提高村民对村级公共投资项目参与水平的政策目的（罗仁福等，2016）。与此同时，“一事一议筹资筹劳”制度存在显著的空间溢出效应，即经济发达的村庄实施“一事一议”政策会显著增加邻近村庄实施该政策的概率，并且同一县中人均纯收入较高村庄的空间溢出效应要显著地大于人均纯收入较低的村庄，这意味着基层改革具有非常明显的学习特征而不是简单的跟风。此外，基层选举类型及村干部的个人特质对“一事一议”政策的实施也具有重要的塑造作用。新政策的引进和推行必须与当地的实际相适应。政策实施在空间上存在溢出效应也具有明显的政策含义，即这种效应彰显出制度创新在顶层设计时进行小范围试点的重要性。制度选择理论一般认为，自上而下的外生性改革虽然比较普遍，但其成功的概率低于自下而上的内生性改革（陈硕，朱琳，2015）。一事一议财政奖补制度不同于“一事一议筹资筹劳”制度，后者只是村民内部的筹资筹劳过程，而前者不仅与村民内部筹资筹劳有关，还与上级政府财政资助有关。因此，一事一议财政奖补制度是否存在空间溢出效应以及其影响机制更加值得关注。

第二，关于一事一议财政奖补的相关文献。已有研究多从一事一议财政奖补绩效以及获得一事一议财政奖补村庄的特征两个方面展开研究。关于财政奖补绩效方面，研究表明：一事一议财政奖补已经成为创新投入机制，汇集各方力量，保障和改善农村民生问题的重要平台。自从 2009 年财政奖补制度建立以来，由于“一事一议”活动开会频率明显提升，农民自主建设和社会力量参与的热情尤其是参与公共产品建设的热情得到了有效激发。农民对与其生产生活密切相关的公共设施及服务需求意愿强烈，大部分村民对于已经建成的农村公共产品是满意的。“一事一议”制度本身及实施效果评价较高，是税费改革后解决村级公共产品短缺配套的制度安排，其在促进农村公共产品供给方面的优势逐步发挥：一是政府通过财政资金奖补的形式为农村公共产品的建设提供资金，消除了传统制度中由于信息不对称导致的供给结构失衡造成资源浪费的不利影响。二是“一事一议筹资筹劳”制度在获得财政资金的支持下可以保障公共产品的项目修建所需的资金数量，提高所提供的公共产品的层次和质量，充分调动农民参与的积极性，促使农民尽快达成公共产品修建的一致性意见，并且积极主动地自发筹集项目建设的配套资金和劳动力，提升效率的同时也为公共产品的顺利开工建设提供资金和劳动力上的保障。三是新制度克服了传统制度下存在的供给质量结构效率上的缺陷，形成了一个促进农村公共产品长期稳定发展的良性循环。财政奖补制度正在逐步替代对村民的筹资筹劳制度，村级公共产品资金短缺的严重性和迫切性使村干部的主要精力放到争取上级财政奖补上面。关于获得一事一议财政奖补村庄的特征方面，研究表明：如果村“两委”支持和肯定“一事一议”公共产品的供给，他们可以利用村集体资源来建立对村民的奖惩机制表明其态度，一个明显行动就是在筹资的过程中，可以调用村集体经济资源投入公共产品的建设。因此，村“两委”越支持（表现在村集体经济投入越多），越有利于促进“一事一议”公共产品的供给。外出务工村民的比例也影响“一事一议”的实施，根据相关规定，要求本村满 18 岁的村民 2/3 以上或者家庭代表 1/2 以上参加时才能召开“一事一议”会议。外出务工人数多，一方面，导致开会人数不够；另一方面，由于很多农民举家在外打工或者经商，他们也可能对村级公益事业不关心。因此外出务工村民比例越高越不容易促成“一事一议”合作与项目建设。“一事一议”时期，为推动农村村级公益事业供给，除了财政奖补，中央还出台了对地方政府开展“一事一议”工作的考核机制；省政府又出台了对市县的考核机制，最终县乡也通过对村干部绩效考核指标的调整，在考核指标中更重视村级公益事业的建设，将村级公益事业建设的工作压力转移到村干部。绩效考核调整以后，各地大多也相应提高了村干部工资，以提高村干部“一事一议”工作的积极性。工资是绩效考核的集中体现，所以村干部通过这个绩效体系能获得的工资越高，其“一事一议”工作积极性就越高。村民对筹资筹劳的接受能力（通过村民的积极参与体现）也是影响“一事一议”制度成功执行的重要因素。同时，在村级公益事业建设一事一议财政奖补政策的实施过程中，全面有效的宣传和培训事关政策方向的正确性和实施的规范性，健全的工作机制也是这一政策顺利推进的必要条件（陈杰等，2013；彭长生，2012；何文盛等，2015）。期间，还有文献从需求角度考察了影响获得一事一议财政奖补资金的“筹资筹劳”环节的因素（余丽燕，2015；李秀义、刘伟平，2016），认为村集体投入和村庄规模对获得一事一议财政奖补资助具有显著的负向影响。经济基础决定上层建筑，村民的经济情况可以影响甚至决定“一事一议筹资筹劳”意愿，从而影响“一事一议”制度能否顺利实施。村民年均收入越高的地区，第二、三产业越发达的村庄，村民参与“一事一议筹资筹劳”的意愿越高，从而越有利于“一事一议”制度的顺利实施。由于理性个人“搭便车”的倾向，集体规模越大越不利于形成合作，因而共同行动概率就降低。这主要基于集体行动形成的组织成本考虑。而“一事一议”是一种典型的集体行动行为，通过村民民主表决方式决定农村公共产品的供给，其对参会人数和方式做出了严格的规定。所以，村庄规模越大，“一事一议”组织协调人员参会成本可能越高。反之，小规模群体，不仅在法定人员议会成本上具有优势，而且其内部具有较强的自主性、向心力、道德感等特征，将减少村民不合作和机会主义的行为。因此得出村庄规模对“一事一议”的村民行动产生影响，村庄规模越小，村民越愿意参与“一事一议”农村公共产品供给。而本研究拟从供给角度，在“财政奖补”环节上考察其空间溢出效应。

第三，运用空间计量经济研究方法进行政策分析的相关文献。尽管已有文献证实了政府公共支出存在显著的空间相关关系，例如，政府效率在空间上存在着显著的互补效应，较高政府效率的地区和较高政府效率的地区相靠近，较低政府效率的地区和较低政府效率的地区相邻。地方政府效率存在空间相关性，即地方政府效率存在明显的空间集聚。地方政府效率能产生空间外溢，与高效率的政府相邻能够提高本地区的政府效率，也即效率的繁殖效应。产生这种空间外溢的因素有可能是随着市场化进程的推进，税收-公共品的信息不对称减弱，判断相邻政府效率所需成本减少，制约高素质个体“以脚投票”迁移到具有更高公共服务地区的户籍制度的松动，使得本地政府为了留住税基而不得不提高效率所致。政府效率空间外溢的另一个原因是，当相邻地方政府增加某些公共物品时，比如治理环境污染、提供公共安全和娱乐设施等，这些正的外部效应的存在也使得本地政府的效率有所上升。地方政府效率出现空间“互补效应”的原因可能是对目前基于经济增长的政绩考核的一种反映，比如某地方政府为发展经济的招商引资行动，一般是以相邻地区为竞争标尺的，东部沿海发达地区在招商引资时不会把西部落后地区作为比较对象，所以地方政府有“邻里模仿”行动。地理和空间因素通过模仿传导机制，在政府效率变化中发挥着重要的影响。地方政府效率存在空间自相关的结论证明，对各地方政府效率进行研究时，不能忽视空间因素，应该在经济模型中引入地理空间变量和纳入空间效应的影响，所以普通的计量模型已经不再适用，空间计量的应用成为必然（解垩，2007）。竞争效应和基础教育财政支出本身的外溢效应，会导致基础教育财政支出的不足，而财政生产性支出的外溢效应有助于提高政府的基础教育支出水平。竞争效应会导致地方政府间在教育支出上的竞次，溢出效应却会导致地方政府间在教育支出上的相互替代，相邻县财政基础教育支出呈现显著的负相关关系（李世刚，尹恒，2012）。总体来看，围绕一事一议财政奖补的文献缺乏对其空间效应及作用机制的探讨。因此本研究拟运用两区制空间计量模型，分析不同村庄获得一事一议财政奖补资金的空间差异，从而进一步揭示一事一议财政奖补制度的运行机制。

相比于以往的研究，本章有以下几点创新之处：首先，本章首次从供给角度考察一事一议财政奖补制度的空间溢出效应，并且根据上级政府协调机制，揭示出哪一类村庄会更多地得到一事一议财政奖补资助。其次，将两区制非线性空间计量模型应用于村集体之间的竞争效应分析中，而不是仅仅采用线性空间计量模型。考虑到同县各个村庄之间的竞争效应往往是因为县级政府的统一部署而减弱，或者是因为经济发达地区的县级政府更有财力进行内部协调而减弱，所以本章采用了 Elhorst 和 Fréret（2009）提出了两区制空间计量模型，分析和验证其非对称效应。

7.2 一事一议财政奖补制度的背景及运行机制

7.2.1 背景

自农村实行家庭联产承包责任制以来，中国的城乡差别日益严重，“城市像欧洲，农村像非洲”，特别是公益事业的差别表现得最为突出。“户外村内”的道路、桥梁、水利等农村小型基础设施建设，直接关系到农民的切身利益，是改善农村生活环境、提高农民生活水平、增加农民收入的关键问题。因此，中国农村治理经历了两次重要的改革。第一次是从1990年开始实施的村民委员会选举。《中华人民共和国村民委员会组织法》以法律的形式确保了这次改革在全国范围内得到实施。到2003年，全国99%的村庄进行了选举，29个省份村委会选举的平均选民参选率达到91.5%（史卫民等，2009）。现有文献发现，村委会选举在提高基层公共服务水平、降低村庄内部不平等以及促使村干部更加负责方面具有显著的成效。虽然这次改革解决了基层干部任命民主化的问题，但是并没有涉及日常的村务行政工作。村委会腐败、暴力执法以及农民税费负担过重等一系列问题依然出现在20世纪90年代以来的新闻报道中，有些甚至酿成农民上访等重大群体性事件。这些新出现的问题促使人们进行深刻思考，仅靠村级选举是否足以使村干部对村民更加负责？是否需要进一步的改革来约束基层干部的行为？农村税费改革前，村级公益事业建设主要依靠村提留、“两工”（劳动积累工和义务工）来进行。中央政府在2000年开始逐步减免农业税，并在2005年最终取消了农业税、村提留和农村“两工”，大幅度减轻了农民的负担，规范了涉农收费的行为，遏制了各方面向农民乱收费的现象。取消农业税虽然降低了农民的生活负担，但是也在一定程度上导致了基层政府在提供公共服务上出现资金困难等问题。在上述多个背景共同作用下，中央政府2000年颁布了《村级范围内筹资筹劳管理暂行规定》，在农村地区进行第二轮改革：实施“一事一议筹资筹劳”制度。由村民大会民主讨论决定，实行村务公开、村民监督、上限控制和上级审计。但是由于这项制度当时相关配套措施不完善，没有建立相应的激励机制，农民积极性调动不起来，所以出现了“事难议、议难决、决难行”的局面，从农村税费改革到一事一议财政奖补试点前，村级公益事业建设投入总体上呈下滑趋势，成为农民反映强烈、要求迫切的问题。“一事一议筹资筹劳”制度中面临的困境和难题，“一事一议”制度落实中存在的问题，影响到了新农村建设的推进，引起了各级党委、政府的高度重视，一些地方开始积极研究和探索解决的办法。

一事一议财政奖补制度是对“一事一议筹资筹劳”制度的完善。目的为重点建设农民需求最迫切、受益最直接的村内民生项目，破解村级公益事业建设难题，促进农村经济社会的发展。2003年，为了减轻农民税费负担，国家出台了“一事一议筹资筹劳”制度。截至2008年，全国通过“一事一议筹资筹劳”建成村级公益事业项目的村庄比例累计不到14%（胡静林，2013）。为了促进村级公共产品的有效供给，从2008年起，中央政府开始试点一事一议财政奖补制度，并于2011年在全国全面推行。所谓一事一议财政奖补制度，是指中央和地方各级政府安排一定的财政奖补资金，对农民通过“一事一议”的方式兴办村内基础设施和公益事业建设项目，实行以奖代补，以组织、支持和引导农民筹资筹劳改善农村生产生活条件的一种新型农村公益事业建设投入制度。因此，目前的一事一议财政奖补制度包含两个层面，即村集体的“一事一议筹资筹劳”和上级政府的一事一议财政奖补。

辽宁省是较早开始试行一事一议财政奖补制度的省份之一。2009年6月，辽宁省最初选择本溪县、灯塔市、凌源市三个县（市）作为试点地区。目前，辽宁省一事一议财政奖补比例为农民筹资筹劳总额的50%，所需资金由省级以上财政承担70%，由市、县级财政承担30%；对15个辽宁省省定点扶贫开发工作重点县，省级以上财政承担比例提高到80%，市、县级财政承担降低到20%。

7.2.2　运行机制与研究假说

尽管不同省份可根据实际情况制定一事一议财政奖补制度实施计划，但是大部分的省份均采取一事一议财政奖补分级管理模式，辽宁省也采用该模式（图7-1）。其具体运行机制如下：首先，村集体通过召开村民大会或村民代表大会，开展一事一议筹资筹劳活动；其次，将获得的筹资款（包括村民筹资、村集体投入、社会捐赠等资金）全额交存乡镇“一事一议项目”专户，经县级农民负担监督管理部门审批后，上报县级农村综合改革办公室和县级农村工作委员会等部门；最后，县级农村综合改革办公室组织将获得批准的一事一议筹资筹劳项目录入一事一议财政奖补信息监管系统，建立一事一议项目库，每年3月底，由县级农村综合改革办公室牵头，会同县级农村工作委员会等部门具体负责，依据省每年下达的年度一事一议财政奖补资金控制额度，共同从一事一议项目库中选择重点项目，经县级政府批准后，上报到市、省相关部门备案。

基于此，本章提出4个待检验的假说：

假说1：同县各个村庄之间在申请一事一议财政奖补上存在学习效应。属于相同县的村庄在政策理解和运用上存在学习效应（陈硕，朱琳，2015），即县内其他村庄获得一事一议财政奖补，会促进本村申请一事一议财政奖补。

假说2：同县各个村庄之间在获得一事一议财政奖补上存在竞争效应。同一行政区域所辖下级政府存在相互竞争且治理传统相似（Murrell et al.，1996），村集体开展一事一议筹资筹劳且申请一事一议财政奖补后，县级政府依据省每年下达的年度一事一议财政奖补资金控制额度，选择重点项目予以资助。因此，各村之间在获得一事一议财政奖补资金上存在竞争效应。

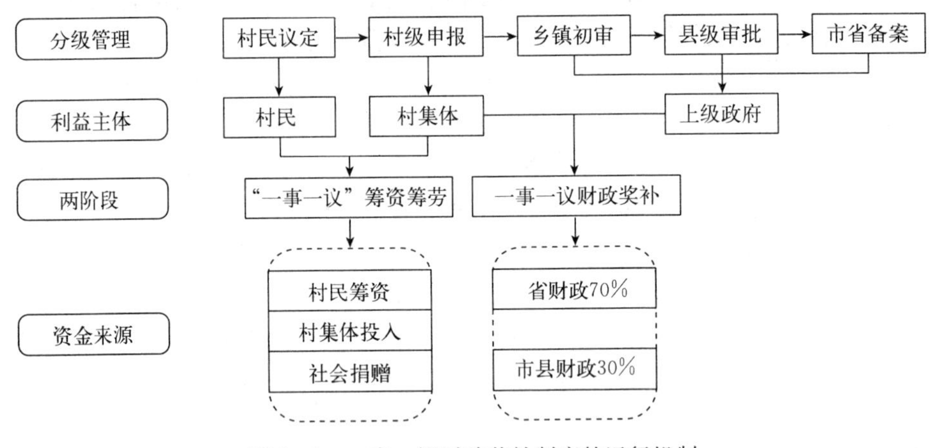

图 7－1　一事一议财政奖补制度的运行机制

假说 3：县级政府在一事一议财政奖补资金的分配上起着重要的协调作用。一事一议财政奖补制度的运行机制表明，县级政府在项目分配上起主要作用，由于县级政府的协调，同县各村的竞争程度要弱于异县邻村的竞争程度。

假说 4：在有限的财力下，县级政府更倾向于资助人均纯收入低的村庄。由于一事一议财政奖补制度实行项目制，按照项目制的“择优”原则，经济条件好、基础设施完善的村庄理论上应该更容易获得一事一议财政奖补。但是，根据财政的二次分配调节作用，本章认为，县级政府会优先资助人均纯收入低的村庄。

7.3　模型与方法

7.3.1　一般空间计量模型

一般空间计量模型主要包括空间自回归模型与空间误差模型。空间自回归模型主要用于研究相邻地区行为对整个系统内其他地区行为的直接影响，其空间依赖性在被解释变量的滞后项上体现。由于空间自回归模型与时间滞后模型在形式上完全相同，只是空间权重更为复杂，所以空间自回归模型也称为空间滞后模型或混合回归—空间自回归模型（陈强，2014）。空间自回归模型的数学表达式为：

$$y_i = \rho \sum_{j=1}^{N} W_{ij} y_i + X_i \beta + \varepsilon_i \tag{7-1}$$

式中，y_i 为被解释变量，指区域 i 是否获得了一事一议财政奖补资金；ρ 为空间自回归系数，表示一事一议财政奖补空间滞后 W_y 对 y 的影响，即相邻区域获得了一事一议财政奖补资金对本区域是否获得一事一议财政奖补资金的影响程度；W 为空间权重矩阵，W_{ij} 为经过行标准化处理后的的矩阵元素，下标 i 表示空间权重矩阵的行，j 表示空间权重矩阵的列，j 的取值为从 1 到 N，N 为样本容量；X_i 为外生解释变量向量；β 为解释变量 X_i 的回归系数向量；ε_i 为残差项。

此外，空间依赖性还可以通过误差项来体现，即空间误差模型，其表达式为：

$$y_i = X_i\beta + u_i \tag{7-2}$$

$$u_i = \lambda \sum_{j=1}^{N} M_{ij} u_i + \varepsilon_i \tag{7-3}$$

式（7-2）中，y_i 为被解释变量，指区域 i 是否获得了一事一议财政奖补资金；X_i 为外生解释变量向量；β 为解释变量 X_i 的回归系数向量；u_i 为误差项，模型中假定 u_i 存在空间依赖性，如式（7-3）所示。在式（7-3）中，M_{ij} 为经过行标准化处理后的空间权重矩阵 M 的矩阵元素；λ 为空间误差系数，用于度量相邻区域被解释变量的误差冲击对本区域被解释变量的影响程度；ε_i 为残差项。对于空间误差模型，最大似然估计（MLE）是最有效的估计方法（陈强，2014）。

为了研究各村对一事一议财政奖补的主动竞争行为，本章采用空间自回归模型为基准模型，而未采用空间误差模型。其主要原因在于，空间误差模型通过误差项之间的关联来体现空间相关性，不能充分体现村庄之间的主动竞争①。这里将具体介绍如何设置空间误差模型的空间权重矩阵以验证学习效应和竞争效应。

第一，学习效应。由于本研究中的样本量为 n，其相应的空间滞后矩阵为 $n \times n$ 阶矩阵，该矩阵第 i 行表示第 i 个村庄和其他样本村庄之间的空间关系。矩阵对角线上的元素取值为 0，在其他与之对应的（$n-1$）个村庄中，如果和该村同属于一个县且申请了一事一议财政奖补的村庄数为 θ，则这些村庄所对应的列元素取值为 $1/\theta$，其他村庄所对应的列元素取值为 0。这种对行进行标准化处理的过程可以保证每一行中元素的取值之和为 1。若式（7-1）中的空间自回归系数显著为正，那么村庄之间存在学习效应，则可以验证假说 1。

第二，竞争效应。一事一议财政奖补制度中的竞争效应与村庄之间的地理位置和经济发展程度有关系（陈硕，朱琳，2015）。本研究将这种竞争效应划分为 4 种类型，分别通过构建相应的空间权重矩阵来测度村庄之间的竞争程

① 本研究通过 Stata 14.0 软件的 spreg 命令计算空间滞后效应和空间误差效应。

度。若式（7－1）中的空间自回归系数为负，那么村庄之间存在竞争效应，则可以验证假说2。4种竞争效应类型如下：

一是县内各个村庄之间的竞争。为测度县内各个村庄在获得一事一议财政奖补方面的竞争效应，本研究将空间权重矩阵设置为：若和该村同属于一个县且获得了一事一议财政奖补的村庄数为 θ，那么这些村庄所对应的列元素取值为 $1/\theta$，其他村庄所对应的列元素取值为0。如果空间自回归系数显著为负，那么同县内不同村庄之间存在竞争效应；反之，则不存在竞争效应。

二是县外市内相邻村庄之间的竞争。为比较县外市内相邻村庄之间的竞争效应，本研究将空间权重的矩阵设置如下：在和该村隶属同市不同县的村庄中，获得了一事一议财政奖补资助且相距50公里以内的村庄总数为 θ，则这些村庄所对应的列元素取值为 $1/\theta$，其他村庄所对应的列元素取值为0。这区别于之前空间权重矩阵的设置，此处计算获得了一事一议财政奖补资助的村庄总数时不再以行政区划县为边界，而是以市为边界、实际空间距离小于50公里为依据[①]。这样可以考察同市内无论是否隶属同县，相邻村庄之间的竞争效应，以体现县级政府的协调作用。

三是省内市外相邻村庄之间的竞争。在相距50公里以内省内市外的相邻村庄中，若获得了一事一议财政奖补资助的村庄总数为 θ，那么这些村庄所对应的列元素取值为 $1/\theta$，其他村庄所对应的列元素取值为0。这样可以考察同省内无论是否隶属同一个市，相邻村庄之间的竞争效应，以体现市级政府的协调作用。

四是村庄异质性与同县各个村庄之间的竞争。为了考察人均纯收入对村庄获得一事一议财政奖补资金的影响，本研究将空间权重矩阵设置为：若在同县各个村庄中，人均纯收入高于本村且获得了一事一议财政奖补资助的村庄总数为 θ，那么这些村庄所对应的列元素取值分别为 $1/\theta$，其他村庄所对应的列元素取值为0。同样，若在同县内的村集体中，人均纯收入低于本村且获得了一事一议财政奖补资助的村庄总数为 θ，那么这些村庄所对应的列元素取值为 $1/\theta$，其他村庄所对应的列元素取值为0。这样可以考察，若人均纯收入高（低）的村获得一事一议财政奖补资金，那么这对于同县内其他村获得一事一议财政奖补资金是否有影响以及影响程度多大，即在有限的财政资源下，富裕村（非富裕村）获得一事一议财政奖补资金是否会对其他村获得一事一议财政奖补资金产生显著影响以及影响的程度如何。

---

① 本研究还尝试将相距20公里以内的村庄视为邻村，但对回归结果影响不大。

7.3.2　两区制空间自回归模型

为了进一步探讨县级政府的协调机制和地区间经济发展程度差异的非对称效应，借鉴龙小宁等（2014）的研究思路，本章采用两区制空间自回归模型，分别计算县内外两个区域的竞争反应系数及其差异，以及经济发达和经济欠发达两个区域的竞争反应系数及其差异[①]。

（1）县内各村竞争反应系数与县外市内邻村竞争反应系数的比较

本章分别设置了县内各村竞争反应系数和县外市内邻村竞争反应系数，具体模型如下：

$$y_i = \rho_1 \sum_{j=1}^{N} \widetilde{W}_{ij,1} y_i + \rho_2 \sum_{j=1}^{N} \widetilde{W}_{ij,2} y_i + X_i\beta + \varepsilon_i \qquad (7-4)$$

式（7－4）中，ρ_1 和 ρ_2 分别代表县内各村和县外市内邻村的竞争反应系数。$\widetilde{W}_{ij,1}$ 和 $\widetilde{W}_{ij,2}$ 分别为空间权重矩阵 $\widetilde{W}_1$ 和 $\widetilde{W}_2$ 的矩阵元素。$\widetilde{W}_1 = MW$，$\widetilde{W}_2 = (I-M)\ W$，$I$ 为单位对角矩阵，W 为经过标准化处理的被解释变量的空间权重矩阵，M 的含义如下：

$$M=\begin{cases}1，\text{村庄 } i \text{ 和村庄 } j \text{ 相邻，并且两者位于不同县} \\ 0，\text{其他}\end{cases} \qquad (7-5)$$

采用两区制空间自回归模型的理论基础是：假定所有村庄之间在获得一事一议财政奖补资金上均存在竞争关系，若不存在协调机制，那么村与村之间的竞争反应系数应该是一致的；如果县内各个村庄的竞争反应系数小于县外市内邻村的竞争反应系数，那么可能存在县内协调机制，导致县内各个村庄的竞争有所缓和。

（2）一事一议财政奖补资金获得对经济发展程度的敏感性分析

如果县级政府在各村一事一议财政奖补资金发放方面存在协调机制，那么，哪类村庄更有机会获得一事一议财政奖补资金呢？由于本章的调查对象为辽宁省部分地区的农户，而在辽宁省全部的 14 个地级市中，沈阳市和大连市为副省级市，它们的财政收入远高于辽宁省其他 12 个地级市。因此，本章将沈阳市和大连市视为经济发达地区，而将其他地区视为经济欠发达地区。

为验证假说 4，本章在两区制空间自回归模型中分别设置了两类地区的竞争反应系数，以验证两者之间是否存在显著差异。类似于式（7－4），本章构建如下两区制空间自回归模型：

---

① 本研究通过调整 sarregime _ panel 程序参数，运用 matlab R2015a 软件计算两区制空间计量模型中的竞争反应系数及其差异。

$$y_i = \rho_1 \sum_{j=1}^{N} \widetilde{W}_{ij,1} y_i + \rho_2 \sum_{j=1}^{N} \widetilde{W}_{ij,2} y_i + X_i\beta + \varepsilon_i \qquad (7-6)$$

式（7-6）中，ρ_1 和 ρ_2 分别代表经济发达地区和经济欠发达地区的竞争反应系数。$\widetilde{W}_{ij,1}$ 和 $\widetilde{W}_{ij,2}$ 分别为空间权重矩阵 $\widetilde{W}_1$ 和 $\widetilde{W}_2$ 的矩阵元素。$\widetilde{W}_1 = MW$，$\widetilde{W}_2 = (I-M)W$，其中，I 为单位对角矩阵，W 为经过标准化处理的空间权重矩阵，M 的含义如下：

$$M=\begin{cases}1，村庄\ i\ 在经济发达地区\\0，村庄\ i\ 在经济欠发达地区\end{cases} \qquad (7-7)$$

式（7-7）中，令 $\widetilde{W}_1$ 和 $\widetilde{W}_2$ 的所有对角线元素等于 0。其他的设定与基准模型相同。

7.4 数据处理及描述性分析

7.4.1 数据来源

2005 年 10 月，国家正式决定要进行社会主义新农村的建设。同年，沈阳农业大学经济管理学院在本省内组织了“百村千户”的调研活动。2015 年恰逢是社会主义新农村建设提出的第 10 年，因此，沈阳农业大学经济管理学院组织再次设计全面的调查问卷对 2005 年调查的各个县、乡、村进行了跟踪回访。此次调查问卷包括农户、村集体、乡镇政府三个层次，调查的内容涵盖了新农村建设关于“生产发展、生活宽裕、乡风文明、村容整洁、管理民主”五大方面。

本次调查中样本的选取采用分层随机抽样的方法。首先，将辽宁省划分为辽东、辽西、辽南、辽北、辽中 5 个区域；其次，将各个区域按照经济发展程度的差异分为三个等级，分别为富裕、中等、贫困；然后分别在富裕、中等、贫困中各抽取 1 个县，根据经济发展程度的差异在每个县分别抽取富裕、中等、贫困各 1 个乡，在每个乡再根据经济发展程度的差异分别抽取富裕、中等、贫困各 1 个村；最后，按照人均纯收入水平将所有农户等分为“富裕、中等、贫困”3 组，各组中随机抽取 3 个农户进行调查。此次共调查了 15 个县 45 个乡镇 135 个村 1 215 个农户，获得了有效乡问卷 45 份，有效村问卷 125 份，有效农户问卷 1 214 份。此次问卷调查中调查员与村庄代表进行面对面交流沟通，并且对所得问卷进行全面整理归纳，对于问卷中模棱两可的问题进行再次回访，目的是了解村庄“一事一议”制度的具体实施情况，保证调查问卷的真实性和有效性。本章运用 2015 年村调查问卷数据进行分析，数据来源于辽宁省 10 个地级市。

7.4.2　变量选择

根据对现有文献的梳理和总结，并且结合农村公共产品供给理论、“一事一议”筹资筹劳制度和一事一议财政奖补制度实施的实践经验，针对样本村庄一事一议财政奖补制度实施的特点，本章选取了影响村庄一事一议财政奖补资金获得的指标。其中，被解释变量选取的是样本村“2012—2015 年是否获得了一事一议财政奖补资金；是＝1，否＝0”的二分变量。解释变量选取的是村庄特征、县级特征和村“两委”个体特征 3 个方面的变量，其中村庄特征包括村庄人口数、村庄 60 岁以上人口所占比重、农户人均纯收入、村庄耕地面积、村庄与所在地城市中心的距离、村里企业数量、村里外出打工劳动力所占比重、村庄是否统一处理生活垃圾、村里是否有路灯共九个方面。县级特征包括县级政府财力缺口一个方面。村“两委”个体特征包括受访村干部年龄、受访村干部性别、受访村干部受正规教育年限、村“两委”参与合作社领办共四个方面。具体如表 7－1 所示。

表 7－1　主要变量的描述性统计

变量及赋值	观测值	均值	标准差	最小值	最大值
被解释变量					
获得一事一议财政奖补资金（是＝1，否＝0）	125	0.414	0.495	0	1
申请一事一议财政奖补资金（是＝1，否＝0）	125	0.608	0.490	0	1
解释变量					
村庄特征					
村庄人口数（人）	125	764.186	663.501	70	4 200
村庄 60 岁以上人口所占比重（%）	125	32.427	21.272	0.6	90
农户人均纯收入（元）	125	20 290.012	32 272.113	4 362.607	340 841.411
村庄耕地面积（亩）	125	5 350.776	3 441.391	200	18 000
村庄与所在地城市中心的距离（公里）	125	63.722	38.749	8	181
村里企业数量（个）	125	5.017	12.718	0	70
村里外出打工劳动力所占比重（%）	125	29.181	18.974	1	85
村庄是否统一处理生活垃圾（是＝1，否＝0）	125	0.750	0.435	0	1
村里是否有路灯（是＝1，否＝0）	125	0.733	0.444	0	1
县级特征					
县级政府财力缺口（亿元）[a]	125	0.072	0.115	−0.261	0.166
村“两委”个体特征					

（续）

变量及赋值	观测值	均值	标准差	最小值	最大值
受访村干部年龄（岁）	125	51.388	9.462	31	71
受访村干部性别（男=0，女=1）	125	0.129	0.337	0	1
受访村干部受正规教育年限（年）	125	9.828	2.422	5	15
村“两委”参与合作社领办（是=1，否=0）	125	0.241	0.430	0	1

a：县级政府财力缺口的计算公式为：2012年县级政府财力缺口=地方财政一般预算支出－地方财政一般预算收入。2013年和2014年的县级政府财力缺口=公共财政支出－公共财政收入。所需数据均来自于《辽宁省统计年鉴》（2013，2014，2015年）。

村庄特征变量包括村庄人口数、村庄60岁以上人口所占比重、农户人均纯收入、村庄耕地面积、村里企业数量、村里外出打工劳动力所占比重、村庄是否统一处理生活垃圾和村里是否有路灯等。根据已有文献的研究结论：第一，村庄人口数越多，召集村民参加“一事一议”筹资筹劳的成本越高，越难以形成决议，不利于“一事一议”筹资筹劳制度的开展（卫龙宝等，2011）。第二，人均纯收入越高，村民越有能力提供“一事一议”筹资筹劳资金，也越有可能获得上级政府一事一议财政奖补资金，不过，从另一个方面来看，人均纯收入越高的村庄，经济发展程度越好，越有能力自己提供村级公共产品，而不需要依靠上级政府的财政补贴（周密、张广胜，2010）。第三，村庄老龄化问题越严重，老年人口所占比重越大，其享用公共产品的净现值就越低。因此，60岁以上老年人口所占比重越大的村庄，越不容易开展“一事一议”筹资筹劳制度，也越难以获得上级政府的一事一议财政奖补资金。第四，考虑到村庄内有企业会更容易筹集到村民筹资筹劳所需的资金，有利于申请一事一议财政奖补资金，所以，模型中增加了村里企业数量的变量，假设企业数量对村庄“一事一议”筹资筹劳制度的实施具有正向效应。第五，村庄外出劳动力所占的比重越高，召集村民议事的难度程度就越大，获得一事一议财政奖补资金的概率就越小。第六，加入村庄是否统一处理生活垃圾和村里是否有路灯这两个变量，用来表征村庄公共产品的供给现状。

县级特征变量包括：县级政府财力缺口。县级政府在一事一议财政奖补资金发放上起着主导作用，县级政府的财力程度直接影响村庄“一事一议”制度的实施，若县级政府财力富裕，那么其会资助更多一事一议财政奖补的申报项目，各个村集体也更加容易获得一事一议财政奖补资金。因此，本章根据《辽宁省统计年鉴》计算出县级政府财力缺口，并把它作为衡量县级特征的变量。

村“两委”成员个体特征变量包括受访村“两委”成员的年龄、性别、受正规教育年限，以及村“两委”是否参与合作社领办。发放调查问卷的对象是辽宁省各个市的村干部，从性别来看，男性村干部所占比重比女性村干部所占比重大，并且具有压倒性的优势，由此可以得出，在农村的政治工作领域中，村干部中男性占大多数，仅仅有一小部分女性担任村干部；从年龄上看，年轻人和老年人在村庄中担任村干部的人数比重较少，村干部的年龄主要集中在40～60岁，原因可能是，40～60岁的村干部精力比较充沛，为人处世能力较强，能处理好村里的事情；从文化程度上看，村干部中具有中学学历的占大多数，小学文化水平和高中文化水平的村干部也占有一定比例，大专文化水平和本科以上文化水平的村干部所占比例很小。愿意在村里从事工作的，主要是出生于20世纪60年代之后、80年代之前的人，80年代之后并且接受过高等教育的人由于农村生活工作环境的恶劣，大多数都不愿意回到农村工作。除了在控制变量中引入受访村“两委”成员的个体特征以外，根据已有文献（余丽燕，2015），村“两委”中参与合作社领办的人数远远大于没有参加过合作社领办的人数，如果某村村干部参与了村合作社领办并且在合作社中具有任职，那么在村干部的领导下，本村村民参与合作社的积极性会更高，并且更有意愿参与合作社，更愿意为了合作社的发展促成村庄的公共产品供给，这样的情况将有利于村合作社的发展。因此，还在模型中加入了控制变量——村“两委”是否参与合作社领办。

7.5　一事一议财政奖补双重效应及其协调机制的实证分析

7.5.1　一事一议财政奖补双重效应的验证

本章首先验证是否存在学习效应，即县内其他村庄获得一事一议财政奖补资金对本村是否申请一事一议财政奖补资金的影响。在回归中，考虑到可能存在的孤岛效应①（即一个县中仅有1个村庄获得了一事一议财政奖补资金），最后得到了分布在13个县的116个村庄。回归结果见表7-2。空间自回归模型结果显示，县内其他村庄获得一事一议财政奖补资金对本村申请一事一议财政奖补资金有显著的正向影响，即存在学习效应。尽管空间误差模型得出了相同的结果，但是在统计上并不显著。这说明，县内其他村庄获得一事一议财政

① 如果样本中包含孤岛，那么可能导致程序计算困难，故在实践中一般去掉孤岛，比如在研究美国各州的空间数据时，常去掉夏威夷州与阿拉斯加州（陈强，2014）。此外，本研究还对保留了孤岛的样本进行了分析，得到的研究结论与去掉孤岛得到的研究结论无显著差异，限于篇幅，并未报告。

奖补资金对本村申请一事一议财政奖补项目具有正向的空间溢出效应，而不存在空间误差效应。因此，假说 1 得到了验证。

表 7-2 一事一议财政奖补资金申请上的学习效应与获取上的竞争效应分析

	系　数	标准误
学习效应		
空间自回归系数（ρ）	0.734***	0.218
空间误差系数（λ）	0.172	0.147
竞争效应		
空间自回归系数（ρ）	−0.883***	0.114
空间误差系数（λ）	−0.059	0.078

注：① *** 表示在 1%的水平上显著；②由于篇幅原因，模型中其他变量的回归结果未列出；③回归中采用了 GS2SLS 方法，并加入了 heteroskedastic 选项，以解决异方差问题。

验证了学习效应之后，本章继续验证是否存在竞争效应，即县内其他村庄获得一事一议财政奖补资金对本村是否获得一事一议财政奖补资金的影响。回归结果（表 7-2）显示，县内其他村庄获得一事一议财政奖补资金会降低本村获得一事一议财政奖补资金的概率，从而验证了同县各村之间在获得一事一议财政奖补资金上存在竞争效应。同时，空间误差系数的影响并不显著，说明县内其他村获得一事一议财政奖补项目对本村获得一事一议财政奖补资金具有负向的空间溢出效应，而不存在空间误差效应。因此，假说 2 得到了验证。

此外，通过比较空间自回归模型和空间误差模型中的拉格朗日乘子（Lagrange multiplier，LM），可以发现，空间自回归模型表现得更好。借鉴相关文献中的通用做法，如龙小宁等（2014），并结合一事一议财政奖补制度的运行机制，为了体现同县各村之间在获得一事一议财政奖补资金方面的主动竞争，后文报告结果均基于空间自回归模型。

7.5.2 上级政府协调机制的验证

本章将验证各级政府对一事一议财政奖补资金分配的协调机制，结果如表 7-3 所示。表 7-3 中空间自回归模型回归结果显示，县级政府在一事一议财政奖补资金的分配中起到了重要的协调作用。具体来看，县内各个村庄之间的空间滞后效应系数为−0.889，县外市内相邻村庄之间的空间滞后效应系数为−1.118，市外省内相邻村庄之间的空间滞后效应系数为−0.010。对比县内各个村庄之间与县外市内相邻村庄之间的空间自相关系数可知，前者的竞争程度要低于后者的竞争程度，说明县级政府的协调作用强于市级政府的协调作用。

然而，市外省内相邻村庄之间的空间自相关系数在统计上并不显著，说明省级政府并不会协调村级的一事一议财政奖补资金竞争。该结果证实了一事一议财政奖补资金协调以县级政府为主的运行机制。

表 7-3　县级政府对辖区内各村一事一议财政奖补资金的协调机制分析

	系　数	标准误
空间自回归模型回归的空间自相关系数（ρ）		
县内各村	−0.889***	0.109
县外市内邻村	−1.118***	0.136
市外省内邻村	−0.010	0.016
两区制空间计量模型回归的竞争反应系数及其检验		
县外市内邻村竞争反应系数（ρ_1）	−0.235**	0.115
县内各村竞争反应系数（ρ_2）	0.240	0.226
原假设为 $\rho_1=\rho_2$ 的 t 检验	−0.475***	0.257

注：① **、*** 分别表示在 5%、1%的水平上显著；②由于篇幅原因，模型中其他变量的回归结果未列出；③回归中采用了 GS2SLS 方法，并加入了 heteroskedastic 选项，以解决异方差问题。

两区制空间计量模型将空间自回归模型的空间自相关系数分成县外市内邻村与县内各村两个区制。回归结果显示，县外市内邻村竞争反应系数为−0.235，而县内各村竞争反应系数为 0.240，且前者在统计上显著，后者在统计上不显著。为了比较两者之间是否存在显著差异，进一步检验了县内各村之间获得一事一议财政奖补资金的竞争反应系数是否显著小于县外邻村之间的竞争反应系数。从非对称效应 t 检验的统计量和相应的 p 值可以看出，在 1%的显著性水平上，县外市内邻村竞争反应系数的绝对值显著大于同县各村竞争反应系数的绝对值。这意味着，县级政府对县内各村一事一议财政奖补资金竞争的协调作用显著。具体而言，县级政府会基于本县农村经济发展的大目标，协调一事一议财政奖补资金项目安排，各个村庄之间的竞争程度因此被减弱了。综合以上研究结论，假说 3 得到了验证。

7.5.3　村庄异质性与竞争效应

表 7-4 中的空间自回归模型回归结果显示，同县内不同经济发展程度的村庄获得一事一议财政奖补资金的空间效应存在差异。人均纯收入高于本村的县内其他村庄获得一事一议财政奖补资金，其空间滞后效应系数为−0.005；人均纯收入低于本村的县内其他村庄获得一事一议财政奖补资金，其空间滞后效应系数为−0.537。尽管两者系数符号均为负，但是，前者不显著，而后者

在1%的水平上显著，说明人均纯收入低的县内其他村庄获得一事一议财政奖补资金，会降低本村获得一事一议财政奖补资金的概率。

表7-4 经济发展程度与村庄获得一事一议财政奖补资金的空间效应

	系　数	标准误
空间自回归模型回归的空间自相关系数（ρ）		
人均纯收入高于本村的县内其他村获得一事一议财政奖补资金的空间自回归系数	−0.005	0.127
人均纯收入低于本村的县内其他村获得一事一议财政奖补资金的空间自回归系数	−0.537***	0.112
两区制空间计量模型回归的竞争反应系数及其检验		
位于经济发达地区县内各村之间的竞争反应系数（ρ_1）	−0.076	0.117
位于经济欠发达地区县内各村之间的竞争反应系数（ρ_2）	−0.555*	0.309
原假设为 $\rho_1=\rho_2$ 的 t 检验	0.478*	0.329

注：①*、*** 分别表示在10%、1%的水平上显著；②由于篇幅原因，模型中其他变量的回归结果未列出；③回归中采用了GS2SLS方法，并加入了heteroskedastic选项，以解决异方差问题。

为了检验经济发展程度与获得一事一议财政奖补资金的敏感性程度之间的关系，选择了更大范围的两区制，即根据各个村庄所在城市的经济发展情况划分经济发达地区和经济欠发达地区。表7-4中的两区制空间计量模型回归结果进一步验证了，经济欠发达地区的村庄在获得一事一议财政奖补资金上敏感性更强。与上文分析相似，假定位于经济发达地区的村庄和位于经济欠发达地区的村庄所对应的一事一议财政奖补资金资助的竞争反应系数不同，区制1和区制2的竞争反应系数分别反映了位于经济发达地区的村庄和位于经济欠发达地区的村庄对区域内其他村庄获得一事一议财政奖补资金资助的敏感程度。结果显示，在经济发达地区，县内各个村庄之间一事一议财政奖补资金的竞争反应系数为−0.076；而在经济欠发达地区，县内各个村庄之间一事一议财政奖补资金的竞争反应系数为−0.555；而且前者在统计上不显著，后者在10%的水平上具有显著负向影响。此外，经济欠发达地区村庄之间的竞争反应系数绝对值明显大于经济发达地区村庄之间的竞争反应系数的绝对值。这说明，经济欠发达地区的村庄比经济发达地区的村庄对其他村庄获得一事一议财政奖补资金更加敏感，即前者在与其他村庄的竞争过程中表现出更加强烈的竞争效应，而后者的竞争效应并不显著。综合以上研究结论，假说4得到了验证。

7.6　结论与启示

政府是公共物品的供给主体，但是就我国农村经济和社会发展的现实而言，因为我国在社会公共物品供给上实行二元结构体系，导致了我国农村地区基础设施薄弱，一些无论从理论上还是法律上都应该由政府供给的公共物品，长期得不到供给。尤其在税费体制改革之后，农村基础设施改善基本上处于停滞状态，为了改变这种现象，"一事一议"制度应运而生。"一事一议"制度作为农村公益事业建设制度的提出以及在全国范围内的推广，为缓解农村地区公益事业建设的压力、改善农村生产生活条件、缩小城乡差距、推进社会主义新农村建设发挥了重要作用。从实践上看，虽然"一事一议"制度在具体的实施过程中，存在一些制约因素和困境，但是"一事一议"制度有利于推动农村居民之间的相互沟通与理解，加强和创新农村社会管理。在项目实施过程中，村民自行协商解决建设占地、以资抵劳等问题，并在集体劳动过程中促进交流、互相帮助、增进友谊，有利于化解矛盾和纠纷，让农民亲身体验到党和政府的关怀，实现全社会的共同参与，对于基础设施的改善，加快推进农村基础设施建设步伐，扎实推进社会主义新农村建设，切实起到了积极的作用。从政策上看，"一事一议"制度是随着税费体制改革而设立的，以改善农村基础设施为目的，一项成熟的政策需要经历问题的确认、政策的制定、政策的试验、政策的全面开展、政策的修改等多个步骤。"一事一议"政策是经过多年的分析、论证、试验才逐步建立完善的，在具体的实施过程中，对公共产品的供给有一定的帮助。从政治上看，中国农业人口占总人口的60%，对农民有影响的问题一直受到党和政府的高度重视。妥善解决"三农"问题关系着国家稳定的大局。但是由于我国的二元结构体制，农村集体经济薄弱，农村基础设施长期得不到改善，农民的公共产品需求得不到满足，因此"一事一议"制度可以有效地促进农村地区的稳定。

本章通过利用2015年辽宁省百村千户的调查数据，构建了空间自回归模型和两区制空间自回归模型，对一事一议财政奖补的运行机制进行了定量研究。研究发现，县内其他村庄获得一事一议财政奖补资金对本村申请一事一议财政奖补资金有正向的溢出效应，但是对本村获得一事一议财政奖补资金有负向的溢出效应；相比于市级政府，县级政府在协调一事一议财政奖补资金分配的过程中起着更加重要的作用；人均纯收入较低的村庄更容易优先获得一事一议财政奖补资金，且经济欠发达地区各村之间在获得一事一议财政奖补资金上存在强烈的竞争效应，而经济发达地区各村之间的竞争效应并不显著。

一事一议财政奖补制度的初衷是满足村级公共产品建设的资金需求，但也带来了村庄之间对一事一议财政奖补资金的竞争。更多的实证研究将有助于更好地评价一事一议财政奖补制度对村级公共产品供给和经济发展的全面影响。本研究结果将有助于政府更好地制定相关政策。政府对项目的有效投入解决了农村生产生活最急需、群众愿望最迫切的村级公益事业项目建设问题，有力地促进了农村地区公益事业的发展，既保护了农民利益，减轻了农民负担，维护了税改成果，又充分发挥了农民群众在新农村建设中的主体作用。一事一议财政奖补制度不仅改善了农民生产生活的条件，改善了农村的村容村貌和基础设施薄弱的现状，提高了农民生产生活水平，形成了调动农民积极性的激励机制，还增强了在农民群众中基层政府的服务意识，使农民当家做主的意识增强，提高了基层民主与基层组织的建设。本研究结论可能的政策含义为：首先，加大经济欠发达地区一事一议财政奖补资金的力度，充分利用市县两级政府对下辖地方政府的管理和协调作用，提高县级政府实施一事一议财政奖补制度的积极性；其次，鼓励地方政府加大一事一议财政奖补资金的覆盖面，发挥其空间溢出效应，同时，避免基础较差的薄弱村被边缘化，促进实现农村全面小康。针对实际工作中所发现的问题，提出的上述几条建议，可以为今后的工作提供参考与借鉴。以进一步完善一事一议财政奖补制度，更好地配置农村资源、激活多方面的活力，开创更和谐的社会主义新农村建设。

第八章　一事一议财政奖补制度对村级公共投资项目数的影响

8.1　绪论

8.1.1　研究背景及目的

“一事一议”筹资筹劳制度作为农村税费改革后村级公共品的主要供给模式和村级公共产品供给制度的一个重大创新。此制度正式运行的时间为2006年1月1日。该制度主要是指在取消了乡统筹和改革村提留的基础上，原本由乡统筹和村提留中支付的村级公共产品和村级公益事业所需要的资金，不再与以前一样，向农民定时定量的收取资金，而是采取了此时运行的“一事一议”筹资筹劳办法。此制度有很明显的作用，表现为能够有效地减轻农民的经济负担，同时在一定程度上也加大了农村村级组织开展公共事业筹资的难度。根据国家统计局农村社会经济调查总队（2004）抽样调查结果显示，之前真正开展了“一事一议”的行政村的比例不是很高，仅仅是10%多一点。此外，财政部的统计数据显示，截至2008年，全国开展“一事一议”的村庄比例有所提高，所占比例累计为40%（胡静琳，2009）。同时国家还为了防止农民负担加重，规定了“一事一议”筹集资金的上限为15元，这样的规定仅仅够支付村级公共产品小额项目的开支，很难支付乡村道路的硬化、兴修水利等大型村级公共产品的开支，这样并不能满足村级公益事业建设投入的需求。还有大多数农村在取消农业税后再没有通过“一事一议”方式筹集到农村公益事业项目建设资金，由此，更进一步加剧了村级公共产品供给的困境。为了解决以上困境，2008年起政府选取了北部黑龙江、中部河北和南部云南三个省作为试点，开始推广实施一事一议财政奖补制度。

一事一议财政奖补制度是指村民通过规范的“一事一议”开展村内公益事业建设项目，政府采取的方式主要以奖代补、民办公助，同时政府还给予适当资金奖补，使村级公共产品建设的资金渠道进一步拓宽，提高了农民参与村级公益事业建设的积极性，为村级公共产品建设提供资金和动力。一事一议财政奖补范围主要包括村内大型农田水利设施建设、植树造林、乡村医院和小学的修建、村民饮用水安全和村民休闲文化健身场所等村级公益事业建设。

近些年来，村级公共产品供给有了显著改善，但是这种改变的主要推动力量是经济发展，村级公共产品供给机制贡献很小。那么，一事一议财政奖补制度对村级公共产品供给是否有影响？本章将通过调查数据对此进行较细致地研究，同时也是在原有研究的基础上一个重要的拓展，特别是在当前我国大力推进新型城镇化和现代农业发展的关键时期，从本研究中得出的政策建议，对该制度今后的发展有着重要的作用，为新形势下促进农村基础设施建设，完善一事一议财政奖补制度，建设社会主义新村，提供理论保障。

自 2009 年 6 月辽宁省开始试行一事一议财政奖补制度。最初选择了三个地区进行试点，本溪市本溪县、辽阳市灯塔市、朝阳市凌源市。按照辽宁省计划实行，按照 1/3 的比例予以补助，所需补助资金由省、市财政各承担 50%。在全面启动一事一议的财政奖补试点后，财政补贴的比例高出农民酬劳总和一半。所需财政奖补资金省以上财政承担 70%，市和县承担 30%。对 15 个辽宁省定点扶贫开发工作重点县，省以上财政的奖补比例提高到 80%，市、县财政承担 20%。

鲜有文献分析一事一议财政奖补制度对村级公共产品供给的影响。这可能的原因在于，一事一议财政奖补制度 2011 年才在全国范围内推广，各地区的施行时间比较短，难以获得大规模的抽样调查数据，而本研究恰好利用辽宁省大规模的抽样调查数据对此进行了较为严谨的分析。

8.1.2 研究意义

一事一议财政奖补制度，是对村级公共产品供给制度的一个重大创新，它是为了社会主义新农村建设而提出的一项政策。近年来，政府一直很关注我国村级公共产品供给的新机制与新制度——一事一议财政奖补制度，它能够为村级公共产品有效供给提供了资金保障。自 2011 年我国全面推广、普遍实施一事一议财政奖补制度以来，也存在着很多的问题，例如村级公共产品项目设施建设议事开展起来很困难，乡镇资金财政缺口比较严重，还有一些村民对一事一议财政奖补制度并不了解、对村级公共产品建设不关心、对该制度不满意等问题，制约了一事一议财政奖补制度的实施。在现有的情况下，如何使一事一议财政奖补制度能够顺利进行，保证村级公共产品的有效供给，是一件至关重要的事情。本章通过对辽宁省 125 个村的调查数据，了解一事一议财政奖补制度的实施现状，揭示一事一议财政奖补制度对村级公共产品供给的影响，结合辽宁省的实际情况提出完善一事一议财政奖补制度的建议。

保障村级公共产品有效供给。一事一议财政奖补制度是目前村级公共产品供给资金来源的一种重要渠道。多数学者认为一事一议财政奖补制度在调动农民出资出劳的积极性方面起了很大作用。根据财政部的数据，自 2008 年财政奖补实施之后，到 2012 年通过一事一议财政奖补建成农村社区公共品项目的村庄比例上升到 37.3%，项目投资中农民和社会投入 4 165.3 亿元，各级财政累计投入奖补资金 1 697.8 亿元，共建成各类村级公共项目 135.9 万个（胡静林，2013）。

有利于社会主义新农村目标的实现。一事一议财政奖补制度是我国现阶段村级公益事业建设资金来源的有效途径，不仅能够从根本上治理农村脏乱差的状况，而且改善了农村生态环境、人们居住的环境，实现了农村五新“新房舍、新设施、新环境、新风尚、新秩序”的农村新面貌。

自 2008 年一事一议财政奖补制度在黑龙江、河北、云南三省开始试点实施以来，既取得了明显的成效，但同时也存在一定的问题。在现有的情况下，如何对一事一议财政奖补制度进行完善，提高村级公共产品供给，仍需要进一步的思考。本章在对辽宁省 2012—2014 年一事一议财政奖补制度对村级公共产品供给的影响分析的基础上，提出完善一事一议财政奖补制度的政策建议，将有利于今后政策实施的改进与优化。

8.1.3 研究框架结构

本章由七部分组成，主要内容如下：

第一部分：绪论。此部分主要包括研究背景及目的、研究意义、研究框架结构、研究方法和技术路线以及研究的创新点与不足之处。

第二部分：相关概念界定及文献综述。一是对核心概念进行界定，主要包括五个概念：①农村公共基础设施；②村级公共产品；③村级公益事业；④一事一议；⑤一事一议财政奖补。二是对文献综述进行总结：①村级公共产品供给问题的相关研究；②一事一议相关研究；③一事一议财政奖补相关研究；④文献评述。三是财政奖补制度的历史演变。

第三部分：数据来源及描述性分析。对数据来源进行介绍，对被访村干部的个性特征和被访村庄特征进行统计描述分析。

第四部分：辽宁省村级公共产品供给及财政奖补制度实施现状。包括两部分内容：①辽宁省村级公共产品供给现状，主要从辽宁省村庄卫生环境设施供给情况、村级公共产品处理方式、村内生活用水来源情况进行描述。②辽宁省一事一议财政奖补制度实施现状。

第五部分：辽宁省一事一议财政奖补制度对村级公共产品供给的影响。主要包括：①一事一议财政奖补制度对村级公共产品影响的理论分析。②辽宁省一事一议一财政奖补制度对村级公共产品影响的计量分析，采用计数模型零膨胀负二项回归进行验证一事一议财政奖补制度对村级公共产品供给的影响。

第六部分：辽宁省一事一议财政奖补制度对村级公共产品供给影响的案例研究。主要以辽宁省典型案例研究，分析一事一议财政奖补制度实施情况和财政奖补对村级公共产品供给的影响。

第七部分：主要结论与完善辽宁省一事一议财政奖补制度的政策建议。根据研究结论，提出完善一事一议财政奖补制度的政策建议。

8.1.4 研究方法与技术路线

(1) 研究方法

本章通过对辽宁省 125 个村的调查数据研究一事一议财政奖补制度实施现状，分析一事一议财政奖补制度对村级公共产品供给的影响，从而完善辽宁省一事一议财政奖补制度，促进村级公共产品供给。运用的方法主要有：

文献研究法。根据研究内容，阅读、归纳、整理、对比了大量有关影响村级公共产品有效供给的相关文献和有关研究一事一议财政奖补制度的文献，为本研究的开展奠定基础。

问卷调查法。为准确了解辽宁省一事一议财政奖补制度实施状况，运用问卷调查法对辽宁省村集体参与新农村建设财政奖补实施情况进行调查研究，通过对村干部一对一的问卷调查，了解一事一议财政奖补制度实施现状，从而为村级公共产品有效供给提供更有力的数据支持。

统计分析法。采用 Excel 统计分析方法，对所调查的对象情况进行统计分析，对辽宁省村级公共产品供给现状进行统计性描述，对辽宁省一事一议财政奖补制度基本现状进行统计性分析。

实证分析方法。采用计数模型零膨胀负二项回归，验证一事一议财政奖补制度对村级公共产品供给的影响。

案例分析方法。选取辽宁省大连市普兰店安波镇典型村进行案例分析，根据所调查案例地区的实际情况，提出完善一事一议财政奖补的政策建议，以促进该地区的公共产品供给。

(2) 技术路线

技术路线如图 8－1 所示。

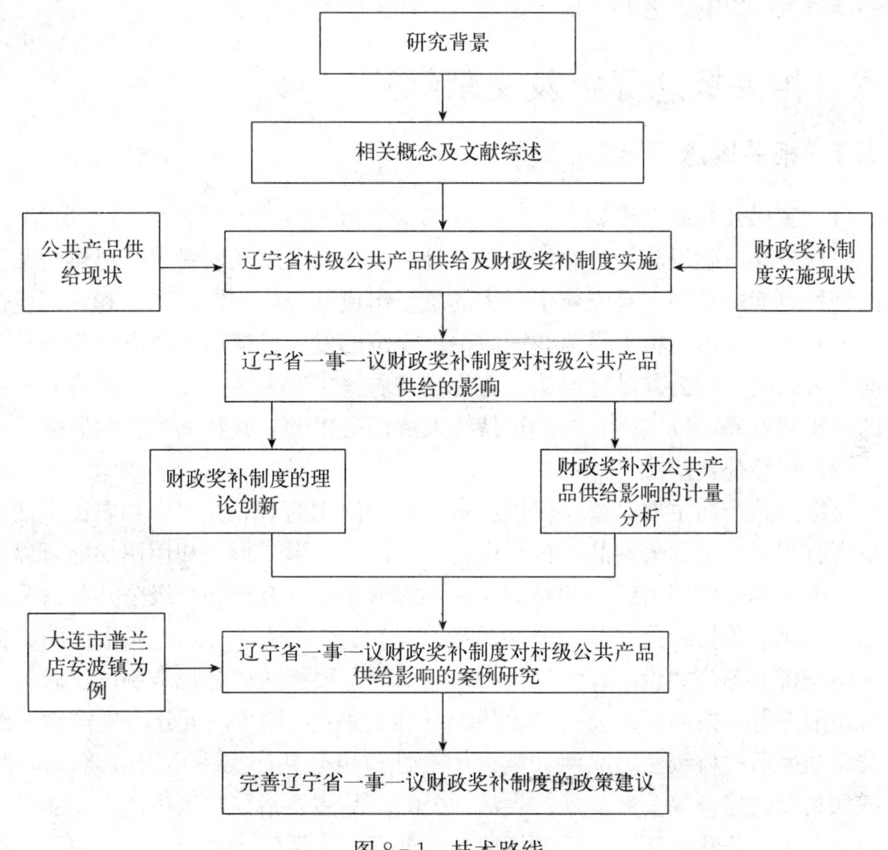

图 8-1　技术路线

8.1.5　创新点及不足之处

(1) 创新点

数据的创新。利用辽宁省大规模的抽样调查数据采用计数模型较细致地分析一事一议一财政奖补制度对村级公共产品供给的影响。

解决实际问题。回答一事一议财政奖补制度是否促进了村级公共产品投资，以及是否有利于提高公共产品投资项目数。

(2) 不足之处

搜集资料的局限性。对村级公共产品供给制度一事一议一财政奖补制度搜集的资料还不够详细全面，仅仅以辽宁省村干部作为调查对象，不能详细地研究全国范围内不同村干部的调研情况。

空间关联性有待进一步加强。仅分析了一事一议财政奖补制度对村级公共产品项目数的影响，忽略了地区之间的空间关联性。

8.2 相关概念界定及文献综述

8.2.1 相关概念界定

（1）农村公共基础设施

农村公共基础设施是为农村经济、社会、文化发展及农民生活提供公共服务的各种要素的总和，是农村生产力的重要组成部分，在农村生产和农民生活中发挥着重要作用。根据目前我国政治、经济的发展目标以及政府行为的价值取向，可以把农村公共基础设施界定为满足农民生产生活的需要、促进农村社会的进步和发展，以实现农村的可持续发展而提供的公共物品和公共服务。

（2）村级公共产品

村级公共产品主要是指仅仅供应本村村民使用的对农业生产和农民生活水平提高有积极作用的公共品。按村级公共品的存在形式形态和使用功能可以分为两大类。其中按照村级公共品的存在形式形态分为有形的村级公共品（公共产品）和无形的村级公共品（公共服务）。有形的村级公共品主要指国防、公共道路、桥梁等公共设施；无形的村级公共品主要指法律、规章制度、政策以及意识形态等。按照村级公共品的使用功能（最终用途），可分为生产性村级公共品和生活性村级公共品两大类。生产性村级公共产品主要指道路、桥梁、农田水利设施建设等公共产品；生活性公共产品主要指与村民生活密切相关的村内自来水、公共厕所、生活垃圾回收和处理、生活污水处理、医院诊所、学校、养老院和健身娱乐广场、阅览室等。

（3）村级公益事业

村级公益事业建设是指让村民直接从中受益的公益事业建设。主要包括村庄内部的水利设施建设、村内道路硬化、美化环境、卫生设施建设、植树造林等。

（4）“一事一议”

“一事一议”，前提是村民完全自主自愿，过程必须是合法的民主程序，凭个人意愿决定出资还是出劳，是一种村民直接受益的集体生产公益事业的行为，其中主要包括村内农田水利的基本设施建设、道路硬化修建、植树造林绿化美化村内环境、与农业综合开发有关的土地治理项目等。该制度其实上是一种民主化的农村公共产品供给制度。“一事一议”制度，是农村税费改革后保证农村和城里一样享受相同的公共产品和服务的重要制度。

（5）一事一议财政奖补

一事一议财政奖补，首先村民通过程序规范的“一事一议”筹资筹劳活动开展村内公共产品建设项目，然后政府采取奖励与资金上的支持、村民出劳动力的方式，目的是建设村内公共产品项目，提高村级公共产品供给效率。一事一议财政奖补项目是目前村民急需和能够让村民直接受益的公益事业建设项目，主要包括村内户外的道路硬化、农田水利设施建设、农民饮用水工程、村内环境卫生的整治、村庄绿化、村级老年活动健身娱乐场所等。

8.2.2 文献综述

主要根据研究的内容从村级公共产品供给相关问题、“一事一议”筹资筹劳制度相关研究、一事一议财政奖补制度三方面进行文献综述。

（1）村级公共产品供给问题相关研究

村级公共产品的供给问题是一个涉及农民增收、农业增产的重大问题，是“三农”问题中的重要环节。很多学者从村级公共产品供给的影响因素进行了研究，研究结果表明，村级公共产品供给主要受两方面的因素影响。

第一方面，村庄召集村民组织村内集体活动的能力对村级公共产品供给的影响。卫龙宝等（2011）、余丽燕（2015）在集体行动理论基础上建立理论框架解释村庄特征影响村民组织村内集体活动的能力，研究结论：村庄规模与村民参与村级公共产品供给呈负向相关。当村庄规模越大时，村民小组就会越多，此时当村内组织活动时，意见很难形成一致，由于利益的关系和意见的不一致，导致了村民在村级公共产品供给上很难形成集体行动；当村庄规模越小时，村民小组就会越少，这样组织协调人员参会的成本可能越低，从而更能促进村民参与村级公共产品供给。此外，村庄密度对村民参与村级公共产品供给影响呈正向相关。村庄内部村民之间距离比较近，村民和村民之间进行沟通比较方便。村庄还有一个比较明显的特征，村内互相熟悉，关系比较好的村民容易分派，一些在村内比较有地位的村民更有影响力，这样村民之间的合作很容易形成，意见很容易达成一致，就很容易形成组织，从而促进村民参与村级公共产品供给的活动。同时社会关联度对村民参与村级公共产品供给的活动也会存在一定的影响。研究表明，传统的社会关联度对村级公共产品影响并不显著，以姓氏衡量的村庄特征对集体行动的影响程度较弱。而对于现代型的社会关联度对村民参与村级公共产品供给是否存在显著影响还需要专家学者进行进一步研究。彭长生等（2007）研究结果表明，社区特征异质性对集体行动的结果有一定的影响，异质性越强，集体合作越困难，降低村民参与村级公共产品的积极性。Luo Rozelle（2007）通过对中国农村 2 400 多个村级调查数据分析，研究结果表明，村级的选举对中国农村公共产品的供给有着促进作用，税费改革之后，反而降低了村级公共产品的供给。此外已有文献研究表明村委会选举会提高基层公共服务水平、降低村庄内部不平等及促使村干部更加负责（Shen and Yao，2008；Martinez-Bravoetal，2011）。

第二方面，村庄经济发展程度对村级公共产品供给也有影响。村庄经济发展程度对于村民参与村级公共产品的供给影响研究结论不一致。卫龙宝等（2011）研究表明，村集体经济及经济结构对村民参与村级公共产品的供给有一定影响但并不显著。彭长生、孟令杰（2007）研究表明，村民人均收入越高的和集体组织收入越高的，村庄的经济实力越强，村民的经济负担越小，村内集体组织很容易形成，村内集体事务能够顺利解决。尤其是村民自身经济水平和收入水平提高后，对村内组织的集体事务也积极参与。高鉴国、高功敬（2008）研究表明，村庄本身的经济结构和组织能力是决定供给程度高低的重要内部动力。其中经济非农化和集体化成分，以及社区精英和村民的理想选择构成是影响农村公共产品供给的关键性要素。周密、张广胜（2009）研究表明，经济越发达与越富裕的地区，村级公共投资越活跃，促进了村级公共产品的投资。王海员、陈东平（2012）研究表明，随着村内集体经济水平的提高，选举制度对村级公共产品供给数量的影响将有显著的增强作用，村庄内经济水平对于村内民主制度发挥有着至关重要的作用，经济水平是村内民主制度展开的重要前提。F. Farina（2008）通过研究认为，在“理性经济人”前提条件下，社会直接收益和间接收益的增加，也会使公共产品供给可能增加。

(2)“一事一议”相关研究

2006年1月1日，“一事一议”筹资筹劳的制度成为村级公共产品供给的重要供给制度。近年来，有很多学者研究取得了不少成果。本部分主要从“一事一议”对农村公共产品供给影响和“一事一议”是否存废两方面进行总结。

“一事一议”对村级公共产品供给影响的结论并不一致。林万龙、刘仙娟（2006）从交易成本的视角研究税费改革后农村公共产品筹资与供给中的交易成本问题。研究结果表明税费改革之后农村实行的“一事一议”制度，有助于降低村级公共产品的供给时所带来的成本。但是，由于农户与农户之间在收入经济水平、收入经济结构和各种经济活动等各方面的不同，导致村级公共产品所需要的程度和组织筹集资金的能力和对于成本承担的能力也有所不同，使此制度在筹集资金与能力方面的协调成本也会很高，同时操作起来比较困难。彭长生（2012）基于村干部的视角分析发现，“一事一议”活动开展较少，农民政治参与的力度和热情高于集体公益事业，对建设村级公共产品供给意见很容易达成一致，但筹集资金和筹集劳动力比较困难，因此，此研究结果表明“一事一议”制度对村级公共产品供给没有显著地影响。而周密等（2010）运用计数模型中的零堆积负二项回归模型和零堆积泊松分布模型验证“一事一议”筹资筹劳制度对生活性村级公共投资与生产性村级公共投资的影响，研究结果表明，“一事一议”筹资筹劳制度对村级生活性公共品的影响更显著。罗仁福、王宇等（2016）研究结果表明，“一事一议”筹资筹劳制度的实行，促进了村内村民最需要的与最实用的公共投资项目，同时提高了村级公共投资项目实施过程中向村民所筹集资金占总投资额的比重以及筹劳数量。徐小军、郭琴（2008）研究结果表明，自从实行“一事一议”筹资筹劳制度后，“一事一议”制度便成为村级公共产品供给的主要形式，发挥着积极的作用。“一事一议”筹资筹劳制度解决村内生产生活公益事业建设的资金来源问题，有效地减轻了农民的经济负担，有利于对村级公共产品供给产品建设使用过程中的监督管理，对农村基层民主政治建设进程加快有着重要的作用。此外，陈硕等（2015）使用2005年CGSS微观数据研究基层地区差异对财政奖补制度实施的效果影响，结果表明“一事一议”筹资筹劳制度会明显增加临近村庄的实施概率，也就是说基层的改革具有明显的带动学习其他村庄而不是简单的跟风学习行为，同时基层的选举类型和村干部的个人素质对“一事一议”筹资筹劳制度的实施具有重要的作用。

“一事一议”供给制度的存废存在争议。有学者认为尽管该制度在实行过程中存在“议事难、决事难、行事难”等问题，但是该制度对村级公共品供给的影响很显著，应加以完善而不是废止（杨万军，王永莲，2005；林万龙，2007；陈定洋，2008；周密，2009）；但也有学者认为该制度交易成本高，无法达成村庄合作，不确定性大等不利于公共品的供给，应该取消（聂苏，2004；李琴，2005；常伟，2008）。尽管“一事一议”制度的存废广受争议，但是该制度在农村公共产品供给中发挥了重要的作用，并且政府在2008年开始试行财政奖补制度，并于2011年在全国推广实施。

（3）一事一议财政奖补制度相关研究

一事一议财政奖补制度成为村级公共产品供给的资金来源渠道，近年来也被很多学者关注，取得了很多的研究成果。有学者研究表明，一事一议财政奖补制度使村级公益事业建设实现了民办公助，提升了村干部和村民的积极性，大大降低了村民合作成本，这是促使“一事一议”合作迅猛发展的最主要原因（彭长生，2011；谢洲，2012；陈杰，刘伟平，余丽燕，2013）。除此之外，还有人认为是村干部发挥了关键性作用，村干部个人因素即“一事一议”组织者的因素是影响获得一事一议财政奖补制度的最重要因素（彭长生，2012；陈杰，刘伟平，余丽燕，2013）。

近年来，随着一事一议财政奖补制度的推广，评价该制度对村级公共产品供给影响的文献为本研究奠定了基础。马萍（2016）经过几年的实践，研究表明村级公益事业建设财政奖补制度成效明显，农村居民日常生活污水的处理、日常生活垃圾的处置、畜禽养殖粪便的处理得到有效治理，村里的环境得到进一步改善，人民生活环境也得到全面改善。宋怡、徐淑明（2016）研究表明，一事一议财政奖补工作自从开展以来，在一定程度上减轻了以民生支出为主的财政投入压力，改善了当前农村的生产生活条件和村容面貌。罗敏（2012）研究表明，一事一议财政奖补政策作为一种激励政策能够有效促进“一事一议”制度的深入开展和实施。当前村庄处于“熟人社会”和“半熟人社会”的混合空间，主要以村民与村民之间的信任、社会上的规范程序和社会上的网络之间沟通形成的农村社会资本有利于促进村民之间的合作（蔡起华等，2015），一事一议财政奖补制度在原有的基础上加强了村民与村民之间的合作激励。如果村干部对财政奖补制度的评价比较高的话，对“一事一议”筹资筹劳活动比较认可，这样开展情况会较好，“一事一议”活动开展的村级公共产品项目数会很多和开展会议次数在每年都增加；村干部认可一事一议财政奖补在村级公共产品供给过程中的作用。姜雅婷（2015）运用AHP方法对村级公益事业建设财政奖补政策绩效进行评价具有可行性，有进一步推广完善进而在公共政策绩效评价实践中加以应用的价值。刘燕、冷哲（2016）研究表明，农村税费改革后村级公共产品的主要融资方式“一事一议”使村级公共产品的合作供给陷入了“制度困境”，在配套财政奖补之后，“一事一议”制度重新焕发了活力。李燕凌（2014）研究表明，县乡政府村级公共产品供给地位和供给水平在不断提高，公共财政资金投入的范围在逐渐扩大，供给规模每日都在增长，对农业的生产、农民的生活和农村的发展产生了明显的效果与作用。张颖举、常玉红（2009）研究表明，破解“一事一议”筹资筹劳活动需要建立和完善财政奖补制度解决村级公共产品面临的困境，加大财政转移支付力度能力，同时培育多元化投入主体，改善村级公共产品供给状况，提高村级公共产品供给。

（4）文献评述

“一事一议”制度是在我国农村税费改革后村级公共产品供给制度的一个创新，目前国外学者对一事一议财政奖补制度还没有进行深入研究。国内很多学者研究影响一事一议财政奖补制度的因素和一事一议财政奖补的作用，但很少有文献实证分析一事一议—财政奖补制度对村级公共产品供给的影响。这可能的原因在于，一事一议财政奖补制度 2011 年才在全国范围内推广，各地区的施行时间较短。本研究在已有理论研究基础上，采用辽宁省大规模抽样调查数据，验证一事一议财政奖补制度对村级公共产品供给的影响。

8.3 数据来源及描述性统计分析

8.3.1 数据来源

2005 年 10 月 11 日，中共中央在五中全会上正式提出要建设社会主义新农村。当年，沈阳农业大学经济管理学院在辽宁省组织了“百村千户”调研活动。截至 2015 年正好是新农村建设提出十周年，沈阳农业大学经济管理学院对“百村千户”活动进行了十年后的跟踪回访。此次调查在问卷设计上共分为农户、村集体、乡镇政府 3 个层次，围绕新农村建设的生产发展、生活宽裕、乡风文明、村容整洁、管理民主五大方面设计调研问题，并回访了 2005 年所调查的县乡村。样本的选取采用分层随机抽样的方法，将辽宁省划分为辽东、辽西、辽南、辽北、辽中 5 个区域，然后按照经济发展水平的不同，进行多阶段分层随机抽样，分别抽取比较富裕、中等、贫困的 3 个县，每个县同样根据经济发展程度抽取 3 个乡，每个乡再根据经济发展程度差异抽取 3 个村，每个村再根据经济发展程度差异抽取富裕、中等、贫困的 3 类农户，每类农户随机抽取 3 户。共调研了 15 个县 45 个乡镇 135 个村 1 215 个农户，获得有效问卷农户 1 214 份、村 125 份、乡镇 45 份。调查员深入农村，与村干部进行面对面地交谈，了解本村一事一议财政奖补实施情况，掌握一事一议财政奖补制度对本村公共产品补贴程度。后期对调研所获的问卷进行归纳整理和录入，同时对问卷中有些不清楚的问题，通过打电话对村干部进行回访。本研究使用其中的村级层面数据，有效率为 92.6%。

本次调查数据来源于辽宁省 10 个市，具体分布情况见表 8-1。

表 8-1 样本的来源分布

市	县	调研份数
丹东	宽甸满族自治县、东港县、凤城县	17
锦州	北镇县	9
大连	庄河县、普兰店县	18
朝阳	建平县	9
铁岭	开原县、清河县	18
阜新	彰武县	9
抚顺	新宾满族自治县	9
沈阳	东陵县、辽中县	18
鞍山	海城县	9
营口	老边县	9

资料来源：问卷调查整理所得。

8.3.2 描述性统计分析

(1) 被访村干部的个性特征

调查的对象是辽宁省各个市的村干部，被访村干部的个性特征如表 8－2 所示。

表 8－2 被访村干部的个性特征

变量		样本量（人）	比例（%）
性别	男	107	85.60
	女	18	14.40
年龄	20～30 岁	2	1.60
	30～40 岁	22	17.60
	40～50 岁	35	28.00
	50～60 岁	46	36.80
	60 岁以上	20	16.00
受教育程度	0～6 年	24	19.20
	6～9 年	52	41.60
	9～12 年	35	28.00
	12～15 年	10	8.00
	15 年以上	4	3.20
参与合作社领办	是	97	77.60
	否	28	22.40
对财政奖补的认知度	了解	114	91.20
	不了解	11	8.80

资料来源：问卷调查所得。

由表 8－2 可以看出，在所调查的 125 位村干部中，从性别看，男性 107 人，占比 85.6%，女性 18 人，占比 14.4%，从中可以得出，村干部男性占大多数，仅有一小部分女性担任村干部。

从年龄看，20～30 岁的有 2 人，占 1.6%，30～40 岁的有 22 人，占 17.6%，40～50 岁的有 35 人，占 28%，50～60 岁的有 46 人，占 36.8%，60 岁以上的有 20 人，占 16%。可以得出，年龄偏小和年龄偏大的担任村干部的占少部分，担任村干部的年龄主要集中在 40～60 岁，总共 81 人，占 64.8%。可能的原因是年龄 40～60 岁的村干部，精力比较充沛，能处理好村里的事情。

而年龄比较偏小的村干部，由于缺乏工作经验，村里的一些琐碎事情很难处理好；年龄比较大的村干部，虽然工作经验比较丰富，但精力有限，难以继续胜任。

从文化程度看，小学文化的有 24 人，占 19.2%，中学文化的有 52 人，占 41.6%，高中文化的有 35 人，占 28%，大专文化的有 10 人，占 8%，本科及以上的有 4 人，占 3.2%。可以看出，村干部中学文化的比较普遍，小学文化和高中文化的也占有一定比重，但大专和本科以上的仅有一小部分。在村里从事工作的，主要是一些 20 世纪 60 年代之后、80 年代之前的人，80 年代之后且受过高等教育的人多数都不愿回到农村。

在所调查村干部参与合作社领办的情况中，有 97 人参与了合作社领办，占比 77.6%，有 28 人未参与合作社领办，占比 22.4%。村干部如果参与村合作社领办且在合作社中任职，村民参与合作社的积极性会更高，有利于村合作社发展。

调查中发现，有 114 人了解一事一议财政奖补制度，占 91.2%，有 11 人不了解一事一议财政奖补制度，占 8.8%。村干部既是一事一议财政奖补的组织者又是村级公共投资决策的重要影响者，他们对一事一议财政奖补制度的认知度决定了村级公共产品供给资金来源渠道。

（2）被访村庄特征

所使用的数据来源于辽宁省 125 个村，村庄特征如表 8-3 所示。

表 8-3　被访村庄特征

变量	单位	最小值	最大值	均值	标准差	方差
村庄劳动力人数	人	200	7 200	1 259.5	1 081.945	1 170 605.928
外出打工劳动力的比重	%	1	85	28.70	18.955	359.291
60 岁以上人口比重	%	5	65	29.66	12.749	162.547
村有企业	个	0	70	5.26	12.428	154.454

资料来源：问卷调查所得。

由表 8-3 可以看出，在调查的 125 个村中，村庄劳动力人数最少的为 200 人，最多的为 7 200 人，平均人数为 1 259.54 人，从中可以看出，村庄劳动力人数差距比较大。劳动力人数比较多的村庄，经济相对来说比较活跃，农民生活比较富裕，而劳动力人数相对少的村庄，农民收入有限，生活比较拮据。

在所调查的样本中，村庄外出打工劳动力的比重最小的占 1%，最大的占

85%，这可能的原因是，比重较小的村村内企业比较多或村民自主经营工商业，比重较大的村，村内除了农业收入外，没有其他经济来源。

在调查的 125 个样本中，60 岁以上人口比重占比最小为 5%，最大为 65%，可以看出，有的村庄人口老龄化比较严重。在所调查的村中，有的村没有企业，有的村最多有 70 家企业，村内的企业活跃了本村的经济情况，增加了农民的收入，提高了农民的生活质量。

8.4 辽宁省村级公共产品供给及财政奖补制度实施现状

8.4.1 辽宁省村级公共产品供给现状

村级公共投资项目主要指村庄修建道路、桥梁、农田水利设施、村民饮水来源渠道、医院诊所、村庄卫生环境（绿化、垃圾处理、污水处理、改厕等）、村庄文体设施（体育活动场所、阅览室、棋牌室、戏剧场等）、村庄内路灯等电力设施等。在本次调查的 125 个村中，如表 8-4 所示，公共投资项目数最多的达到 6 项，有 4 个村庄，占比 3.2%；公共投资项目数为 0 的有 50 个村庄，占比 40%；公共投资项目数为 1 项和 2 项的偏多，总共有 50 个村庄，占比 40%；有 16 个村庄公共投资项目数为 3 项，占比 12.8%；有 3 个村庄公共投资项目数为 4 项，占比 2.4%；公共投资项目数为 5 项的有 2 个村庄，占比 1.6%。

表 8-4　公共投资项目数

项目数	频　数	频率（%）	累计频率（%）
0	50	40.00	40.00
1	29	23.20	63.20
2	21	16.80	80.00
3	16	12.80	92.80
4	3	2.40	95.20
5	2	1.60	96.80
6	4	3.20	100

资料来源：问卷调查所得。

(1) 辽宁省村庄卫生环境设施供给情况

村庄是否提供卫生环境设施情况反映出目前村庄村级公共产品供给情况，具体情况见表 8-5。

表 8-5　村庄是否有提供公共产品

项目类型	是（个）	占比（%）	否（个）	占比（%）
健身或文化活动场所	113	90.40	12	9.60
村容改造工作	113	90.40	12	9.60
村屯整治工作	105	84.00	20	16.00
垃圾统一处理	97	77.60	28	22.40
路灯	90	72.00	35	28.00
环卫人员	114	91.20	11	8.80
公共厕所	70	56.00	55	44.00

资料来源：问卷调查所得。

调查显示，2013—2015 年，在 125 个样本村中，有 113 个村有健身或文化活动场所，占比 90.4%，有 113 个村进行过村容改造工作，占比 90.4%，有 105 个村进行过村屯整治工作，占比 84%，有 97 个村生活垃圾进行统一处理，占比 77.6%，有 90 个村村里有路灯，占比 72%，有 114 个村村里有道路清洁人员和环卫人员，占比 91.2%，有 70 个村村里有公共厕所，占比 56%。可以得出，村级公共产品没有全面供给。

（2）辽宁省村级公共产品处理方式

村庄中生活污水、生活垃圾、农药瓶子等有害物品处理方式，能够反映出目前村庄中对环境卫生的重视程度，具体情况见表 8-6。

表 8-6　垃圾、有害物品处理方式

变　量	类　别	频　数	占比（%）
生活污水	随意倾倒	58	46.40
	自挖下水井	52	41.60
	街边排水渠	15	12.00
生活垃圾	统一处理的垃圾倾倒点	99	79.20
	无人处理的垃圾倾倒点	13	10.40
	村民家固定倾倒点	8	6.40
	随意倾倒	5	4.00
农药瓶子等有害物品	村统一处理	18	14.40
	扔垃圾堆	42	33.60
	随用随扔	65	52.00

资料来源：问卷调查所得。

根据调查数据显示，村里生活污水处理方式主要为随意倾倒，这样处理生活污水的村庄有 58 个，占比 46.4%；其次，自挖下水井，采用此方式处理生活污水的村庄有 52 个，占比 41.6%；采用街边排水渠方式处理污水的村庄有

15 个，仅占比 12%。调查结果显示，有 99 个村生活垃圾由村指定的垃圾倾倒地点统一处理，占比 79.2%；生活垃圾无人处理的有 13 个村，占比 10.4%；村民家有固定倾倒垃圾点的村庄仅有 8 个，占比 6.4%；将垃圾随意倾倒的有 5 个村庄，占比 4%。村里农药瓶子等废弃有害物品严重污染了村庄环境，调查发现，由村统一处理农药瓶子等废弃有害物品的村仅有 18 个，占比 14.4%；扔到垃圾堆和随用随扔的村庄有 99 个，占比 79.2%；其他方式处理农药瓶子等有害物品的村庄有 8 个，占比 6.4%。可以看出，村庄对于村里生活污水和农药瓶子等废弃有害物品的处理方式不够重视，村民随意倾倒现象比较普遍。

(3) 辽宁省村内生活用水来源情况

村内生活用水来源情况能够反映目前村内生活用水情况，见表 8-7。

表 8-7　村内生活用水来源

来源渠道	样本量（个）	占比（%）
公共自来水	76	60.80
自己家里的井水	45	36.00
到外面挑的井水	1	0.80
其他	3	2.40

资料来源：问卷调查所得。

根据调查结果显示，125 个样本村中，有 76 个村生活用水来源于公共自来水，占比 60.8%；45 个村生活用水来源于自己家里的井水，占比 36%；有 3 个村生活用水来源于其他，占比 2.4%；有 1 个村是到外面挑井水，占比 0.8%。村生活用水来源于公共自来水的占了大部分，这是农村未来生活用水来源渠道的趋势。

8.4.2　辽宁省一事一议财政奖补制度实施现状

表 8-8 反映的是辽宁省一事一议财政奖补制度实施现状。

表 8-8　财政奖补实施情况

项　　目	类　　别	频　　数	占比（%）
是否实施过一事一议	是	76	60.80
	否	49	39.20
是否申请过财政奖补	是	66	86.84
	否	10	13.16
是否获得财政奖补	是	49	64.47
	否	27	35.53

资料来源：问卷调查所得。

调查结果显示，125 个村中，近三年内有 76 个村实施过一事一议筹资筹劳的活动，占比 60.8%，在实施一事一议筹资筹劳的村庄中，有 86.84%的村庄申请过财政奖补，在申请奖补的村庄中，仅有 64.47%的村庄获得了财政奖补资助。辽宁省大部分村庄实施了一事一议筹资筹劳活动，并获得了财政奖补。

8.5 辽宁省一事一议财政奖补制度对村级公共产品供给的影响

8.5.1 一事一议财政奖补制度对村级公共产品供给影响的理论分析

一事一议财政奖补政策在实施过程中实质上是一个三方博弈的过程。该现象可以用贯序博弈和嵌套博弈（Nested Game）来分析，博弈涉及三个参与者：政府、村干部和村民。即政府的支持、村干部的决定和村民表决之间的博弈，具体过程如图 8-2 所示。参与者策略的选择有时间先后顺序，只有先开展“一事一议”筹资筹劳之后，上级政府才进行财政奖补，因此为贯序博弈。此外，村民与村干部之间的博弈嵌套在上级政府对村级政府之间的奖补博弈之中，表现为嵌套博弈。

上级政府的行动策略是“奖补”，即不同村之间开展竞争，或者“不奖补”；村干部的行动策略是组织“一事一议”筹资筹劳，或者不组织；村民只参加第一阶段“一事一议”筹资筹劳阶段的博弈。如果 n 个村民的行动策略为参加筹资筹劳，得到的收益（π_1）为公共产品的享用收益（R）减去付出的筹资筹劳费用（C），即 $\pi_1=R-C$；若村民的行动策略为不参加筹资筹劳，则获得的收益为 0。因此，只有当村民获得收益大于 0 的时候，村民才会选择参加“一事一议”筹资筹劳。

对于村干部而言，既参加“一事一议”筹资筹劳阶段的博弈，又参加一事一议财政奖补阶段的博弈，且前者先进行，后者后进行。即如果村民参加“一事一议”筹资筹劳，提供了村级公共产品，那么如果获得上级财政奖补 R_1 的概率为 P，则村干部获得的收益为 $\pi_2=R-C+P\times R_1$，相应的村民支付成本将降低，村民的收益为 $\pi_1=R-C+P\left(\frac{R_1}{n}\right)$：若未能获得上级财政奖补，则村干部的收益依然为 $\pi=R-C$。

综合来看，如果上级给予财政奖补，一方面会增加村干部和村民的收益，另一方面村干部增加的收益要大于村民的增加收益。因此，从理论上看，实施一事一议财政奖补制度会更加激励村干部组织开展“一事一议”筹资筹劳，选择村民急需的村级公共产品进行议事，相应地，也会提高村级公共产品的供给水平。那么，现实中获得一事一议财政奖补的村是否会提供更多的村级公共产品呢？后文将采用大规模调研数据对此进行经验验证。

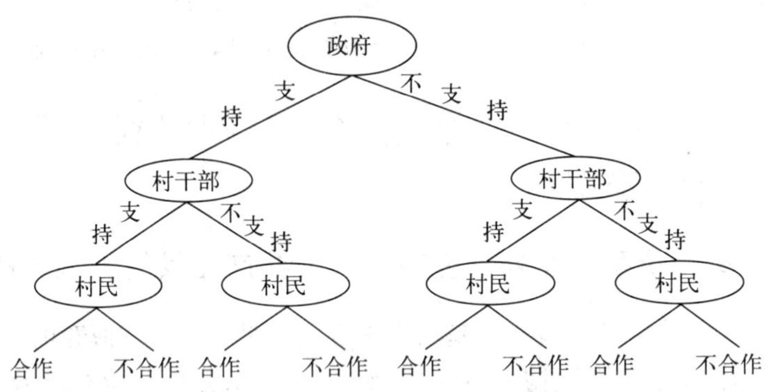

图 8-2 政府、村干部、村民三方“一事一议”财政奖补博弈

注：将村集体获得的财政奖补资金看作是村干部在第二阶段博弈的收益。

8.5.2 辽宁省财政奖补制度对村级公共产品供给影响的计量分析

(1) 计数模型选择

以因变量公共投资项目个数为计数数据（Count Data），对此类数据通常采用泊松分布或者负二项回归模型进行拟合。根据 Cameron 和 Trivedi（1998）提出的检验标准，利用加州大学 Elder 提供的 Stata 宏程序 nbvargr 可以把公共投资项目数的实际分布同时与泊松分布和负二项分布进行比较（图 8-3）。但公共投资项目数存在“零堆积”现象，对此，零堆积泊松回归模型（ZIP）和零堆积负二项回归模型（ZINB）均是较好的拟合模型。对于模型的选择需遵循以下思路：首先通过利用 nbvargr 宏程序检验是否存在过度分散现象，决定采用泊松回归还是负二项回归；其次通过对 ZIP 与泊松回归的 vuong 检验、ZINB 与负二项回归的 vuong 检验决定是否选择零堆积模型。

(2) 变量的选择

笔者根据样本村公共产品投资的特点，分别从村庄特征、农户特征和对村级公共产品的需求三个方面选取了影响公共产品投资项目数的指标变量。

村庄特征的影响。邻里关系的和谐程度是影响村内部“一事一议”筹资筹劳开展的重要因素，若邻里关系非常和谐，那么展开议事的成本将减少，否则由于村民之间的矛盾，会导致“有事难议”。“近三年村里是否有进行过村容改造”“生活用水来源是否为自来水”“是否有道路清洁人员”用来衡量村级公共产品现状，在村级公共产品较为完善的村庄，对再申请一事一议财政奖补的需求减少。

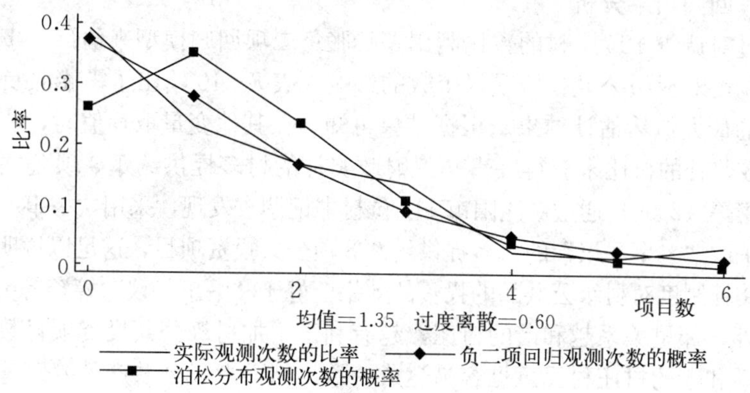

图 8-3　村级公共投资项目数的实际分布、泊松分布和负二项分布

农户特征的影响。农户人均纯收入对一事一议财政奖补的影响难以确定，这是因为农户收入较高对公共产品的需求也较高，但是公共产品的提供可能只有收入较高的农户享用，比如，修路后可能只有有车的家庭会享用到便利，从而导致承担相同成本的收入低的农户净收益也会减少，所以，平均每户农户纯收入对一事一议财政奖补的影响需要进一步地进行验证。

对村级公共产品的需求。笔者选择了“是否有必要建设下水道”来衡量村级公共产品的主观需求，用“户数”衡量村级公共产品的客观需求。其中，根据目前村庄缺少公共下水设施的现状，如果村干部认为有必要建设下水道，则表明该村干部具有较强的为村庄提供公共产品的意愿；而村庄的户数越多，相应地对村级公共产品的客观需求就越强烈。

(3) 变量的定义

表 8-9　模型中的自变量说明

变量名称	变量定义
邻里关系	1=一般；0=其他
邻里关系	1=和谐；0=其他
近三年是否进行过村容改造	1=是；0=否
是否有建设下水道的必要	1=是；0=否
生活用水来源	1=自来水；0=其他
是否道路清洁人员	1=是；0=否
农户人均纯收入	连续型变量
户数相对数	连续型变量
是否获得一事一议财政奖补	1=是；0=否

(4) 回归结果分析

通过对调查 125 个村的数据利用零膨胀负二项回归模型来估计一事一议财政奖补制度对村级公共投资项目个数的影响。表 8-10 给出了零膨胀负二项回归模型的最大似然估计结果。根据结果可知，在其他变量取均值时，获得一事一议财政奖补的村比未获得一事一议财政奖补的村多提供约 1.3 项公共投资项目。周密等（2009）通过对沈阳市 118 位村书记调查发现，采用“一事一议”的村比未采取“一事一议”的村多提供约 0.8 项公共投资项目，这足以说明一事一议财政奖补制度对村级公共品的投资的效果会好于“一事一议”筹资筹劳制度。

此外，邻里关系越和谐的村庄，越有利于增加村级公共投资项目数。因为邻里关系和谐的村庄村民意见容易达成一致，从而形成公共产品筹资筹劳一致意愿，这样越可能申报一事一议财政奖补，同时越可能获得上级财政奖补资金。相反，邻里关系不和谐的村庄，村民意见很难达成一致，这将不利于村级公共投资项目数增加。

表 8-10　零膨胀负二项回归模型的回归结果

投资项目数	系数	标准差	边际效应
邻里关系和谐程度			
1=一般，0=其他	3.185 5***	0.942 9	1.679 7***
1=和谐，0=其他	3.241 4***	0.933 3	3.509 4***
近三年是否进行过村容改造	−0.429 1***	0.093 9	−0.475 4***
是否有必要建设下水道	0.538 1***	0.179 6	0.596 2***
生活用水来源	0.281 1*	0.163 1	0.311 4*
是否具有道路清洁人员	0.851 0**	0.386 4	0.942 9**
对数农户人均纯收入（元）	−0.003 5	0.002 5	−0.003 9
户数的对数	0.064 8	0.134 6	0.071 8
是否获得过一事一议财政奖补	0.995 7***	0.181 8	1.290 1***
常数项	5.800 4***	1.702 4	

注：① ***、**、* 分别代表 1%，5%，10%的显著水平；②边际效应=dy/dx，即当其他变量取均值时，自变量单位变化所带来的因变量的变化，当自变量为虚拟变量时，是指从 0~1 的变化。

同时在控制变量中，村里是否进行过村容改造工作与村级公共投资项目数呈负相关（表 8-10，第 4 行第 4 列），这表明随着新农村的建设，村里进行过村容改造的，村级公共品可能已接近饱和，村民对村级公共品的需求量少；村里没有进行过村容改造的，村民对村级公共品的需求量大，进行村级公共产品投资的项目越多。

村干部认为有必要建设下水道的村，提供的公共投资项目数越多（表8-10，第5行第4列），这表明村干部提供公共产品的意识越强，越有可能提供更多的村级公共产品；同时，使用公共自来水的村，往往获得了一事一议财政奖补的资助（表8-10，第6行第4列），村民尝到了“一事一议”制度的甜头，也更愿意增加村级公共产品的投资；具有道路清洁人员的村，提供村级公共产品的项目数越多（表8-10，第7行第4列），这说明村级公共产品后期管护越完善，越有利于促进村级公共产品的供给。

但农户人均纯收入（表8-10，第8行第4列）和户数相对数（表8-10，第9行第4列）的影响并不显著。正如前文理论分析的结果显示，农户人均纯收入的影响并不显著，这既有可能存在收入高的村能够出资提供更多的村级公共产品，也有可能收入高的村内部差距过大，导致议事难等，不利于村级公共产品的自愿供给。与以往较多研究的结论不一致的是，户数对村级公共产品提供的项目数并无显著影响，这主要是因为目前村庄中外出务工人员较多，留在村中居住的人较少，导致该变量的影响并不显著。

村级公共品的投资是一个重复博弈的过程，获得过一事一议财政奖补资助的村更能够促进村级公共投资。例如调查时从与一名村书记交流过程中得知该村修路的时候开展过“一事一议”筹资筹劳的活动，且顺利完成村内道路建设，但是最近在开展修建村内健身娱乐场所时，开始有一部分人非常不同意，认为村里投资没有必要。但由于前期修建村内道路时，获得了上级财政奖补资助，这次经过村委会的组织协调，村民最终勉强同意修建健身娱乐场所。健身娱乐场所修好后，很多村民闲暇时去健身锻炼，使得他们意识到修健身娱乐场所有助于他们身体健康。该村书记表示如果再对村里进行公共品投资一定不会困难了。因此，农村公共产品的投资与一事一议财政奖补制度两者实质上是一个动态博弈的过程。

8.6　辽宁省财政奖补制度影响的案例研究——以安波镇为例

安波镇位于大连普兰店市北部山区，距离普兰店市区75公里，距大连市中心150公里，东靠碧流河，西靠复州河。全镇总面积305.84平方公里，总户数12 570户，总人口41 548人。安波镇旅游资源丰富，随着旅游产业的兴起、壮大，加快农业结构调整，突出发展设施农业、观光农业和生态农业，推进了新农村的建设。

笔者到达安波镇进行问卷调查，通过和村干部进行访谈，更能直观地了解目前一事一议财政奖补制度实施情况，以及村民当前最急需的村级公共产品。通过案例分析，更能反映出一事一议财政奖补制度对村级公共产品供给的影响。

8.6.1 安波镇财政奖补制度的实施背景

自 2006 年 1 月 1 日起，实施“一事一议”筹资筹劳的活动，该活动有效地减轻了安波镇村民的经济负担，但制度规定了筹资的限额，很难满足村级公益事业的建设，使“一事一议”筹资筹劳活动陷入了“三难”的困境：“事难议”“议难决”“决难行”。2008 年开始，国家提出一事一议财政奖补制度，并有选择性地开展一事一议财政奖补试点工作。2009 年继续扩大试点范围，辽宁省有三个地区进行试点。2010 年进一步扩大试点范围，安波镇有些村开始实施一事一议财政奖补制度。2011 年安波镇全面实施一事一议财政奖补制度，该制度成为安波镇村级公共产品供给建设资金的重要来源渠道。

8.6.2 安波镇财政奖补制度实施概况

2010 年起，一事一议财政奖补制度在安波镇安波社区、太阳村、俭汤村、郑屯村开始试点实施。2011 年，一事一议财政奖补制度普遍实施，涉及七道房村、转山村、金鸡村、米屯村、德胜村等。

(1) 项目实施范围及涉及人口情况

根据统计调查得知，自 2012 年起安波镇实施一事一议财政奖补制度以来，镇政府财政共筹集资金和兑现一事一议财政奖补资金 85.68 万元，同时带动村民和社会投入资金 305 万元。截至 2014 年年底，安波镇实施一事一议财政奖补项目总共 2 200 多个，覆盖了 6 个行政村，占安波镇行政村总数的 75%。硬化村内道路近 8 万公里，修建净水厂、污水处理厂各 1 个，绿化与美化村内环境 230 万平方米，兴建村内健身和文化活动场所 9 534 平方米，文化室、阅览室 60 多个，累计 31 161 村民直接受益，改善了农村生产生活条件，务实了农村经济发展基础，提高了村民生活质量。

表 8-11 实施范围及涉及人口情况

项　目	2012 年	2013 年	2014 年	累　计
实施行政村数（个）	1	2	3	6
占安波镇行政村数的比重（%）	12.5	25	37.5	75
涉及人口（人）	8 238.56	10 346.44	12 576	31 161
占安波镇总村人口的比重（%）	19.83	24.9	30.27	75

数据来源：安波镇政府资料。

根据表 8-11 可以看出，财政奖补制度实施的范围逐年扩大，同时受益范围也在逐渐扩大。截至 2014 年年底，财政奖补制度实施行政村数达到 6 个，占安波镇行政村数 75%，受益人口 31 161 人，占安波镇总人口的 75%。

（2）一事一议财政奖补的支出情况

根据表 8-12 可知，2012 年、2013 年、2014 年用于村级公共产品建设的投资总额为 1 070 858 元、1 136 051 元、1 532 659 元，可以看出，财政奖补的支出规模逐渐扩大，从 2012 年占项目总额的 20.04%到 2013 年的 21.83%，再增加到 2014 年的 25.72%，同时财政奖补资金的同比增长率也由 2013 年的 15.56%上升到 2014 年的 58.95%，这足以说明国家各级财政对村级公益事业建设不断加大资金投入。

表 8-12　一事一议财政奖补支出情况

项　　目	2012 年	2013 年	2014 年	累　　计
财政奖补（元）	214 600	248 000	394 200	856 800
增加值变化（%）		15.56	58.95	
项目资金总投入（元）	1 070 858	1 136 051	1 532 659	3 739 568
奖补占比（%）	20.04	21.83	25.72	22.91

数据来源：安波镇政府资料。

8.6.3　安波镇财政奖补制度对村级公共产品供给的影响

2009 年以前，安波镇村级公共产品供给严重短缺，一直阻碍着农村综合改革项目工作的开展。自 2010 年安波镇有些地区实施一事一议财政奖补制度以来，村级公共产品供给有了明显提高，但有些经济基础比较薄弱的地区，农民人均纯收入比较低，获得财政奖补资金有限，村级公益事业建设开展工作很难进行。2011 年起，安波镇普遍实施一事一议财政奖补取得了一定的成效。2012—2014 年，安波镇村级公共产品项目变化情况见表 8-13。

表 8-13　2012—2014 年安波镇公共产品项目情况

单位：项

项　　目	2012 年	2013 年	2014 年
农村道路修建	202	185	142
农田水利设施	95	108	36
娱乐文化设施	25	9	44
生活用水（比如修建自来水）	13	45	105

（续）

项　　目	2012 年	2013 年	2014 年
路灯等电力设施	45	86	174
村内排水设施	36	67	94
植树造林	146	118	83
修建小学和幼儿园	1	2	4
环境卫生方面	53	112	195
村容整洁	9	18	38
修建诊所	0	2	3
修建村级养老院	0	1	2
实际完工数	625	753	920

数据来源：安波镇政府资料。

从实践上看，一事一议财政奖补制度在具体实施过程中，对于村级基础设施的改善，起到了积极的作用，促进了村级公共产品的供给。从表 8－13 中可以看出，安波镇 2012—2014 年三年期间，公共产品由 625 项增加到 753 项又增加到 920 项，仅仅新建与补建农村道路就达到 529 条，2012 年有 13 个村庄修建自来水，截至 2014 年，村庄使用自来水已经普及，2012 年修建 1 个小学和幼儿园，随着财政奖补的申请与获得，2014 年修建 4 个小学和幼儿园，方便了村庄孩子上学。

因此，一事一议财政奖补制度促进了村级公共产品的供给，改变了村内基础设施建设，美化了村内环境，改善了村民整体生活环境。

8.7 研究结论与政策建议

8.7.1 研究结论

基于辽宁省 125 个村的调查数据分析，得出以下三点结论。

（1）一事一议财政奖补制度具有明显的影响效果

一事一议财政奖补制度的实施，有效促进了“一事一议”筹资筹劳活动的深入开展，在最近三年，获得一事一议财政奖补的村比未获得一事一议财政奖补的村增加的村级公共产品项目多 1.3 项。

（2）邻里关系越和谐越能够促进村级公共产品供给

村里邻里关系和谐程度与促进村级公共产品供给具有显著的正向影响。邻里关系越和谐的村越能够增加村级公共产品供给，邻里关系的和谐程度是影响村内部“一事一议”筹资筹劳开展的重要因素。若邻里关系非常和谐，展开议事的成本就减少，议事将会很顺利进行；相反，如果邻里关系不和谐，村民之间的矛盾会比较大，将导致“有事难议”的局面，不利于议事的顺利进行。

（3）一事一议财政奖补制度实施取决于村干部的意识

村干部既是一事一议财政奖补制度的具体实施者，同时又是村民的利益和需求的代表。村干部的意识与态度直接影响着一事一议财政奖补制度的落实情况。研究表明，村干部提供公共产品的意识越强，提供的村级公共产品项目数越多。

8.7.2　政策建议

基于以上研究结论，为实现一事一议财政奖补村级公共产品的有效供给，提出以下三点建议。

（1）加大财政奖补制度的宣传力度与财政资金投入

政府应借助各种媒体媒介，如电视、互联网、报纸等，宣传一事一议财政奖补制度，提高一事一议财政奖补制度的认知度，争取能够保证每个村民都充分了解当前村级公共产品重要的资金来源——一事一议财政奖补制度。充分调动政府和村民参与“一事一议”筹资筹劳的活动和建设村级公益事业建设的积极性，使村民充分体会到国家提出“一事一议”筹资筹劳的活动是为了新农村建设、农业发展和农民增收而开展的。

同时，还要加大政府财政资金投入。从开始“一事一议”筹资筹劳的制度安排，到一事一议财政奖补的试点与普遍推广，都足以说明中央政府认识到财政支持对村级公共产品供给的重要作用。同时，财政资金的投入与支持，还能够激发地方政府和村集体工作的积极性，促进村民为村级公共产品供给积极捐款。实践调查表明，一些地区只要有财政资金支持，就能够迅速调动农民参与议事的积极性，起到了很好的引导作用。与此同时，对于一些经济不发达地区的农村，村集体和村民自己筹资部分仅仅占很小的比重，特别需要政府财政资金的大力支持。

（2）建设和谐村庄，构建和谐邻里关系

通过建设村民和谐的村庄，构建和谐的邻里关系，调动村民参与“一事一议”筹资筹劳的积极性，让村民真正参与到一事一议财政奖补制度实施中来。村民既是村级公共产品的需求者，同时也是村级公益事业建设的直接受益者，必须让他们在制度实施的过程中充分认识到村级公共产品供给与自身利益有着直接的关系，提高村民参与的热情和积极性。

(3) 强化激励机制与公开机制，加强村干部教育培训

应进一步调动各方政府与村民共同参与的积极性，在政府给予财政奖补时，防止“搭便车”现象的发生，一定要建立一个有效的激励机制和严格的约束机制。对一些为村级公益事业建设无偿投资的村干部和村民给予物质上和精神上的奖励。同时，对一些村干部的不作为及“搭便车”行为进行惩罚。体现出一事一议财政奖补制度的公平性，提高每个村民的积极性，促进该制度的进一步实施。

还要建立与完善村务公开机制。只要是涉及与村民有直接利益相关的事情，如村里的财务收入和支出情况、村级公益事业建设财政奖补情况以及农村各项补贴福利发放等，村干部都应该找个合适的地点、采用适当的形式定期向村民公布情况，接受群众的监督与检查。同时，还要加强村干部的教育培训，提高村干部的文化素质，组织村民积极参与国家的各项政策落实，引领村民选择更适宜的公共产品项目。

第九章　农户对一事一议财政奖补制度满意度的影响因素分析

9.1　绪论

9.1.1　研究背景

从国际经验看，当国民经济发展到一定阶段以后，随着城市化进程的推进，为了进一步保障欠发达地区公共产品的有效供给，政府应当对这些地区公共产品的供给予以补贴（Ramón López 等，2007）。随着城镇化进程的加快，中国亦采取了工业反哺农业的政策，2008 年在黑龙江、河北、云南三省率先实施并于 2011 年在全国范围内推广实施的一事一议财政奖补制度便是其中的一项重要制度创新，该制度旨在解决农民自己筹资筹劳中存在的资金不足、缺乏议事激励等问题。作为一事一议财政奖补制度的受益者——农民，他们对该制度评价如何，是评估制度绩效的重要方面。加强和完善农村公共产品供给制度，对于新农村建设、确保到 2020 年农村贫困人口实现脱贫、全面建成小康社会具有重要现实意义。

所谓村级公益事业建设一事一议财政奖补制度，是以推进社会主义新农村建设为目标，以农民自愿出资、出劳为基础，以政府奖补资金为引导，政府补助、部门扶持、社会捐赠、村组自筹和农民筹资筹劳相结合的村级公益事业建设投入新机制，以促进城乡统筹发展和农村社会进步。一事一议财政奖补范围主要包括以村民"一事一议"筹资筹劳为基础、目前支农资金没有覆盖的村内水渠（灌溉区支渠以下的斗渠、毛渠）、堰塘、桥涵、机电井、小型提灌或排灌站等小型水利设施，村内道路（行政村到自然村或居民点）和环卫设施、植树造林等村级公益事业建设，其实质是对农村社区公益事业建设实行"民办公助"。

辽宁省于 2009 年选取在本溪市本溪县、辽阳市灯塔市、朝阳市凌源市三地区率先开展一事一议财政奖补制度的试点工作，并规定政府对农民通过一事一议筹资筹劳开展村级公益事业建设项目，按照 1/3 的比例予以补助，所需补助资金由省、市财政各承担 50%。2010 年辽宁省被确定为全面开展村级公益事业建设一事一议财政奖补试点工作的省份，财政奖补比例提高到农民筹资筹劳（折资）总额的 50%。所需财政奖补资金省以上财政承担 70%，市、县财政承担30%；对15个辽宁省定点扶贫开发工作重点县，省以上财政的奖补比例提高到80%，市、县财政承担20%。

已有学者对一事一议财政奖补制度的实施效果进行了研究，形成具启发性的成果：一事一议财政奖补制度增加了村级公共产品建设的投入资金（曹海林，许庞，2014）、提高了农村公共产品供给水平和供给效率（黄维健，2009；Zhang and Zhou，2010）、提高了农村公共物品供给数量（周密，张广胜，2009）；但一事一议财政奖补制度在实施过程中也存在着村民参与意愿程度不一、建设规模受限、筹资筹劳不足、设施管护缺失、建设不平衡等问题（曹海林，许庞，2014）。一事一议财政奖补制度在辽宁省的实施绩效到底如何？对其作出评价，进而提出发展、完善对策，有利于加强和完善辽宁省农村公共产品供给制度。而农户作为一事一议财政奖补制度的主要参与者和受益者，其对制度的评价如何，是评估该制度绩效的重要方面。进一步研究农户对该制度满意度的影响因素，从而提出对制度的建设性建议，是推进一事一议财政奖补制度在辽宁省进一步发展的关键问题。

9.1.2 研究目的和意义

（1）研究目的

一事一议财政奖补制度已发展成为具有中国特色的村级公共产品供给制度，是村级公共产品供给方式的重大制度创新。本章将利用辽宁省15县135村1 043个农户的调查数据，深入研究农户对一事一议财政奖补制度的满意度，并具体找出农户对其满意度的影响因素，从而根据研究结果对辽宁省一事一议财政奖补制度的发展提出建设性的意见，以更好地加强和完善辽宁省农村公共产品供给制度。

（2）研究意义

本章的预期结果具有多方面重大的现实意义。一是，通过描述性统计揭示辽宁省农户对一事一议财政奖补制度的整体满意度以及各类村级公共产品的供需现状，本研究将有助于提高辽宁省农村公共产品供给的有效性；二是，通过定量分析揭示农户对一事一议财政奖补制度满意度的影响因素及各因素的具体作用机制，本研究将有助于深入探讨辽宁省一事一议财政奖补制度建设问题，以寻求我国村级公益事业建设的有效途径。三是，本研究在分析农户对一事一议财政奖补制度满意度影响因素的基础上，提出完善一事一议财政奖补制度的政策建议，有利于今后政策实施的改进与优化，对加强和完善农村公共产品供给制度，以及新农村建设、确保到2020年农村贫困人口实现脱贫、全面建成小康社会具有重要现实意义。

9.1.3　研究方案

（1）研究目标

本章研究总的目标是利用辽宁省 15 县 135 村 1 043 个农户的调查数据，为探索提高农户对辽宁省一事一议财政奖补制度的满意度、稳步推进一事一议财政奖补制度在辽宁省的发展、加强和完善辽宁省农村公共产品供给制度建设等相关的政策制定提供科学的决策参考依据。这包括如下四个具体目标：①通过数据的描述性统计分析，揭示辽宁省农户对一事一议财政奖补制度的整体满意度；②运用两阶段排序选择模型，实证分析农户对一事一议财政奖补制度满意度的影响因素；③通过路径分析法，揭示各因素对农户满意度直接影响和间接影响的作用机制；④根据主要研究结论，提出完善一事一议财政奖补制度的政策建议。

（2）研究内容

本章拟利用辽宁省 15 县 135 村 1 043 个农户的调查数据，深入研究农户对一事一议财政奖补制度的满意度，并具体找出农户对其满意度的影响因素。主要研究内容如下：

研究内容一：辽宁省农户对一事一议财政奖补制度的满意度现状。作为一事一议财政奖补制度的主要受益者——农民，他们对该制度的评价如何，是评估该制度绩效的重要方面。农户对一事一议财政奖补的满意度也是本研究关注的中心变量，该问题在调查问卷中为五分类变量，处理采用打分的方法赋值，共分为五个等级，即“很好”＝5，“较好”＝4，“一般”＝3，“较差”＝2，“很差”＝1，数值越大代表满意程度越高。通过对数据的处理得出辽宁省农户对一事一议财政奖补制度的满意度现状，为进一步的研究奠定基础。

研究内容二：农户对一事一议财政奖补制度满意度的影响因素分析。农户作为一事一议财政奖补制度的主要参与者和受益者，其对制度的评价如何，是评估该制度绩效的重要方面。进一步研究农户对该制度的影响因素，从而提出制度的建设性建议，是推进一事一议财政奖补制度在辽宁省进一步发展的关键问题。本部分拟运用两阶段排序选择模型，实证分析农户对一事一议财政奖补制度满意度的影响因素。

研究内容三：农户对一事一议财政奖补制度满意度影响因素作用机制的经验分析。一事一议财政奖补制度的实施旨在增加村级公共产品的供给，达到满足农户对村级公共产品的需求，从而提高农户对该制度的满意度。然而，在一事一议财政奖补制度满意度的影响因素中，有些初始变量直接影响农户的满意度，比如农户对村庄民主管理现状的评价会直接影响农户对一事一议财政奖补制度满意度的评价，然而，有些初始变量则需要通过中间变量发挥作用，比如以农业生产为主的农户更关注生产性公共产品的供给，因此这类农户的满意度会通过中间变量（生产性公共产品的供给）发挥作用。本部分内容拟采用路径分析法，揭示各因素对一事一议财政奖补制度农户满意度的影响机制。

研究内容四：促进辽宁省一事一议财政奖补制度发展的政策建议。根据影响因素及作用机制的研究结果得出结论，进而提出提高农户对一事一议财政奖补制度满意度的政策建议，以促进辽宁省村级公共产品的供给，提高农村公共产品供给效率。

(3) 研究方法

本章将利用辽宁省 15 县 135 村 1 043 个农户的调查数据，实证分析农户对一事一议财政奖补制度满意度的影响因素，根据结论提出一事一议财政奖补制度发展的政策建议，以促进辽宁省村级公共产品的供给，提高农村公共产品供给效率。拟运用的方法主要有：

方法一：描述性统计分析法（主要针对研究内容一）。为深入了解辽宁省农户对一事一议财政奖补制度的满意度现状，本章研究拟使用沈阳农业大学经济管理学院“辽宁省新农村建设百村千户”项目调研数据，该项目于 2015 年 7—9 月对辽宁省农村基本情况进行了大规模抽样调查，包括村级调查及农户调查。调查样本覆盖辽宁省东部、西部、南部、北部和中部的 15 个县、45 个乡镇、135 个村、1 215 户农户。其中，农户问卷涵盖受访者基本特征、农户家庭特征，受访者对村级公共产品满意度、对一事一议制度满意度等有效信息。调查回收有效农户问卷 1 043 份，有效率 85.85%。被调查村庄和农户的分布广泛且有较好代表性，涵盖了辽宁省的各种类型的县（市），因此，该调查能够比较全面、客观地反映农户对辽宁省一事一议财政奖补制度的满意度。拟利用 SPSS 对数据进行处理，运用描述性统计分析方法从受访者个体特征、家庭特征、村庄特征和农户对一事一议财政奖补满意度四方面描述调查样本村庄和农户的基本情况。

方法二：二阶段回归模型分析法（针对研究内容二）。首先探究影响农户对一事一议财政奖补制度满意度的影响因素。由于被解释变量“农户对一事一议财政奖补制度的满意度”是一个五项有序选择变量，因此拟采用排序选择模型进行回归。但是，在分析农户对一事一议财政奖补制度满意度的影响因素过程中，仍不能忽视农户在“是否参与一事一议筹资筹劳”上存在的自选择问题，即村集体即便开展了一事一议筹资筹劳，仍存在未参与一事一议筹资筹劳的样本。这意味着，农户自身对一事一议筹资筹劳制度的认知差异会造成农户参与一事一议筹资筹劳行为存在选择差异，这种农户自选择行为会导致农户对一事一议财政奖补制度的满意度评价存在偏差。基于上述考虑，借鉴陈珣等

(2014) 处理计数模型样本自选择问题的思路，本部分拟采用两阶段回归模型以解决样本自选择问题。

方法三：路径分析法（针对研究内容三）。周密、张广胜（2010）将村级公共产品划分为生产性公共产品和生活性公共产品，认为“一事一议”制度不仅对生产性公共投资具有显著影响，更对生活性公共产品供给方面影响显著，且生活性公共产品供给和生产性公共产品供给在影响农户对一事一议财政奖补制度满意度的作用机制上存在差异。因此，本研究拟将受访者个体特征、农户家庭特征和村庄特征等因素作为初始变量，将生产性公共产品供给和生活性公共产品供给作为中间变量，通过路径分析法，揭示各因素对一事一议财政奖补制度农户满意度的作用机制，同时验证上述两阶段分析法的估计结果。

9.1.4　技术路线

本章的技术路线如图 9-1 所示。

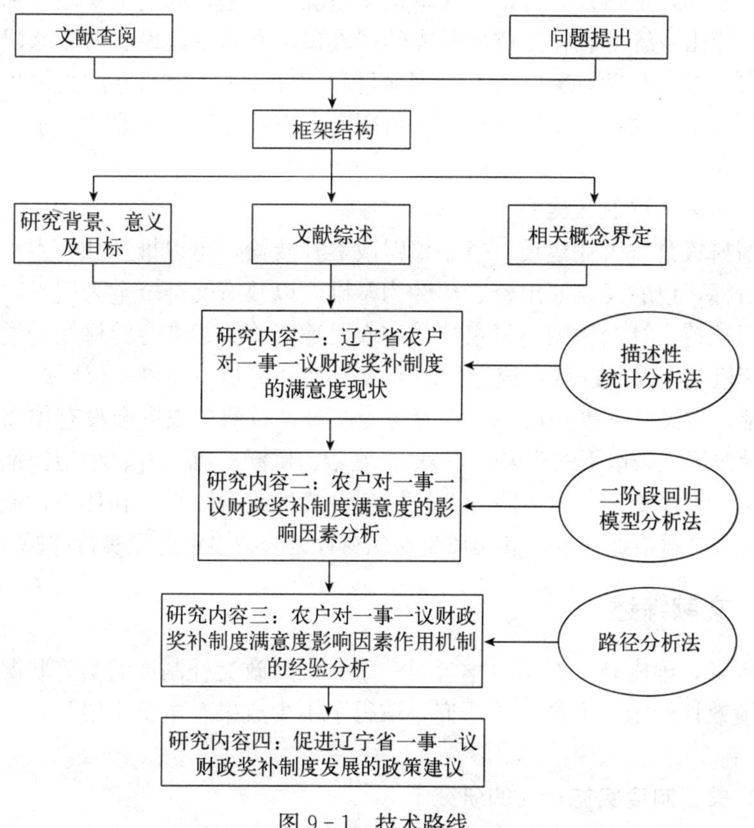

图 9-1　技术路线

9.2 相关概念界定及文献综述

9.2.1 相关概念界定

(1) 村级公共产品

村级公共产品主要是指仅供应本村村民使用的对农业生产和农民生活水平提高有积极作用的公共品。按照村级公共品的使用功能（即最终用途），可分为生产性村级公共品和生活性村级公共品两大类。其中，生产性村级公共产品主要指道路、桥梁、农田水利设施建设等公共产品，生活性村级公共产品主要指村民生活密切相关的村内自来水、村民饮水情况、村内公共厕所、生活垃圾回收和处理方式、生活污水处理方式、村内医院诊所，村内学校养老院的建设和村内修建健身娱乐广场、阅览室等。

(2) 一事一议

一事一议，是指在农村税费改革这项系统工程中，取消了乡统筹和改革村提留后，原由乡统筹和村提留中开支的“农田水利基本建设、道路修建、植树造林、农业综合开发有关的土地治理项目和村民认为需要兴办的集体生产生活等其他公益事业项目”所需资金，不再固定向农民收取，采取“一事一议”的筹集办法。

(3) 一事一议财政奖补

所谓村级公益事业建设一事一议财政奖补政策，是以推进社会主义新农村建设为目标，以农民自愿出资、出劳为基础，以政府奖补资金为引导，政府补助、部门扶持、社会捐赠、村组自筹和农民筹资筹劳相结合的村级公益事业建设投入新机制，以促进城乡统筹发展和农村社会进步。一事一议财政奖补范围主要包括以村民“一事一议”筹资筹劳为基础、目前支农资金没有覆盖的村内水渠（灌溉区支渠以下的斗渠、毛渠）、堰塘、桥涵、机电井、小型提灌或排灌站等小型水利设施，村内道路（行政村到自然村或居民点）和环卫设施、植树造林等村级公益事业建设，其实质是对农村社区公益事业建设实行“民办公助”。

9.2.2 文献综述

近年来，国内外已有不少学者对一事一议财政奖补制度的实施状况、实施效果及绩效评价等方面进行了研究，取得了不少成果。本章主要从以下三方面进行总结。

(1) 关于制度实施状况的研究

对于一事一议财政奖补制度的实施状况，已有研究主要集中在“发展过程、主要内容、区域比较”等三个方面。在发展过程上，一事一议制度主要实现了从“筹资筹劳”向“财政奖补”的转变（韩鹏云，刘祖云，2011）。在一事一议财政奖补的主要内容即“奖补范围、奖补标准、奖补程序”上，认为一事一议财政奖补的奖补范围是村内公益事业，奖补标准是采取补助与奖励相结合的方式，奖补程序包括资金的申报、审批、拨付和使用等阶段（周志敏，2011）。在区域比较上，安谨瑾、岳书铭（2011）以内蒙古、湖南等十省份的试点办法为分析对象，围绕“试点对象范围、奖补范围、项目申报立项及实施方式、对财政试点的监督检查”等方面进行比较，认为一事一议财政奖补在试点对象上分为“重点型、普惠型、普惠与重点相结合型”三类。

（2）关于制度实施效果的研究

实践证明，一事一议财政奖补制度是解决村级公益事业发展的有效途径，对于一事一议财政奖补实施所产生的成效，已有研究主要从历史定位、制度创新、实践成效等方面予以分析。首先，促进了农村基础设施建设，改善了农村生活条件。相关研究发现，一事一议财政奖补项目的实施有力推动了农村村容村貌和人居环境的改善，显著提高了农村基础设施和公益事业水平，使农民的观念和生活习惯发生了翻天覆地的变化，一事一议财政奖补政策真正成为一项“重民意、惠民生”的民心工程（罗敏，2012）。陈杰等（2013）的研究结论也与此相吻合。其次，为农民参与社区公共管理和服务提供了契机，促进了村民自治和基层民主的发展。一事一议财政奖补制度的实施，不仅为村级组织公益事业建设提供了激励，也为村民共同参与和民主管理提供了激励（项继权，李晓鹏，2014）。最后，促进了城乡公共服务均等化，推进了城乡统筹协调发展。一事一议财政奖补制度是落实工业反哺农业、城市支持农村和“多予少取放活”方针的重要切入点，实行一事一议财政奖补有利于扩大公共财政在农村的覆盖面，促进城乡协调发展（王安才，2009）；由于村内道路、水利设施、环境卫生和公共绿化都纳入了政府补助范围，并与其他支农政策相衔接，对逐步实现城乡公共服务、城乡统筹创造了有力积淀。

（3）关于制度绩效评价的研究

村级公益事业建设一事一议财政奖补制度逐渐成为中国提高村级公共产品供给水平和供给效率的主要推动力，该项制度在实施中绩效到底如何以及哪些因素影响着实施绩效也逐渐进入学术界的研究范畴。彭长生（2012）通过对安徽省401个村干部的问卷调查和部分访谈，对一事一议财政奖补制度运行绩效及评价研究发现，一事一议活动的开展依然较少，农民政治参与的力度和热情高于集体公益事业，对建设公共产品虽能达成一致意见但筹资筹劳困难。陈杰等（2013）同样对福建省400余位村干部展开调查，从一事一议村民会议开展情况、一事一议公共品供需状况及制度执行的影响因素三大方面展开研究，认为村民对财政奖补制度的实施满意度整体较高，并且村干部个人因素、村民对筹资筹劳的接受能力以及政府的资金奖补是影响一事一议制度成功执行的最重要因素。许庞、曹海林（2014）运用主成分分析法对“一事一议”财政奖补政策实施的农户满意度的研究表明，农户对政策的内容设计、宣传活动及参与情况满意度较高；项目施工与资金使用对农户满意度的影响较小且农户满意度较低；基础设施建设及管护对农户的政策满意度影响较大，且农户对其满意度较低。何文盛等（2015）运用群组层次分析法，认为村民满意度、宣传培训、工程质量、项目实施和工作机制是评价村级公益事业建设一事一议财政奖补制度绩效最重要的指标。余丽燕（2015）从村民、村“两委”以及政府的角度进行实证分析，研究发现村集体投入和上级财政奖补对一事一议村级公共产品供给具有显著的正向作用，而村庄规模对其具有显著的负向作用。此外，陈硕、朱琳（2015）基于2005年中国综合社会调查数据并结合广义空间两阶段回归方法，发现该制度是否能成功实施显著地受到地区差异的影响。就目前的研究来看，对一事一议财政奖补制度农户满意度及其影响因素的研究比较匮乏，尤其是缺少制度的受益者——农户的直接反映。

(4) 文献评述

相关学者对一事一议财政奖补制度已取得的成效以及影响因素进行了较多分析，但与此同时，关于一事一议制度的研究还可以进一步拓展和深化。在研究方法上，已有文献以定性分析为主、定量研究较少，且所开展调查以村干部为主，缺乏制度的直接受益者——村民的直接反应，因此在后续研究中可结合已有研究从其具体影响因素入手，展开调研分析，从而以定性和定量相结合的方式展开研究论述，在调查对象的选择上可采取村干部和村民相结合，而不是目前单纯对村干部的调研。而本章正是在已有理论的研究基础上，利用辽宁省15县135村1 043个农户的调查数据，运用两阶段排序选择模型，实证分析农户对一事一议财政奖补制度满意度的影响因素，并进一步通过路径分析法揭示各因素对农户满意度直接影响和间接影响的作用机制，进而提出完善一事一议财政奖补制度的政策建议。

9.3 数据来源及描述性统计

9.3.1 数据来源

本章研究所用数据来自于沈阳农业大学经济管理学院“辽宁省新农村建设百村千户”项目调研数据，该项目于2015年7—9月对辽宁省农村基本情况进行了大规模抽样调查，包括村级调查及农户调查。样本的选取过程采用了分层抽样和随机抽样相结合的方法。首先，将辽宁省划分为辽东、辽西、辽南、辽北、辽中 5 个区域；然后，在各区域根据经济发展程度的差异分别抽取富裕、中等、贫困各 1 个县，在每个县根据经济发展程度的差异分别抽取富裕、中等、贫困各 1 个乡，在每个乡再根据经济发展程度差异分别抽取富裕、中等、贫困各 1 个村；最后，按照人均纯收入水平将所有农户等分为 3 组“富裕、中等、贫困”，各组中随机抽取 3 个农户。共调查了 15 个县、45 个乡镇、135 个村、1 215 户农户（调查区域如图 9-2 所示）。本章主要运用农户调查问卷数据进行分析，涵盖受访者基本特征、农户家庭特征，受访者对村级公共产品满意度、对一事一议制度满意度等有效信息。调查回收有效农户问卷 1 043 份，有效率 85.85%。

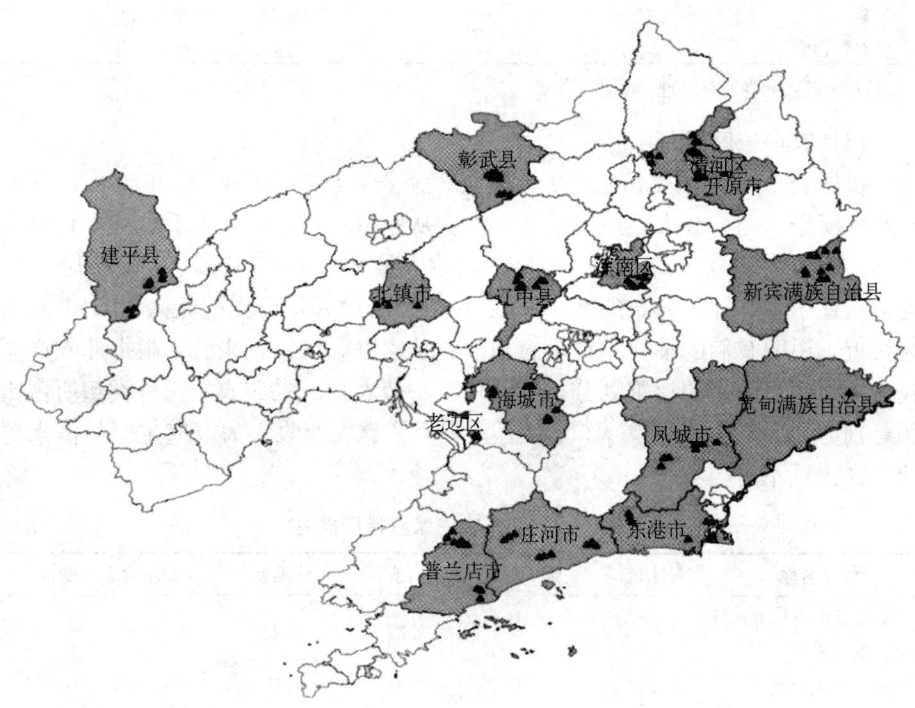

图 9-2　样本村的分布

注：阴影区域为调查农户所在的县或县级市；三角表示调查农户所在的村。

被调查村庄中，近三年有 76 个村进行过一事一议筹资筹劳活动，占调查总量的 56.3%。由于其余样本农户所在村近三年没有施行该活动，也即没有获得财政奖补，因此其不存在对制度的满意度。根据村级问卷中“近三年，本村是否获得过一事一议财政奖补”，去除了未获得过一事一议财政奖补的村庄对应的农户，实际分析数据 787 份。

9.3.2 描述性统计分析

(1) 受访者个体特征

受访者个体特征情况如表 9-1 所示。于项目要求农户问卷对户主进行调查，所以受访者性别以男性为主，占到样本总量的 95.4%。受访者年龄最小 26 岁，最大 81 岁，平均年龄 56 岁。平均受教育年限为 8.2 年，其中最高受正规教育年限为 16 年，最小受教育年限为 0 年，即从未接受过学校正规教育。

表 9-1 受访者个体特征描述

变量名称	最小值	最大值	均值	标准差	变量含义及赋值
性别	0	1	0.95	0.21	男=1，女=0
年龄	26	81	56.07	10.18	单位（岁）
受教育程度	0	16	8.25	2.63	单位（年）

数据来源：问卷调查整理。

(2) 农户家庭特征

根据表 9-2，从受访农户的家庭规模来看，样本平均值为 3.36 人，其中家庭规模最大的有 8 人，最小的有 1 人。从家庭人均纯收入来看，样本村家庭人均纯收入均值为 12 555 元，家庭人均收入最高为 40 000 元，最低为 140 元，均值与辽宁省统计局公布的 2014 年农村常住居民人均可支配收入 11 191 元较为接近，说明我们的抽样是科学合理的。从家庭收入结构来看，根据非农产业收入占家庭总收入的比重划分，纯农户、一兼农户、二兼农户三种类型所占比例分别为 27.4%、22.2%、50.4%[①]，表明依靠农业收入为家庭主要经济来源的农户比重不足 30%。

表 9-2 受访农户家庭特征描述

变量名称	最小值	最大值	均值	标准差	变量含义及赋值
农业支出占家庭总支出的比重	0	1	0.27	0.24	单位（%）
家庭总人口数	1	8	3.36	1.20	单位（人）
家庭人均纯收入	140	40 000	12 555	8 643	单位（元）
家庭类型	1	3	2.23	0.85	纯农户=1，一兼农户=2，二兼农户=3

数据来源：问卷调查整理。

① 借鉴张忠明、钱文荣（2014）的做法，本研究对农户类型的划分使用非农产业收入占家庭总收入的比重，比重小于 10%的农户为纯农户，比重在 10%～50%的农户为一兼农户，比重超过 50%的农户为二兼农户。

(3) 样本村庄特征

从表9-3可知，村庄总人口数均值为2 421人，且从村健身休闲场所的现状评价、村邻里关系的和谐现状评价、村街道的修建现状评价、村集体民主管理现状评价、道路和农田水利现状评价上看，认为“较好”或“很好”的农户比例分别为58.4%、91.7%、72.3%、83.4%、66.2%，认为“一般”或“差”的农户比例分别为41.6%、8.3%、17.7%、16.6%、33.8%，此外，有74%的村庄进行过村容改造工作。

表9-3　样本村庄特征描述

变量名称	最小值	最大值	均值	标准差	变量含义及赋值
村庄总人口数	178	14 710	2 421	1 878	单位（人）
村健身休闲场所的现状评价	1	5	3.66	1.10	1～5分，由差到好
村邻里关系的和谐现状评价	1	5	4.37	0.66	1～5分，由差到好
村街道的修建现状评价	1	5	3.79	1.17	1～5分，由差到好
村集体民主管理现状评价	1	5	4.14	0.88	1～5分，由差到好
道路和农田水利现状评价	1	5	3.62	1.26	1～5分，由差到好
是否进行过村容改造	1	2	1.74	0.44	否=1，是=2

数据来源：问卷调查整理。

(4) 农户对一事一议财政奖补的满意度

农户对一事一议财政奖补制度的满意度是本研究关注的中心变量，该问题在问卷中为五分类变量，处理采用打分的方法赋值，共分五个等级，即“很好”=5，“较好”=4，“一般”=3，“较差”=2，“很差”=1，数值越大代表满意程度越高。总体来看，认为很好或较好的农户达到84.8%（图9-3），这说明农户对一事一议财政奖补制度的满意度较高。

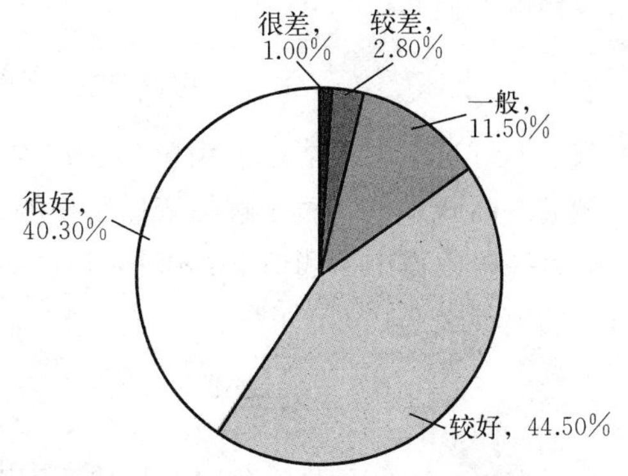

图9-3　农户对一事一议财政奖补制度的满意度描述

9.4 农户对一事一议财政奖补制度满意度的影响因素分析

9.4.1 模型设定

本章首先探究影响农户对一事一议财政奖补制度满意度的影响因素。由于被解释变量“农户对一事一议财政奖补制度的满意度”是一个五项有序选择变量，因此采用排序选择模型进行回归。但是，在分析农户对一事一议财政奖补制度满意度的影响因素过程中，仍不能忽视农户在“是否参与一事一议筹资筹劳”上存在的自选择问题，即村集体即便开展了一事一议筹资筹劳，仍存在未参与一事一议筹资筹劳的样本。这意味着，农户自身对一事一议筹资筹劳制度的认知差异会造成农户参与一事一议筹资筹劳行为存在选择差异，这种农户自选择行为会导致农户对一事一议财政奖补制度的满意度评价存在偏差。

基于上述考虑，借鉴陈珣等（2014）处理计数模型样本自选择问题的思路，本部分亦采用二阶段回归模型以解决样本自选择问题。第一阶段筛选出所在村开展并参加一事一议财政奖补活动的农户，选用 Logit 模型对“是否参加过一事一议财政奖补活动”进行回归，记 $p=P(Z=1 \mid X)$，则 $1-p=P(Z=0 \mid X)$。“$Z=1$”表示参加过一事一议财政奖补活动，而“$Z=0$”表示从未参加过一事一议财政奖补活动。

由于 $p=\frac{\exp(X'\beta)}{1+\exp(X'\beta)}$，$1-p=\frac{1}{1+\exp(X'\beta)}$，故 $\frac{p}{1-p}=\exp(X'\beta)$

得到模型的表达式为：

$$\ln\left(\frac{p}{1-p}\right)=X'\beta \tag{9-1}$$

式（9-1）中，X' 表示一组影响农户参与意愿的解释变量和控制变量，β 表示相应的回归系数，表示解释变量对被解释变量的影响方向和程度。

由第一阶段得出预测值 Zhat 代入第二阶段的排序选择模型进行回归。第二阶段的模型表达式如下：

$$\ln\left[\frac{p(y\leqslant j)}{1-p(y\leqslant j)}\right]=\alpha_j+\sum_{i=1}^{n}\beta_i X_i \tag{9-2}$$

式（9-2）中，$j=1, 2, 3, 4, 5$，表示农户满意程度的 5 个等级；y 为农户对一事一议财政奖补的满意程度；X_i 为影响农户满意程度的变量；α_j 为截距参数；β_i 为回归系数，表示解释变量对被解释变量的影响方向与程度。

9.4.2　变量设定

借鉴已有文献的研究结论，本章将受访者性别、年龄、受教育程度、农业支出占家庭总支出的比重、家庭总人口数、家庭人均纯收入、村健身休闲场所的现状评价、村邻里关系的和谐现状评价、村街道的修建现状评价、村集体民主管理现状评价等作为解释变量，对上文所述问题进行分析研究，变量的具体设定情况如表 9－4 所示。本章将上述影响一事一议财政奖补制度农户满意度的因素归纳为受访者特征、家庭特征、村庄特征三大类，主要解释变量如下：

表 9－4　模型中的变量说明

变量名		变量定义
财政奖补满意度	(Y)	很好＝5，较好＝4，一般＝3，较差＝2，很差＝1
参加财政奖补	(Z)	是＝1，否＝0
受访者个体特征		
性别	(X_1)	男＝1，女＝0
年龄	(X_2)	连续型变量
受教育程度	(X_3)	连续型变量
农户家庭特征		
农业支出占家庭总支出的比重	(X_4)	连续型变量
家庭总人口数	(X_5)	连续型变量
家庭人均纯收入	(X_6)	连续型变量
村庄特征		
村健身休闲场所的现状评价	(X_7)	很好＝5，较好＝4，一般＝3，较差＝2，很差＝1
村邻里关系的和谐现状评价	(X_8)	很好＝5，较好＝4，一般＝3，较差＝2，很差＝1
村街道的修建现状评价	(X_9)	很好＝5，较好＝4，一般＝3，较差＝2，很差＝1
村集体民主管理现状评价	(X_{10})	很好＝5，较好＝4，一般＝3，较差＝2，很差＝1

（1）受访者个体特征

尽管已有文献研究结果显示，性别、年龄、受教育程度等个体特征对农户的一事一议财政奖补满意度不存在显著影响（曹海林等，2017），但在众多研究满意度的文献中都包括了性别、年龄和受教育程度等个体特征变量（卫龙宝等，2012），此外，郑方辉、王琲（2008）的研究指出，受访者个体特征会影响其对政府的评价，受教育程度越高，越可能进行客观公正的评价。鉴于此，本章亦选用性别（X_1）、年龄（X_2）、受教育程度（X_3）等来衡量农户个体特征。

（2）农户家庭特征

主要包括农业支出占家庭总支出的比重（X_4）、家庭总人口数（X_5）、家庭人均纯收入（X_6）。本章采用农业支出占家庭总支出的比重（X_4），用来衡量农户对村级公共产品的利用率。农业支出占家庭总支出的比重越高，说明农户家庭投资消费中用于农业部分的消费比重越大。如果公共设施完善，将分担部分农户私人投资，因此，村庄内农户人均耕地数量相同的情况下，如果农业支出占家庭总支出的比重越低，说明农村公共产品的利用率越高。农户对村级公共产品供给的使用率越高，可能影响对提供村级公共产品的财政奖补制度的满意度。此外，卫龙宝（2011）的研究表明家庭特征对村民参与农村公共产品供给存在影响，家庭人口数越多、家庭人均纯收入越高，越有可能参加农村公共产品的供给。

（3）村庄特征

包括村健身休闲场所的现状评价（X_7）、村邻里关系的和谐现状评价（X_8）、村街道的修建现状评价（X_9）、村集体民主管理现状评价（X_{10}），以上从生产、生活方面衡量农户对一事一议财政奖补制度的满意度。农村健身休闲场所的建设需要上级政府的投资，但是是否能够得到本村村民的合理利用，这反映了农户对农村公共产品的需求程度。如果农户对近年来兴建的村级健身休闲场所比较满意，说明他们具有较强烈的村级公共产品需求，因此预期影响为正。此外，如果村民之间的和谐程度越高，越有利于“一事一议”制度的开展。而农户对本村街道状况的满意度则体现了农户对公共产品的需求，对本村街道状况越不满意，则表明对村级公共产品的需求越强烈，预期影响为正。最后，如果农户对目前本村民主管理现状越满意，一事一议财政奖补制度的实施会越容易，越可能提供更多的公共产品，提高农户的满意度，因此预期影响为正。

9.4.3 模型估计结果

被调查村庄中，近三年有 76 个村庄进行过一事一议筹资筹劳活动，占调查总量的 56.3%。由于其余样本农户所在的村近三年并没有施行一事一议筹资筹劳活动，也即没有获得财政奖补，因此其不存在对制度的满意度。根据村级问卷中“近三年，本村是否获得过一事一议财政奖补”，本章对于这部分样本农户进行了处理，去除了未获得过一事一议财政奖补的村庄对应的农户，最终实用有效数据 787 个。

根据上文所述，由于存在部分未参与本村一事一议财政奖补的样本农户，所以需采用二阶段回归的办法。第一阶段，使用 logistic 模型对变量“农户是否参加过一事一议财政奖补”进行回归并得出预测值 Zhat。第一阶段回归的样本总量为 787 个观察值，回归结果显示，准 R^2 为 0.11，Wald 统计量为 89.06，对应的 p 值为 0.00，故整个方程所有系数（除常数项外）的联合显著性很高。第一阶段的回归结果如表 9－5 所示。

表 9－5　第一阶段回归结果

变量名称	系　数	标准误
受访者个体特征		
性别	－0.503	0.370
年龄	0.006	0.021
受访者受教育程度		
小学毕业	0.779**	0.342
初中毕业	1.376***	0.331
高中及以上	2.439***	0.394
农户家庭特征		
农业支出占家庭总支出的比重	0.576	0.423
家庭总人口数	0.081	0.068
家庭人均纯收入	－0.545	0.281
村庄特征		
村健身休闲场所的现状评价	0.286***	0.081
村邻里关系的和谐现状评价	－0.087	0.134
村街道的修建现状评价	－0.322***	0.083
村集体民主管理现状评价	0.492***	0.119

注：***、**、*分别表示在 1%、5%和 10%水平上显著。

第二阶段使用排序选择模型，加入第一阶段预测值 Zhat 后，对一事一议财政奖补满意度进行回归，以便更好地解决内生性问题。经过第一阶段的筛选，剔除样本中即使是本村开展了一事一议活动但也不去参加的样本，第二阶段回归中共有400个观察值。回归结果显示，准 R^2 为0.13。Wald统计量为92.87，对应的p值为0.00，故整个方程所有系数（除常数项外）的联合显著性很高。剔除不显著变量后的最终回归结果如表9－6所示。

表9－6　第二阶段回归结果

变量名称	系　数	标准误
是否参加过“一事一议”的预测值（Zhat）	−13.043**	3.107
受访者个体特征		
性别	0.987	0.374
年龄	0.049*	0.028
受访者受教育程度		
小学毕业	2.653**	0.588
初中毕业	4.767**	0.985
高中及以上	7.861**	1.626
农户家庭特征		
农业支出占家庭总支出的比重	2.739***	0.464
家庭总人口数	0.296*	0.076
家庭人均纯收入	−1.971**	0.399
村庄特征		
村健身休闲场所的现状评价	1.025**	0.210
村邻里关系的和谐现状评价	0.885**	0.121
村街道的修建现状评价	−0.375*	0.213
村集体民主管理现状评价	2.504***	0.374

注：***、**、*分别表示在1%、5%和10%水平上显著。

9.4.4　结果分析

(1) 受访者个人特征方面

受访者受教育程度对农户一事一议财政奖补制度满意度有显著的正向影响，并且随着受教育程度的提高，对制度满意度的影响程度增大。可能的原因在于，农户受教育程度越高，对一事一议财政奖补制度的认知程度和参与性也越高，对该制度的目的和执行机制的认识也会更加深入，更加有可能感受到该制度给生活带来的便利。因此受访者受教育程度对农户一事一议财政奖补制度满意度起到积极的影响作用，并且随着受教育程度的逐渐提高，对制度满意度的影响程度越大。

（2）农户家庭特征方面

农业支出占家庭总支出的比重对农户一事一议财政奖补制度满意度有显著的正向影响。这可能是因为，农业支出占家庭总支出的比重高的农户大多数是以从事农业生产为主的农户，这些农户对村级公共产品的需求程度较高，对村级公共产品的利用率也比较高。通过一事一议财政奖补制度提供的公共产品改善了他们的生产生活条件，这些农户从一事一议财政奖补制度中获得的实际收益更多，因此其对一事一议财政奖补制度的满意程度更高。

家庭人均纯收入对农户一事一议财政奖补制度满意度的影响显著为负，即家庭人均纯收入越高的农户对一事一议财政奖补制度的满意度越低。其可能存在的主要原因是，由于家庭人均纯收入越高的农户家庭生活条件较好，对生活品质的要求也会比较高，所以对村集体基础公共设施的要求也会比较高，对一事一议财政奖补制度的期望比较高，从而不满意的可能性较高。

（3）村庄特征方面

村健身休闲场所的修建现状评价对农户一事一议财政奖补制度满意度的影响显著为正。生活娱乐设施与农民的日常生活息息相关，且随着农村生活水平的不断提升，农户对生活品质的追求也逐步提高。农户所关心的生活娱乐设施是一事一议财政奖补制度所覆盖的范畴，若农户体会到了生活品质的改善，享受到了良好的娱乐休闲条件，则农户对一事一议财政奖补制度的满意度就会有所提高。

村邻里关系的和谐现状评价对农户一事一议财政奖补制度满意度的影响显著为正。农户与邻居的交往比较多，邻里关系的和谐程度会影响到农户为集体筹资筹劳的意愿，进而影响通过财政奖补制度供给的公共产品数量。农户与邻居的关系越和谐，越可能通过“一事一议”筹资筹劳，进而有可能获得一事一议财政奖补，这样农户对村级公共产品的需求得到了满足，也会提高农户对一事一议财政奖补制度的满意度。

村集体民主管理现状评价对农户一事一议财政奖补制度满意度的影响显著为正。村民对民主管理现状的满意度越高，说明农户认为村庄在政策的实施过程中会在一定程度上考虑农户自身的利益，即其越认可一事一议财政奖补制度。民主管理认可度高的村集体的村民认为，通过村内筹资筹劳对本村公共产品进行的投入，是真正由村民民主决定的、服务于村民、对本村经济发展以及生活水平的提高有积极影响的项目，因此其对一事一议财政奖补制度的满意度就更高。

9.5 农户对一事一议财政奖补制度满意度影响因素作用机制的经验分析

9.5.1 模型设定

周密、张广胜（2010）将村级公共产品划分为生产性公共产品和生活性公共产品两类，认为“一事一议”制度不仅对生产性公共投资具有显著影响，更对生活性公共产品供给方面影响显著。俞锋等（2008）的研究表明，不同发展水平的地区，农民的公共产品需求偏好结构存在较大差异。即由于村庄及农户特征不同，生活性公共产品供给和生产性公共产品供给在影响农户对一事一议财政奖补制度满意度的作用机制上可能不同，比如农业支出占家庭总支出的比重可能会通过影响生产性公共产品的供给进而影响农户对制度的满意度，而受教育程度、家庭人均纯收入等则可能会通过影响生活性公共产品的供给进而影响农户对制度的满意度。也就是说，在影响一事一议财政奖补制度满意度的因素中，有些直接影响农户的满意度，有些通过中间变量的作用间接影响农户的满意度。但在现有文献中，很多研究都将这些因素作为直接影响农户满意度的因素来分析，并没有区分影响农户满意度的直接因素和间接因素，因而很难分析出不同因素对农户满意度的影响过程。

因此，本章拟将受访者个体特征、农户家庭特征和村庄特征等因素作为初始变量，将生产性公共产品供给和生活性公共产品供给作为中间变量，通过路径分析法，揭示各因素对一事一议财政奖补制度农户满意度的影响机制（研究框架见图 9－4），同时验证上文二阶段回归模型分析法的估计结果。

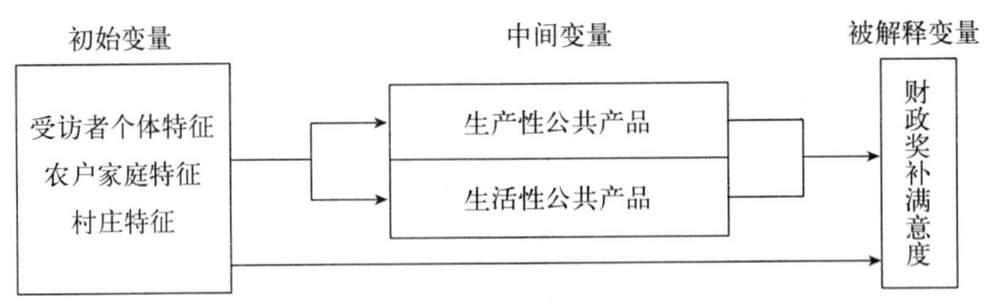

图 9－4 研究框架

按照图 9－4 的研究框架，首先用中间变量对一事一议财政奖补制度农户满意度进行多元回归分析，然后进行初始变量对中间变量和被解释变量影响的多元回归分析，最后得出初始变量对被解释变量的影响过程。借鉴王延中等（2010）路径分析的做法，本章设定，间接影响＝初始变量对各个中间变量的回归系数×该中间变量对被解释变量的回归系数；总影响＝间接影响＋直接影响。

9.5.2　变量设定

根据图 9－4 的研究框架，本章把影响一事一议财政奖补制度农户满意度的因素划分为初始变量和中间变量两类。其中，中间变量分为生产性公共产品供给和生活性公共产品供给两个方面。变量的具体设定情况如表 9－7 所示，主要解释变量的入选依据如下：

(1) 初始变量

主要包括性别、年龄、受教育程度等受访者个体特征；家庭总人口数、家庭人均纯收入、农业支出占总家庭支出的比重等农户家庭特征；村健身休闲场所的现状评价、村邻里关系的和谐现状评价、村街道的修建现状评价、村集体民主管理现状评价等村庄特征。

凌玲（2011）的研究表明，文化水平等农户个体特征、人均纯收入等农户家庭特征、村庄规模及政治精英等村庄特征对村级公共产品的供给具有显著影响。而一事一议财政奖补制度的实施旨在增加村级公共产品的供给，其供需状况越趋于平衡，农户对一事一议财政奖补制度的满意度则越高。综上，村庄特征、农户家庭特征和个体特征等因素除直接影响农户对一事一议财政奖补制度的满意度外，还可能通过影响中间变量“生产性公共产品供给”和“生活性公共产品供给”，进而间接影响农户对一事一议财政奖补制度的满意度。

表 9－7　模型中的变量说明

变量名	变量定义
被解释变量	
财政奖补满意度	很好＝5，较好＝4，一般＝3，较差＝2，很差＝1
初始变量	
受访者个体特征	
性别	男＝1，女＝0
年龄	连续型变量
受教育程度	连续型变量
农户家庭特征	
农业支出占家庭总支出的比重	连续型变量
家庭总人口数	连续型变量
家庭人均纯收入	连续型变量

（续）

变量名	变量定义
村庄特征	
村健身休闲场所的现状评价	很好=5，较好=4，一般=3，较差=2，很差=1
村邻里关系的和谐现状评价	很好=5，较好=4，一般=3，较差=2，很差=1
村街道的修建现状评价	很好=5，较好=4，一般=3，较差=2，很差=1
村集体民主管理现状评价	很好=5，较好=4，一般=3，较差=2，很差=1
中间变量	
生产性公共产品供给	
道路和农田水利现状评价	很好=5，较好=4，一般=3，较差=2，很差=1
生活性公共产品供给	
是否进行过村容改造	否=1，是=2

（2）中间变量

对“生产性公共产品供给”“生活性公共产品供给”两个方面的衡量指标分别为“道路和农田水利现状评价”“是否进行过村容改造”。

在生产性公共产品供给方面，陈杰、刘伟平等（2013）通过调查研究发现，农村居民对小型农田水利设施等公共需求最大。则农户对道路和农田水利现状的评价越高说明生产性公共产品的供给越好，进而影响农户对制度的满意度。

在生活性公共产品供给方面，农村居民对村内路桥修建、生活用水（比如修自来水）、娱乐文化设施等公共需求较大（陈杰、刘伟平等，2013）。则进行过村容改造（包括改水、改路、改厕、改圈等）的村，农户对生活性公共产品供给的评价相对较高，也会提高其对制度的满意度。

9.5.3 模型估计结果

（1）中间变量对财政奖补制度满意度的多元回归分析

按照图 9-4 的研究框架，本部分首先用中间变量对一事一议财政奖补制度满意度进行多元回归分析。回归结果（表 9-8）表明，在生产性公共产品供给作为中间变量时，其衡量指标“道路和农田水利现状评价”通过了显著性检验，回归系数为 0.135；在生活性公共产品供给作为中间变量时，其衡量指标“是否进行过村容改造”通过了显著性检验，回归系数为 0.096。

表 9-8　中间变量对财政奖补制度满意度直接影响的多元回归分析

变量名称	系　数	标准误
生产性公共产品供给		
道路和农田水利现状评价	0.135**	2.361
生活性公共产品供给		
是否进行过村容改造	0.096*	1.641

注：***、**、*分别表示在1%、5%和10%水平上显著。

（2）初始变量对中间变量和被解释变量影响的多元回归分析

从表 9-9 初始变量对中间变量和被解释变量的多元回归分析结果来看，显著影响中间变量“生产性公共产品供给（道路和农田水利现状评价）”的初始变量为农业支出占总支出的比重、村健身休闲场所的现状评价、村邻里关系的和谐现状评价、村街道的修建现状评价及村集体民主管理现状评价；显著影响中间变量“生活性公共产品供给（是否进行过村容改造）”的初始变量为受访者受教育程度。显著直接影响一事一议财政奖补制度满意度的初始变量为村健身休闲场所的现状评价、村邻里关系的和谐现状评价及村集体民主管理现状评价。

表 9-9　初始变量对中间变量和被解释变量影响的多元回归分析

初始变量	中间变量		被解释变量
	生产性公共产品供给（道路和农田水利现状评价）	生活性公共产品供给（是否进行过村容改造）	一事一议财政奖补制度满意度
受访者个体特征			
性别	−0.016	0.016	−0.040
年龄	−0.044	−0.029	−0.019
受教育程度	−0.029	0.105***	0.068
农户家庭特征			
农业支出占家庭总支出的比重	0.072**	0.046	0.300
家庭总人口数	−0.045	0.025	0.000
家庭人均纯收入	0.023	−0.043	0.140
村庄特征			
村健身休闲场所的现状评价	0.075**	0.061	0.111**
村邻里关系的和谐现状评价	0.063*	−0.009	0.171***
村街道的修建现状评价	0.505***	0.004	0.000
村集体民主管理现状评价	0.077**	0.050	0.348***

注：***、**、*分别表示在1%、5%和10%水平上显著。

(3) 影响财政奖补制度满意度的路径分析

表 9－10 显示了初始变量对被解释变量的影响过程。结果表明，对一事一议财政奖补制度满意度影响最大（根据路径系数的绝对值）的是村集体民主管理现状评价，系数为 0.358；其次是村邻里关系的和谐现状评价，系数为 0.179；再次是村健身休闲场所的现状评价，系数为 0.121。受访者性别、年龄、家庭总人口数及家庭人均纯收入对一事一议财政奖补制度的满意度没有显著影响。

表 9－10　初始变量对财政奖补制度满意度的路径分析

初始变量	总影响	间接影响		直接影响
		生产性公共产品供给（道路和农田水利现状评价）	生活性公共产品供给（是否进行过村容改造）	
受访者个体特征				
性别	—	—	—	—
年龄	—	—	—	—
受教育程度	0.010	—	0.010	—
农户家庭特征				
农业支出占家庭总支出的比重	0.009	0.009	—	—
家庭总人口数	—	—	—	—
家庭人均纯收入	—	—	—	—
村庄特征				
村健身休闲场所的现状评价	0.121	0.010	—	0.111
村邻里关系的和谐现状评价	0.179	0.008	—	0.171
村街道的修建现状评价	0.068	0.068	—	—
村集体民主管理现状评价	0.358	0.010	—	0.348

注：根据表 9－9，显著性水平大于 10%的回归系数未纳入表 9－10 中（用符号“—”表示）。

9.5.4　结果分析

表 9－10 总结了通过路径分析，各因素对一事一议财政奖补制度农户满意度的直接影响、间接影响及总影响，分析结果如下：

(1) 受访者个人特征方面

受访者受教育程度对农户一事一议财政奖补制度满意度有正向影响，与上文估计结果一致。

(2) 农户家庭特征方面

农业支出占家庭总支出的比重对农户一事一议财政奖补制度满意度有正向影响，即农户对一事一议财政奖补制度的满意度随着农业支出占家庭总支出比重的上升而提高。与上文估计结果一致。

(3) 村庄特征方面

村健身休闲场所的现状评价对农户一事一议财政奖补制度的满意度有正向影响，即农户认为，村健身休闲场所的修建现状越好，其对一事一议财政奖补制度的满意度也越高；村邻里关系的和谐现状评价对农户一事一议财政奖补制度的满意度有正向影响，因为一事一议财政奖补制度的前提是村民筹资筹劳，而邻里之间的和谐程度会影响到农户出资出劳的意愿；村集体民主管理现状评价对农户一事一议财政奖补制度的满意度有正向影响；这与上文的估计结果分析保持一致。村街道的修建现状评价对农户一事一议财政奖补制度的满意度有正向影响，这主要是因为村内道路的修建对农户的生产、生活都是有利的，农户从中可以享受到制度带来的效益，从而对制度的满意度较高。

以上结果验证了二阶段回归分析的结论，同时揭示出，作为中间变量的生产性公共产品供给、生活性公共产品供给直接影响一事一议财政奖补制度的农户满意度，初始变量农业支出占家庭总支出的比重、村健身休闲场所的现状评价、村邻里关系的和谐现状评价、村街道的修建现状评价以及村集体民主管理现状评价、受访者受教育程度分别通过影响中间变量生产性公共产品供给和生活性公共产品供给进而间接影响农户对一事一议财政奖补制度的满意度。

9.6　研究结论与政策建议

9.6.1　研究结论

一事一议财政奖补制度是具有中国特色的村级公共产品供给制度，是村级公共产品供给方式的重大制度创新，农户作为主要受益者，其满意度是评价该制度绩效的重要方面。本研究运用辽宁省 15 县、135 村、1 043 个农户的调查数据，通过二阶段排序选择模型，实证分析了农户对一事一议财政奖补制度满意度的影响因素，并进一步通过路径分析法揭示各因素对农户满意度直接影响和间接影响的作用机制，得出主要结论如下：

首先，农户对一事一议财政奖补制度满意度的直接影响因素包括农户利用公共产品的程度、对以往提供的公共产品满意度、邻里关系和谐程度、村庄民主管理规范程度。

其次，农户对一事一议财政奖补制度满意度的间接影响表现为：在以农业生产为主的农户中，他们的满意度主要受到生产性公共产品供给的影响，而在受教育程度高的农户中，他们的满意度主要受到生活性公共产品供给的影响。

9.6.2 政策建议

农户的满意度是衡量一事一议财政奖补制度实施效果的重要指标之一，分析其决定因素及其内在作用路径，对于提升一事一议财政奖补资金分配和使用效率具有重要的现实意义。根据以上研究结论，提高农户对一事一议财政奖补制度满意度应该从以下几个方面进行：

（1）财政奖补的项目可优先考虑对农户满意度影响更大的基础设施建设，比如修建小型农田水利设施，修建围棋室、电影放映室等休闲娱乐场所，或提供村民组织歌舞晚会、扭秧歌等集体活动的场地，以此加强农户对一事一议财政奖补制度的认同感。

（2）应充分考虑村级公共产品的合理使用和日常管护，以避免村民的满意度降低。

（3）村干部平时要注意调解村内矛盾，增加村民沟通交流的机会，提高村内邻里间的和谐程度，有助于增进农户的满意度。

（4）加强民主管理建设，完善制度开展过程中的民主管理程序。比如积极宣传民主管理知识，实行村务公开、党务公开、财务公开，提高村民对村财务的监管力度和对村委会的信任程度，也有助于提升农户的满意度。

（5）针对村集体发展的异质性，提供村级公共产品的优先序存在差异。比如以农业生产为主的地区，提供生产性公共产品的供给有利于农户满意度的提升，提供生活性公共产品有利于促进受教育程度较高的农户对该制度的满意度。

第十章　新型城镇化与“一事一议”

2000年以来的农村税费改革解决了我国农民负担加重的问题，同时也为我国的村级公共产品供给机制带来了巨大变化。农村税费改革后，一事一议财政奖补制度成为了我国村级公共产品供给最主要的方式。该制度将农户筹资筹劳与政府财政奖补有效结合起来，进一步提高了我国村级公共产品的供给水平。一事一议财政奖补政策不仅有效地解决了以往在筹资筹劳过程中出现的资金不足问题，更激发了农户参与村级公共产品供给的热情。

村级公共产品的有效供给会有效降低农村私人活动的成本，降低农业生产活动的自然风险和经济风险，促进农村非农产业的发展，并有效改善农村物质产品长期匮乏的局面，促进我国农村的战略性经济结构调整（杨卫军，王永莲，2004）。村级公共产品的有效供给不仅关系着我国农业的长远发展和农民生活水平的提高，更关系着新农村建设以及整个社会的发展（周密，张广胜，2010）。随着社会的不断发展，农民对村级公共产品的需求逐渐增加，对村级公共产品的供给水平提出了更高的要求。虽然一事一议制度在很大程度上解决了我国农村公共产品供给不足的情况，一定程度上改善了农户的生产和生活水平。但从当前一事一议财政奖补制度实施的情况来看，村级供给的现实环境难以满足一事一议制度有效运行的条件和假设，一事一议制度在实施过程中遇到了事难决、议难决、决难行的“三难”困境（许莉等，2009）。

新型城镇化的快速发展促进了农村劳动力的大规模流动，大量的农村流动人口使得一事一议制度的组织成本过高（许莉等，2009）。根据一事一议制度的议事程序规定，开展一事一议需要召开村民会议，参会人员应由半数以上的本村18周岁以上村民组成，或由2/3以上的农户代表参加。也可通过组织村民代表会议开展一事一议，村民代表会议同样应由2/3以上的村民代表参加。无论是村民会议还是村民代表会议，会议所做决定皆应由到会人员过半数通过，方可生效。随着新型城镇化不断推进，大量农村劳动力外出务工，一些劳动力流出较多的地区，在召开村民会议的时候容易出现大规模缺席，无法达到法定人数的情况，从而导致一事一议难以得到有效开展，这种情况不仅加大了一事一议的执行难度，而且增加了召开会议的组织成本。已有研究表明，外出务工人数越多的地区进行生活类村级公共投资的可能性越小，外出务工人数越多提供的生活类村级公共投资项目数越少（周密，张广胜，2010）。外出务工人员由于大量时间在外打工，享用村级公共产品的机会较少，因此，在本村开展一事一议进行村级公共产品供给时，外出务工人员的积极性往往不高，参与度较低。

面对一事一议财政奖补制度在执行过程中出现的问题，有学者认为一事一议制度应当废除，如李琴等（2005）认为一事一议制度的交易成本高，不确定因素大，不利于村级公共产品的供给，因此应该取消一事一议制度，将村级公共产品供给纳入市场化范畴。张鸣鸣（2009）基于博弈论视角对一事一议制度的规则进行研究，发现一事一议制度设计具有“一次性博弈”的典型特征，这种特征造成的缺陷使其在村级公共产品供给方面效果较差。刘祖华（2007）认为一事一议在实践过程中面临着“有事难议”“议事难决”“决事难行”的情况，对一事一议制度的发展产生了一定的冲击。也有学者认为一事一议制度应当保留，如杨卫军、王永莲（2005）认为目前我国大部分农村的公共产品供给只能依靠一事一议制度，虽然该制度在执行过程中面临着一些问题，但也应该通过完善制度来解决。周密、张广胜（2009）通过经验分析发现一事一议制度对村级公共投资有显著影响，因此提出应该完善制度而不是简单的废止。

综上所述，在新型城镇化不断推进的背景下，一事一议制度遇到了一系列的挑战，制度的组织成本伴随着劳动力流动而不断增加，开展难度也逐渐加大，这些问题给一事一议制度带来了新的挑战。研究新型城镇化对一事一议制度的影响，将有利于更好地完善和推进一事一议制度，进一步提高我国村级公共产品供给的水平。基于上诉考虑，本章使用沈阳农业大学 2015 年“辽宁新农村建设百村千户”项目调查数据，运用描述性统计分析方法分析了新型城镇化对一事一议财政奖补制度的影响。本章按照不同兼业类型将农户分为纯农户、一兼农户和二兼农户，分析不同类型农户的特征差异，不同类型农户对一事一议财政奖补的满意程度，不同类型农户在公共产品投资行为方面差异以及新型城镇化背景下的耕地处置，并根据调研的村表数据分析外出务工比率与财政奖补之间的关系，从而探究新型城镇化对一事一议财政奖补制度的影响，并依据分析结果提出相关的政策建议。

10.1 数据来源与样本概况

10.1.1 数据来源

本章研究数据来源为沈阳农业大学经济管理学院“辽宁省新农村建设百村千户”项目。2015 年 7—9 月，该项目对辽宁省农村基本情况进行了大规模抽样调查，调查包括村级调查和农户调查两个部分。采用了随机抽样和分层抽样相结合的方法进行样本的选取。

首先，该调查将辽宁省划分为五个区域，分别是辽东、辽西、辽南、辽北、辽中；然后根据各区域经济水平的差异分别抽取富裕、中等、贫困县各一个，根据各县经济水平的差异分别抽取富裕、中等、贫困乡各一个，根据各乡经济水平的差异分别抽取富裕、中等、贫困村各一个；最后按照人均收入水平将农户分为富裕、中等、贫困三组，每组随机抽取 3 个农户。该项目共调查了辽宁省 15 个县、45 个乡镇、135 个村、1 215 户农户。本章运用农户调查问卷以及村级调查问卷数据进行分析，涵盖受访者的基本特征、农户家庭特征，受访者对财政奖补满意度等有效信息。该项目调查共回收有效农户问卷 1 043 份，有效率 85.85%，回收有效村级问卷 126 份，有效率 93.33%。

10.1.2 样本基本情况

调查样本中村庄基本情况和农户的基本情况如表 10-1 所示。以下将从被访者的个体特征、家庭特征和村庄特征三方面进行介绍。

表 10-1 样本统计性描述

变量名称	最小值	最大值	均值	标准差	变量含义及赋值
个体特征					
性别	0	1	0.95	0.21	男=1，女=0
年龄	26	81	55.86	10.15	单位（岁）
受教育程度	0	16	8.17	2.63	单位（年）
家庭特征					
家庭总人口数	1	8	3.36	1.19	单位（人）
家庭人均纯收入	−298 667	33 750	2 795.62	15 908.71	单位（元）
非农业收入占总收入比重	0	1	0.48	0.37	单位（%）
家庭类型	1	3	2.23	0.85	纯农户=1，一兼农户=2，二兼农户=3
是否参加一事一议筹资筹劳	0	1	0.49	0.50	是=1，否=0
村庄特征					
村庄总人口数	178	14 710	2 421	1 878	单位（人）
外出务工比例	0	85	28.84	19.32	单位（%）
一事一议财政奖补满意度	1	5	4.20	0.82	1~5 分，由差到好
是否参加一事一议财政奖补	0	1	0.51	0.50	是=1，否=0

数据来源：问卷调查整理。

(1) 受访者个体特征

该项目的农户调查问卷主要由户主进行回答，因此受访者以男性为主，占样本总量的95.4%。受访者的平均年龄为56岁，其中年龄最小者为26岁，最大为81岁。受访者的平均受教育年限为8.2年，其中，接受过正规教育的年限最高为16年，最低为从未上过学，即受教育年限为0年。

(2) 农户家庭特征

从被访者家庭规模来看，样本平均家庭人口数为3.36人，其中家庭人口最少为1人、人口最多为8人。从家庭人均纯收入来看，样本家庭人均纯收入平均为2 795.62元，其中收入最高者为33 750元、最低者为−298 667元。从受访者家庭收入结构来看，借鉴张忠明、钱文荣（2014）的做法，根据非农产业收入占家庭总收入的比重将样本农户划分为纯农户、一兼农户和二兼农户，其中纯农户是指非农产业收入占家庭总收入比重小于10%的农户，一兼农户是指非农产业收入占家庭总收入比重在10%～50%的农户，二兼农户是指非农产业收入占家庭总收入比重超过50%的农户。根据该划分标准，样本中纯农户共有285户，占比27.3%，一兼农户232户，占比22.2%，兼业程度最高的二兼农户共526户，占比超过一半达到50.4%。

(3) 村庄特征

样本村庄总人口数均值为2 421人，其中人口最多的村庄为14 710人、人口最少的为178人。村庄外出务工比例均值为28.84%，最小值为0%，即该村没有外出务工人员，外出务工比例最大值为85%。

10.2 不同类型农户的特征差异

选择变量家庭总人口数、年龄、受教育程度、家庭人均纯收入、农业支出占总支出比重、经营土地面积和转出土地面积来分析不同类型农户间的基本特征差异。其中，变量家庭总人口数、年龄和受教育程度用来分析农户家庭的自然情况。变量家庭人均纯收入用来衡量农户的经济状况，农业支出占总支出比重、经营土地面积和转出土地面积用来分析不同农户在农业生产方面的差异。

10.2.1 纯农户基本特征

纯农户的基本特征如表10-2所示。纯农户的家庭总人口数平均为3.28人，人口平均年龄为54.88岁，平均受教育程度为8.15年。纯农户样本的家庭人均纯入达到2 212.409元，人均纯收入最高的为33 750元、收入最低为

－100 000元。纯农户家庭的农业支出占总支出比重达到 40.84%，户均经营土地面积 23.61 亩，转出土地面积 0.71 亩。

表 10－2　纯农户基本特征

变量名称	最小值	最大值	均值	标准差	变量含义及赋值
家庭总人口数	1	6	3.28	1.13	单位（人）
年龄	28	80	54.88	10.67	单位（岁）
受教育程度	0	15	8.15	2.50	单位（年）
家庭人均纯收入	－100 000	33 750	2 212.409	10 589.23	单位（元）
农业支出占总支出比重	0	100	40.84	0.25	单位（%）
经营土地面积	0	500	23.61	44.06	单位（亩）
转出土地面积	0	82	0.71	5.32	单位（亩）

数据来源：问卷调查整理。

10.2.2　一兼农户基本特征

一兼农户的基本特征如表 10－3 所示。一兼农户的家庭总人口数均值为 3.34 人，平均年龄 55.7 岁，平均受教育程度为 8.09 年。一兼农户的平均家庭人均纯收入为 2 886.346 元，家庭人均收入最高为 32 600 元、最低为－298 667元。一兼农户的农业支出占总支出比重平均为 34.92%，户均经营土地面积为 18.71 亩，转出土地面积为 0.72 亩。

表 10－3　一兼农户基本特征

变量名称	最小值	最大值	均值	标准差	变量含义及赋值
家庭总人口数	1	6	3.34	1.19	单位（人）
年龄	28	79	55.70	9.43	单位（岁）
受教育程度	0	16	8.09	2.58	单位（年）
家庭人均纯收入	－298 667	32 600	2 886.346	21 105.15	单位（元）
农业支出占总支出比重	0	94.90	34.92	0.19	单位（%）
经营土地面积	0	154	18.71	21.34	单位（亩）
转出土地面积	0	15	0.72	2.43	单位（亩）

数据来源：问卷调查整理。

10.2.3　二兼农户基本特征

二兼农户的基本特征如表 10－4 所示。二兼农户家庭总人口数平均为

3.42 人，平均年龄 56.45 岁，平均受教育程度为 8.22 年。二兼农户的平均家庭人均纯收入为 3 071.602 元，其中收入最高为 31 750 元、最低为－225 667 元。二兼农户的农业支出占总支出比重平均为 13.45%，户均经营土地面积为 12.1 亩，转出土地面积为 3.85 亩。

表 10－4　二兼农户基本特征

变量名称	最小值	最大值	均值	标准差	变量含义及赋值
家庭总人口数	1	8	3.42	1.22	单位（人）
年龄	26	81	56.45	10.14	单位（岁）
受教育程度	0	16	8.22	2.73	单位（年）
家庭人均纯收入	－225 667	31 750	3 071.602	15 665.46	单位（元）
农业支出占总支出比重	0	92.59	13.45	0.15	单位（%）
经营土地面积	0	360	12.10	29.27	单位（亩）
转出土地面积	0	500	3.58	28.66	单位（亩）

数据来源：问卷调查整理。

10.2.4　不同类型农户基本特征差异

从不同类型农户家庭特征情况来看，纯农户、一兼农户、二兼农户的家庭总人口数均在 3.3 人左右，无明显特征差异。三种类型农户的平均年龄分别为 54.88 岁、55.7 岁和 56.45 岁，年龄相差在 1 岁左右。在受教育程度方面，三种类型农户平均在 8 年左右。在家庭人均纯收入方面，二兼农户的人均纯收入 3 071.602 元，超过一兼农户的 2 886.346 元和纯农户的 2 212.409 元。一兼农户与二兼农户的收入差距只有 200 元，但纯农户与二兼农户的人均纯收入差距达到了 800 元，这主要是因为兼业农户的收入既包括农业生产带来的收入还包括兼业带来的工资性收入，而且二兼农户的工资性收入占比超过了 50%。而纯农户只有通过从事农业生产获得的收入，收入较低，所以导致纯农户和兼业农户、尤其是二兼农户之间的收入存在一定差距。

从不同类型农户农业生产情况来看，纯农户农业支出占总支出比重为 40.84%，一兼农户的农业支出占总支出比重较低于纯农户为 34.92%，二兼农户的农业支出占总支出比重在三种类型农户中最少为 13.45%，主要是因为纯农户以从事农业生产为主，对种子、化肥、农药等农业生产资料需求较多，在农业生产中的投入也较大，因此纯农户在农业支出占总支出比重方面为三种类型农户中最高；一兼农户将兼业和农业生产相结合，在农忙时节依旧从事农业生产，对农业生产资料也有一定的需求，农业生产的投入虽不及纯农户，但比重也达到了34.92%，超过二兼农户；二兼农户兼业化程度最高，农业成为了家庭的副业，导致其对农业生产资料的需求下降，农业投资减少，所以二兼农户的农业支出占总支出比重为三种类型农户中最低，仅为13.45%。

在户均经营土地面积方面，纯农户的户均经营土地面积为23.61亩，为三种类型农户中面积最大；一兼农户的户均经营土地面积低于纯农户但高于二兼农户为18.71亩；二兼农户的户均经营土地面积为三种类型农户中最少，仅为12.1亩。根据不同类型农户的户均经营土地面积可以看出，纯农户拥有较大面积的土地。一方面，纯农户在经营土地、从事农业生产时需要大量的时间和精力，没有多少空闲时间可以进行兼业活动；另一方面，纯农户拥有较多的土地可以促进规模经营，形成规模经济，从而获得较多的收益，因此，纯农户无需从事兼业即可满足日常生活的收入需求。一兼农户的土地面积适中，既可以从事农业生产，又可以在农闲季节进行兼业，既可以获取农业生产的收入，又可以获得工资性收入。二兼农户的土地面积最小，经营土地并不需要太多的精力和时间，所以二兼农户有机会和时间来从事兼业活动，而且对于二兼农户来说仅仅依靠少量的土地从事农业生产，取得的收入可能无法维持其生活需要，因此需要通过兼业来获取工资性收入，满足生活需求。

在转出土地面积方面，纯农户户均转出土地面积0.71亩，为三种类型农户中最少的，主要是因为纯农户需要通过农业生产来获取生活来源，而土地又是农业生产最基本的生产资料，因此纯农户不会放弃对土地的经营权，土地转出意愿较弱，转出面积小。一兼农户的转出土地面积与纯农户基本相同为0.72亩，因为一兼农户的兼业化程度并不高，家庭收入中仍有相当一部分来自农业生产，仍然需要一定面积的土地从事农业生产。因此，一兼农户的在土地转出面积方面也相对较少。二兼农户土地转出面积在三者中最多达到3.58亩，主要是因为相对于纯农户和一兼农户来说，二兼农户的兼业化程度最高，工资性收入成为二兼农户主要的收入来源，其对农业和土地的依赖逐渐减少，长期的外出务工可能使其无暇顾及土地，与其将土地闲置，不如将土地流转，因此二兼农户的土地转出意愿较强，转出面积多。

10.3　不同类型农户“一事一议”满意度

为了了解不同类型农户对“一事一议”制度的满意度，在问卷中设计了问题“您对一事一议筹资筹劳制度的满意度”，包括不满意、不太满意、一般、比较满意和很满意五个选项。根据受访者的不同选择来衡量其对一事一议制度的满意程度。将选项不满意、不太满意、一般、比较满意和很满意分别赋值为

1 分、2 分、3 分、4 分、5 分，计算三种类型农户对一事一议制度的综合满意度，结果发现，三种类型农户对一事一议制度的综合满意度得分为 4.21 分，处于比较满意与很满意之间的水平，说明样本农户对通过一事一议制度提供村级公共产品的方式比较认可，总体上表示满意。根据样本的统计分析发现，不同类型农户对一事一议制度的满意度是不同的。

统计结果如图 10－1 所示，纯农户样本中有 0.9％对一事一议制度表示不满意，有 2％表示不太满意，认为一般的有 13.4％，41.3％的纯农户表示比较满意，41.3％的纯农户对一事一议制度的评价是很满意。在一兼农户样本中，有 2.25％对一事一议制度表示不满意，4.49％认为不太满意，有 12.36％的一兼农户表示一般，表示比较满意的一兼农户为 47.19％，对一事一议制度表示很满意的为 33.7％。二兼农户样本中仅有 0.47％表示不满意，1.89％表示不太满意，12.36％表示一般，有 44.55％的二兼农户对一事一议制度表示比较满意，43.13％的二兼农户表示非常满意。

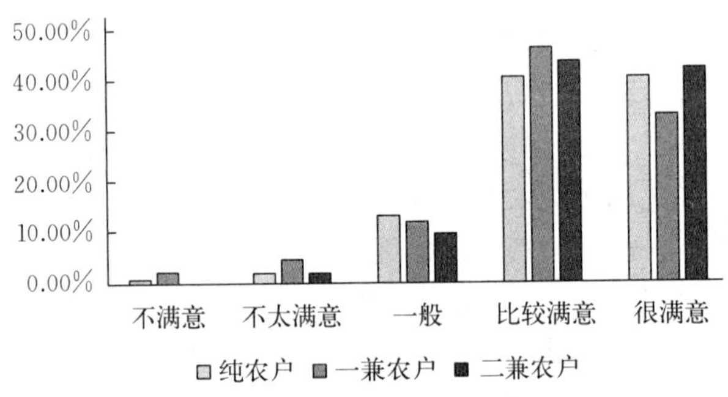

图 10－1　不同类型农户对一事一议制度的满意度

根据农户对一事一议制度的满意度问题的不同回答，将比较满意和很满意两个选项统分为满意，分析三种类型农户对一事一议制度的总体满意度，统计结果如图 10－2 所示，纯农户的总体满意度达到 82.6％，一兼农户的总体满意度达到 80.89％，二兼农户的总体满意度达到 87.68％。从总体来看，三种类型农户对一事一议制度的总体满意度全部超过了 80％，体现出无论是纯农户、一兼农户还是二兼农户对一事一议制度总体上都是认可的。通过统计分析发现，二兼农户的满意度高于纯农户和一兼农户。这种情况可能是由以下两方面造成的。

一是调查的样本村通过一事一议制度所提供的公共产品中，生活性公共产品可能多于生产性公共产品，在这种情况下，由于二兼农户长期外出务工，相对于纯农户和一兼农户，从事农业生产的时间较少，对生产性公共产品需求较低，相应的，二兼农户更倾向于生活性公共产品的提供，如村内道路、饮水、

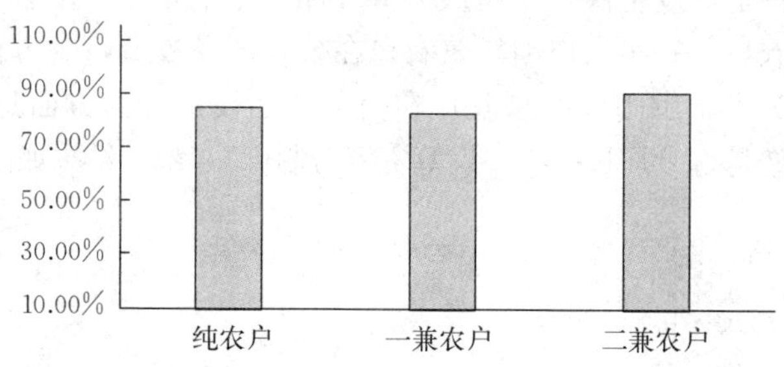

图 10-2 三种类型农户对一事一议制度的总体满意度

文化设施等与生活息息相关的公共产品，如果本村更多的通过一事一议制度提供了村级生活性公共产品，则更好地满足了二兼农户的需求，因此在对一事一议制度进行评价时，二兼农户感觉到自己的需求得到了很好的满足，所以对一事一议制度的满意度更高。

而相应的，纯农户和一兼农户居住在村内的时间较长，又以从事农业生产为主，对生产性公共产品和生活性公共产品的需求都相对较高，对于纯农户和一兼农户而言，一事一议制度提供的村级公共产品除了要包括满足基本生活需求的生活性公共产品外，还需要提供一定的有助于农业生产的生产性公共产品，如农田水利等设施。这种情况下，如果本村通过一事一议制度提供的生产性公共产品供给不足，即使提供了大量的生活性公共产品，也无法满足纯农户和一兼农户对村级公共产品的需求，因此在评价一事一议制度时，纯农户和一兼农户对一事一议制度的满意度低于二兼农户。

二是由于二兼农户长时间外出务工，能够享用到村级公共产品的时间较少，同时对村级公共产品供给水平的要求比纯农户和一兼农户低，只需满足其在村内居住时的基本生活即可。而纯农户和一兼农户大部分时间在村内生活和从事生产活动，是村级公共产品的主要使用者，村级公共产品供给的水平密切关系着其生活质量以及农业生产活动，因此纯农户和一兼农户对村级公共产品的要求要比二兼农户对村级公共产品的要求高。因此，由于二兼农户与纯农户和一兼农户对村级公共产品的要求有所不同，所以在对一事一议制度进行评价时，所采用的标准有所不同，对于同样的村级公共产品，评价标准高则会相应降低满意度，所以出现了二兼农户对一事一议制度的满意度较高于纯农户和一兼农户的情况。

10.4 不同类型农户公共产品投资行为差异

一事一议制度下，农户是村级公共产品投资的重要组成部分，农户的公共产品投资行为一定程度上决定了村级公共产品供给的水平。随着新型城镇化的不断推进，纯农户、一兼农户和二兼农户在公共产品投资行为方面可能存在了一定的差异，为了了解不同类型农户在公共产品投资行为方面是否存在差异，设计了问题“您是否参加过一事一议筹资筹劳制度”，统计结果如图 10 - 3 所示。

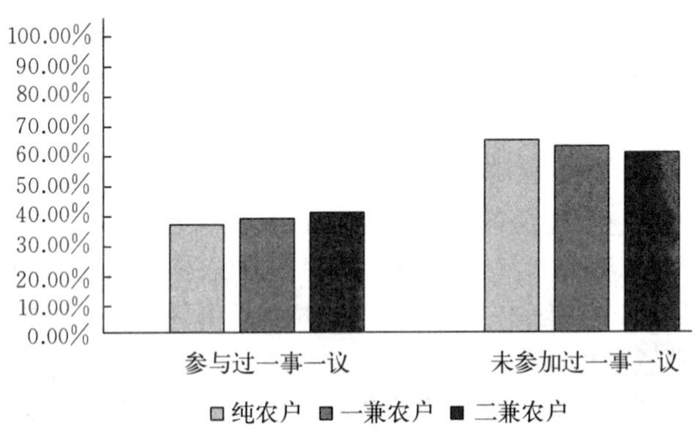

图 10 - 3　不同类型农户参与一事一议比例

通过样本的统计分析发现，在纯农户样本中，有 36%的农户参与过一事一议，64%的农户未参加过一事一议。在一兼农户样本中，有 38%的农户参与过一事一议，62%的农户未参加过一事一议。二兼农户样本中，有 40%的农户参与过一事一议，60%的农户未参加过一事一议。从样本的统计数据来看，二兼农户参与一事一议的比例为三种类型农户中最高，而一兼农户参与一事一议的比例虽低于二兼农户但高于纯农户。因为纯农户、一兼农户和二兼农户的样本量不同，所以可能存在均值没有显著差异的情况，因此进行了均值比较和 T 检验来判断三种类型农户参与一事一议的比例是否存在显著差异，通过检验发现，纯农户与一兼农户、纯农户与二兼农户、一兼农户与二兼农户三者间的均值数据并无显著差异，说明纯农户、一兼农户与二兼农户在参与一事一议方面的比例大体相同。

总体来看，三种类型农户参与过一事一议的平均比例为 38.73%，未参加过一事一议的平均比例为 61.27%（图 10 - 4）。这一方面体现出，一事一议财政奖补制度作为村级公共产品供给的主要方式，不仅关系着农户的农业生产，而且关系到生活水平的提高，所以无论是纯农户、一兼农户还是二兼农户都希望能够通过一事一议财政奖补制度改善本村的生产和生活条件，因此有 40%左右的农户都积极参与了一事一议制度，这说明一事一议制度调动了广大农户参与村级公共产品供给的积极性，得到了农户的支持和广泛参与，一事一议财政奖补制度得到了有效的推广和实施。

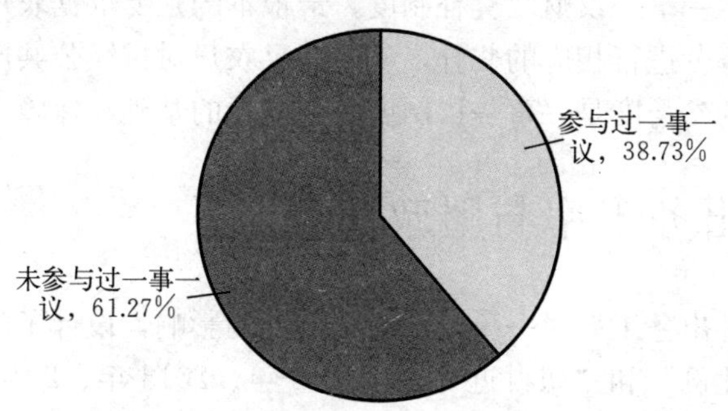

图 10-4　三种类型农户总体参与一事一议比例

而另一方面，仍有约 60%的农户由于各种原因未参加过一事一议制度，不同类型农户未参加过一事一议的原因可能并不相同。对于纯农户而言，虽然纯农户对村级公共产品的需求更强，但相对于一兼农户和二兼农户来说，纯农户的人均纯收入水平较低，一事一议财政奖补需要村民负担一部分资金，收入水平较低则可能导致农户无法负担筹资筹劳所需的资金。对于一兼农户和二兼农户来说，虽然他们的兼业化程度较高，收入水平比纯农户高，在负担筹资筹劳资金时会相对轻松，但因其在村内居住生活的时间较短，在村内开展一事一议时，一兼农户和二兼农户可能存在在外打工，无法及时参与一事一议，而且对于二兼农户来说，因其对村级公共产品的需求比纯农户和一兼农户低，所以在参与一事一议时表现出积极性不高的情况。

从农户参与一事一议制度的比例来看，虽然有 40%左右的农户积极参与了一事一议，一事一议财政奖补制度得到顺利开展，但仍有大部分的农户表示未参加过一事一议。根据样本村所反映的情况来看，农户参与一事一议的比例较低，如果农户参与一事一议的比例不足，一方面容易导致召开村民代表大会时无法满足法定人数，造成“事难议”的困境，阻碍本村进一步通过一事一议财政奖补来提供村级公共产品。农户参与一事一议比例不足的弊端另一方面体现在筹资筹劳过程中，没有可观数量的参与者就可能出现由于参与人数较少导致所筹资金不足，因为财政奖补是根据农户筹资筹劳金额按相应比例进行奖补，所以所筹资金不足也会降低财政奖补金额，最终导致全部所筹资金无法满足村级公共产品建设的资金需要，从而导致“决难行”。

无论是村民大会召开困难，还是筹资筹劳资金不足，究其原因就是农户参与一事一议的比例不足。部分农户未参加一事一议，使得村内在开展一事一议的过程中面临着重重困难，导致部分村无法顺利通过一事一议财政奖补制度来提供村级公共产品，这些问题成为了进一步推进和发展一事一议财政奖补制度道路上的阻碍。一事一议财政奖补制度，最根本的是要依据农户的意愿，并根据农户的筹资筹劳进行相应的奖补，从而满足农户对村级公共产品的需求，因此，保证农户的参与度是一事一议制度顺利进行的基础和保障。

10.5 外出务工率与财政奖补

为了探究外出务工率对一事一议财政奖补的影响，设计了问题“村里外出打工劳动力的比例”和“您村近 3 年（2012 年、2013 年、2014 年）是否获得了一事一议财政奖补”两个问题。

10.5.1 样本村平均外出务工率

根据问题“村里外出打工劳动力的比例”，分析全部样本村的平均外出务工率。统计结果如表 10－5 所示。

表 10－5 样本村外出务工率

变量名称	最小值	最大值	均值	标准差	变量含义及赋值
外出务工比例	0	85	28.84	19.32	单位（%）

数据来源：问卷调查整理。

通过统计分析发现，样本村的平均外出务工率为 28.84%，其中外出务工率最低的村比例为 0，即该村中没有外出务工人员，外出务工率最高的村比例达到了 85%，说明该村的大部分农户都外出务工，劳动力流动较大。

10.5.2 样本村获得一事一议财政奖补的比例

根据问题“您村近 3 年（2012 年、2013 年、2014 年）是否获得了一事一议财政奖补”，分析样本村获得一事一议财政奖补的比例。在所有被调查的样本村中，共有 78 个村回答了这一问题，其中获得一事一议财政奖补的村有 52 个，未获得一事一议财政奖补的村有 17 个，不知道是否获得一事一议财政奖补的村有 9 个。因为要探究外出务工率与一事一议财政奖补之间的关系，所以只选择获得和未获得一事一议财政奖补的村进行分析，共计 69 个样本村。对这 69 个村进行统计分析，统计结果如图 10－5 所示。

通过统计分析发现，样本村中近三年（2012 年、2013 年、2014 年）获得过一事一议财政奖补的村所占比例为 75.4%，未获得过一事一议财政奖补的村所占比例为 24.6%。通过对这一问题的分析我们不难发现大部分样本村都顺利地开展了一事一议，并且获得了财政奖补。但仍然有接近 25%的样本村

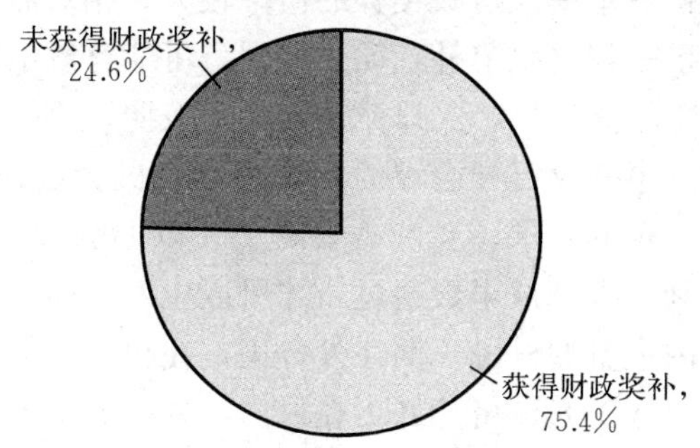

图 10-5　样本村获得一事一议财政奖补比例

在近三年没有获得过一事一议财政奖补。

没有获得财政奖补可能是因为这部分样本村的基础设施完善，不需要再通过一事一议财政奖补制度来为其提供村级公共产品，也有可能是受到其他因素的影响而不能顺利获得财政奖补，比如在开展一事一议时不符合相关制度，或是因为村里自身的原因，如外出务工率高，一事一议制度难以开展。因此需要通过问卷中关于样本村外出务工率和是否获得财政奖补这两个问题的回答进行分析，以进一步了解外出务工是否对本村开展一事一议、获得财政奖补产生了影响。

10.5.3　外出务工率与财政奖补

通过对两个问题的统计分析发现，样本村中获得了一事一议财政奖补的村，其平均外出务工率为 19.76%，未获得一事一议财政奖补的村，其平均外出务工率为 29.69%。通过结果可以得知，未获得一事一议财政奖补的样本村外出务工率明显高于获得一事一议财政奖补的样本村。

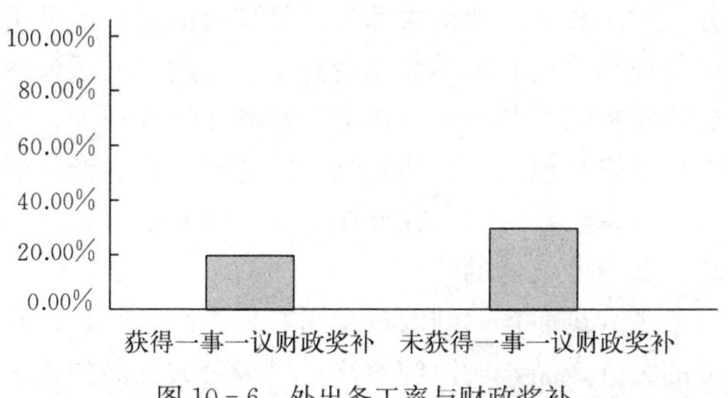

图 10-6　外出务工率与财政奖补

这在一定程度上说明，村民外出务工对本村开展一事一议财政奖补产生了一定的影响。外出务工率高的村，其获得一事一议财政奖补的几率较小，外出务工率低的村，获得一事一议财政奖补的概率较大。相对而言，外出务工率低的村更容易获得一事一议财政奖补，究其原因，可能有以下两个。

一是外出务工率较高的村，人口流动较大。按照一事一议财政奖补制度的要求，在村内开展一事一议召开会议时，无论是村民会议还是村民代表会议，都对参会的人数有一定的要求，会议需要有 2/3 以上的农户或农户代表参加，会议所做决定应由到会人员过半数通过，才可以生效。而对于一些外出务工率较高的村来说，村内大量的村民长期在外务工，在村内为了开展一事一议而召集村民大会时，外出务工人员可能并不在村内，外出务工人员又不会因为召开村民会议而回村，基本无法按时参加村民代表大会，这样一来外出务工率高的村就容易出现不满足规定人数的情况，会议所做决定不能生效，从而导致外出务工率高的村的一事一议制度无法得到有效的开展。

相比较之下，一些外出务工率较低的村，因其人口流动较少，大部分村民长期居住在村内，在为了开展一事一议制度而召开村民大会时，村民参与的意愿较强，而且有充裕的时间来参加会议。村民的出席率相对于外出务工率高的村来说要高，村民召集起来比较容易，相对来讲比较容易满足一事一议制度关于召开村民大会和村民代表大会的要求。此外，外出务工人员较少的村在筹资筹劳时同样比外出务工人员多的村更具有优势。外出务工人员因其不在村内，可能无法及时缴纳筹资金额。而外出务工率较低的村，在筹资筹劳时可能更方便，效率更高。因此，相对来说外出务工率较低的村比外出务工率高的村更容易获得一事一议财政奖补。

二是外出务工人员在参与村级公共产品供给方面的积极性不高。一事一议财政奖补制度提供的村级公共产品主要是供村民的农业生产和日常生活所用，而外出务工农户尤其是二兼农户对帮助农业生产的生产性村级公共产品要求较低，并且外出务工时间较长，他们大部分时间享受的是外出务工所在地区的公共产品，只有在节假日以及农忙季节才会有机会使用到村级公共产品。相对来说外出务工人员使用村级公共产品的机会和频率比纯农户少，村级公共产品供给的水平并不能长期影响他们的生活质量。因为村级公共产品的供给与外出务工人的生活关系并不密切，所以，在开展一事一议制度时，外出务工人员可能存在积极性不高、参与度较低的情况。

相比较外出务工人员而言，纯农户生活在村内的时间较长，村级公共产品是他们享受最多的公共产品，所以纯农户对村级公共产品的要求比外出务工农户更高，使用频率也比外出务工农户频繁。村级公共产品的水平的高低即关系到他们的农业生产，又与他们的生活质量密切相关。他们需要利用一事一议制度来满足自身对村级公共产品的需求。因此，在通过一事一议制度来提供村级公共产品时，出于对自身需求的考虑，纯农户表现出了比兼业农户更高的积极性和参与度。

10.6　主要结论和政策建议

10.6.1　主要结论

（1）新型城镇化背景下，农村劳动力加速流动，兼业化程度逐步提高，兼业化对农业生产产生了影响

在三种类型农户中，只有纯农户仍以农业生产为主，对农业生产的投入较多，随着兼业化程度的不断提高，部分农户对农业生产的依赖和投入逐渐减少，兼业化程度最高的二兼农户对农业生产的依赖性最小，农业投入最少，相应的土地流转面积最多，土地流转意愿强。但从另一方面看，虽然二兼农户对农业生产投入不足，但随着其兼业程度的进一步提高以及新型城镇化的推进，兼业农户可能在城镇定居，彻底放弃从事农业生产，从而对土地转出的意愿也进一步加强，有利于纯农户通过土地流转等方式继续扩大经营土地面积，进一步形成规模经济，获得更多的收入。

（2）总体看来，大部分村民对一事一议财政奖补制度表示满意

无论是纯农户、一兼农户或者是二兼农户，对一事一议财政奖补制度的满意度都是较高的，说明了一事一议制度在村级公共产品供给方面发挥了积极的作用，有效地提高了村级公共产品的供给水平，基本满足了农民对村级公共产品的需求，一定程度上改善了农村的生产和生活环境，同时充分发挥了农民参与村级公共产品供给的积极性，农民可以自主决定村级公共产品的建设，符合广大农民的需求，得到了大部分农民的支持。

（3）农村劳动力外出务工对一事一议财政奖补产生了影响

外出务工率高的村，其获得一事一议财政奖补的概率较小，外出务工率低的村，获得一事一议财政奖补的概率较大。由此可见，外出务工率低的村相对于外出务工率高的村来说在开展一事一议财政奖补制度时更具有优势。随着新型城镇化的不断推进，农村劳动力的外出务工率逐渐提高，越来越多的村可能面临着外出务工率高的情况，将会给这些村开展一事一议财政奖补制度带来了一定的困难。

10.6.2　政策建议

（1）调整一事一议财政奖补制度的议事程序

按照现有的一事一议财政奖补制度的议事程序，开展一事一议财政奖补需召开村民大会或村民代表大会，并且需要达到法定人数。由于新型城镇化带来的劳动力加速流动，大量农民外出打工，使得外出务工率高的村在执行议事程序的过程中面临着无法召集到规定人数的困境。因此，需要积极调整相关的议事程序。首先，在村民大会和村民代表大会的规定人数上，应更加灵活，充分考虑到村内的实际与本村的劳动力外出情况，以此来确定参加村民会议和村民代表大会的人数。与会人员应以长期居住在本村的村民为主，对长期外出务工的村民可以由他人代为参加会议和表达意愿，以此来减少一事一议制度议事程序的组织成本，解决外出务工带来的召集会议人数不全的问题。

其次，在议事会议的形式上，可以更加灵活，改变传统的会议方式，充分利用网络等现代信息媒介，通过视频会议等方式，让外出务工的农户不用回到村内就可以参与村民大会，减少外出务工农户参与一事一议的成本，同时还可以充分、及时地表达自己的意愿。通过调整一事一议财政奖补制度的议事程序和方式，即解决了会议组织成本高、参与人数不足的问题，又充分尊重了外出务工人员的意愿。

（2）协调生产性和生活性公共产品供给的比例

根据不同村外出务工情况外的不同和本村的实际需求，做出有针对性的村级公共产品供给。例如，外出务工率较高的村应更加侧重生活性公共产品的供给，因为兼业程度高的农户对农业生产的投入和需求都相对较少，他们更注重关系到生活环境的生活性公共产品的水平，因此需要加大生活性公共产品的供给，满足外出务工农户的生活需求。

而对于外出务工率低的村来说，要协调好生产性和生活性公共产品的供给，农户既要从事农业生产，又要长期生活在村中，因此，既要保证生产性公共产品的供给，为农户从事农业生产提供基础条件，又要保证生活性公共产品的供给水平，为农户营造一个舒适宜居的村内环境。

（3）调整筹资规则

筹资筹劳是一事一议财政奖补制度中关键的一部分，根据筹资筹劳制度的规定，每人每年筹资的上限为 20 元，一方面，每人 20 元的筹资额无法满足村级公共产品建设的资金要求，尤其对一些人口较少的村来说，农户筹资的总额根本无法达到大型村级公共产品建设的资金需求。另一方面，按人口筹资，平均负担，看似公平，但由于不同类型农户使用村级公共产品的机会不同，平均摊负筹资额则是不够公平的。因此，要相应地调整筹资的规则。首先，在筹资上限的问题上应更加灵活，可以根据不同农户的承受能力制定筹资标准，在完全自愿的情况下，鼓励富者多捐。其次，可根据不同农户对村级公共产品的使用机会进行筹资，而不是固定地按人口平摊，例如在提供生产性村级公共产品时，纯农户长期从事农业生产，兼业化程度高的农户可能已经放弃了农业，因此，纯农户的生产性公共产品的使用机会和时间可能大于兼业农户，在筹资时纯农户的负担额可大于兼业农户，而对于生活性公共产品，大家的使用机会是均等的，筹资则可以是平均负担。

（4）扩大财政奖补比例，有针对性地进行财政奖补

按照现有规定，一事一议财政奖补的金额是根据村民筹资额决定的。对于一些人口较少的村，村民筹资本身就可能存在不足的情况，如果财政奖补金额仍旧按村民筹资的比例，则可能导致公共产品项目无法运行，因此，对于此类情况，可根据实施项目的实际情况相应扩大奖补比例。

另外，外出务工人员在参与一事一议筹资筹劳时，可能会表现出积极性不高甚至不愿参与的情况，这就给外出务工率高的村在开展一事一议时带来了困难，以至于出现筹资金额不足等问题。对于存在这样状况的村，应逐步建立起对不同类型村庄的不同需求的开放式回应机制，适当加大对其的财政奖补力度，以弥补因农户外出务工所带来的筹资不足，保障其他村民的权益，最终促成不同类型特征的村庄都能通过一事一议财政奖补制度获得村级公共产品。

第四篇

村级公共服务供给国内外经验借鉴

第十一章　生产性村级公共产品服务供给经验借鉴

——以财政支持小型农田水利建设为例

农田水利是农民抗御自然灾害、改善农业生产条件的基础设施，关系到水资源优化配置和节约利用，关系到国家的粮食安全。小型农田水利设施分布在田间地头，其运行效率的好坏直接影响着农作物的收成和水资源的使用效率。在取消农业税以后，村级财政匮乏，青壮年劳动力大量外流，农民自身筹集资金能力较弱，完全依靠农民建设小型农田水利设施已不现实，加大财政支持力度势在必行，发达国家在财政支持小型农田水利设施建设中取得的经验值得我们借鉴。

11.1　小型农田水利建设国外模式的描述

11.1.1　投资政策

（1）投资主体

国外农村小型水利设施的投资主体主要是地方政府。比如美国农村小型水利设施的投资主要由州政府或私人灌溉公司承办，其中政府投资占据较大比重，水利项目中60%以上的投资均来自于各级政府的资金投入。加拿大对于农村小型水利设施的财政支持主要体现在综合开发和多方投资，加拿大对大江大河的治理和开发一般是在对流域进行全面规划，充分发挥水资源的综合效益。尽管日本的农村小型水利建设投资主要由项目业主负责，但是国家和地方政府提供一定的补助其中水利投资一直在各类公益事业中占据首位。

（2）建设成本分担

国外农村小型水利设施的成本一般由国家、地方政府和用水户分摊。比如美国灌溉设施建设的资金来源主要来自于政府安排的灌溉基金和向农场主收取的水费，灌溉公司则相当于商业性的营利组织。加拿大则在项目的设计和建设阶段，结合项目的实际需要和所要达到的主要目标来分摊相应的成本费用，其费用主要由地方政府和用水户共同分担。日本农村小型水利设施工程的管理费用，是由国家、地方政府和农民共同负担，但随着工程隶属关系的不同，各方负担比例不同。

11.1.2 融资政策

(1) 小型农田水利设施建设的融资政策

国外小型农田水利设施建设的融资渠道主要为政府补助，但财政直接补助小型农田水利设施的情况较少，而较多国家采用将财政资金市场化，如通过政府发放债券、政府贷款、提供优惠的金融政策等方式，实现了财政对小型农田水利设施建设的支持。比如美国农村小型水利设施建设的融资渠道主要依靠政府发行债券，实施多元化融资，以非公益性水利项目有偿使用的形式支持农村小型水利建设的发展。加拿大则通过政府对水利项目建设在金融政策上提供一定的优惠政策，如延长还贷时间，有些贷款偿还期长达40～50年，这样保证了小型农田水利设施建设这一公益事业的持续发展。日本农村小型水利设施的融资渠道主要有：各级政府财政拨款、向银行贷款、向社会发行债券、自筹和接受捐赠款项等。如，对受益农户无力支付承担的小部分投入，可向政府设立的政策性金融机构“农村渔业金融金库”贷款，年息2%～3.8%，25年分期还清。

(2) 小型农田水利设施管理的融资政策

国外小型农田水利设施建成后的管理与维修资金来源并不相同。有的国家小型农田水利设施的维修资金来自于地方政府的补助，如美国小型农田水利设施在使用期限内，运行管理费用由地方政府支付，对于水利工程的折旧费实施严格提取，并专门用于水利项目的更新改造和再投资。有的国家小型农田水利设施的维修资金来自于用水户，如加拿大、澳大利亚对于农村小型水利设施的项目建成后，建设管理机构要求用户支付运行和维修的费用，但有的地方政府会对运行和维修费用给予一定的补贴。还有的国家小型农田水利设施的维修资金来自于政府和农户的分摊，如日本的小型农田水利设施运行中管理费用一半以上（50%～80%）的管理费用来自于国家和地方政府，农民则负担其余部分（20%～50%）。

11.1.3 管理政策

(1) 参与式灌溉管理

国外小型农田水利设施建设的管理主要采用参与式灌溉管理模式，该模式是世界范围内灌溉管理体制和经营机制的一项重大改革，自产生以来在许多国家产生了积极效果。该管理模式不仅能有效改善小型农田水利设施老化、成本回收不足、灌区服务质量下降、灌溉面积减少等问题，而且能够显著提高农户的参与度和满意度、降低灌溉成本，减轻政府财政负担。参与式灌溉管理模式主要适用于小型灌区或小型农田水利设施，农户通过组建用水者协会等方式参与农业用水的灌溉管理，小型灌区的面积不超过 500 hm^2。如印度政府将深井转让给农民集体管理，由他们自己选举领导管理灌溉系统和计收水费。

（2）用水者协会是参与式灌溉管理的主要组织形式

用水者协会一般具有独立的法人地位，主要职责是接收政府移交的灌排管权利和责任，具体参与灌区规划、施工建设、运行维护等方面的事务，从主渠道买水，向用水户收取水费，协调渠域内的用水矛盾。多数国家的用水协会被定位非营利性组织，但美国等国家的灌溉协会或者灌溉供水公司被定位于“自负盈亏，保本运行”，他们向农场提供灌溉用水。

11.1.4　法律保障

（1）专门保障农田水利建设的法律

日本从 1949 年起陆续制定了《治山治水紧急措施法》《水资源开发促进法》《河川法》等诸多治水的法律。在组织管理方面，日本在管理体制上采用“多龙治水，多龙管水”的模式，水资源开发管理分别由国土厅、建设省、农林水产省、通商产业省、厚生省按政府赋予的职能进行管理。同时立法保证资金投入。以立法的形式规定财政对农田水利的投资，确保了资金投入的相对稳定性。美国 2002—2011 年政府补贴农业的资金为 1 900 亿美元；日本 1965 年人均 GDP 不到 1 000 美元时，就开始实施大规模土地改良计划，至目前已建成了发达的水系工程。

（2）明确界定各级财政投资范围

美国由垦务局组织兴建水源及渠系等公共灌排设施，由政府负担灌区的防洪、生态等公益性建设投资及运行管理费。考虑当地所有居民间接从农业发展中受益，通常采取从水力发电或城市供水的收益中“以工补农”。日本对经法定程序审批的农田水利基建项目，按照规模大小采取不同的财政补助方式，一般工程规模越大中央补助越多，中型灌区中央财政补助达到 75%。建成后的人员工资、日常管理、维护等工程运行管理费，大部分也由各级财政负担。

11.2　小型农田水利设施建设的中外比较与分析

在以上总结分析的基础上，我们将当前我国小型农田水利设施建设问题产生的背景、条件及现状与国外相对比，试图找出两者之间的差距与区别，为合理确定我国小型农田水利设施建设的财政支持模式，促进农村水利设施建设问题的合理解决提供突破口。

在我国小型农田水利设施主要指灌溉面积小于1万亩（0.067万 hm^2）、除涝面积小于3万亩（0.2万 hm^2）、库容小于10万 m^3、渠道流量在1 m^3/s 以下的用于农业生产的水利工程，其实物表现形式主要包括符合上述标准的水库、机井、提灌站、排涝站、水塘、水渠等。从中华人民共和国成立以来，我国在小型农田水利设施建设的政策大致可以划分为三个阶段：中华人民共和国成立后到1977年为政府集中供给阶段；1978—1992年为政府与农户合作供给阶段，实行责任制，追求经济效益的最大化；1993年至今为多元供给主体合作供给阶段。

表11－1　我国不同时期小型农田水利设施建设的政策比较

	投入政策	融资政策	管理政策
政府集中供给	（1）以工代赈 （2）民办公助 （3）三主方针	政府提供资金	（1）临时组织管理 （2）集体组织管理 （3）集体组织管理向民间管理模式转移
政府与农户合作供给	劳动积累工制度	政府与农户分摊建设资金	无序管理模式
多元供给主体合作供给	（1）社会资源投入 （2）“民办公助”投入机制	政府、农民、社会资本联合供给	（1）用水者协会管理 （2）“一事一议”管理

从表11－1可以看出，我国在不同时期小型农田水利设施的供给模式并不相同，这与我国社会经济的发展、农业现代化的程度以及农村经营制度的变化有关。与国外相比，我国现阶段小型农田水利设施的供给模式还有待进一步完善。小型农田水利设施具有公益性，地方政府应成为供给的主体。由于不同类型的小型农田水利设施产权改革程度不同，一般来讲，水库的盈利能力较强，市场化程度较高，社会资源介入较多，实行产权制度的改革就较彻底；但是，排涝站、水渠等设施盈利能力差，基本没有社会资源介入，很难进行产权制度改革。因此，地方政府应成为小型农田水利设施的供给主体。从筹资模式上看，我国现行的小型农田水利设施的筹资模式是政府、农民、社会资本共同分担，但是，与发达国家相比，这种筹资模式既没有法律上的保障，又没有各自承担比例的规定，随意性较强。从管理模式上看，我国现行的小型农田水利设施依靠用水者协会和“一事一议”管理制度。从目前实施的状况来看，这两种

制度都存在一定的弊端。许多学者的研究表明用水者协会对于小型农田水利设施供给的积极性不高，“一事一议”制度存在着“有事难议、议事难决、决事难行”的问题。因此，结合我国的基本国情和国外的成功经验，完善我国小型农田水利设施的管理制度是非常必要的。

11.3 进一步发展我国小型农田水利设施建设的对策建议

（1）小型农田水利设施的投资主体应为地方政府，中央、地方和农户各分担一部分建设费用，其中地方政府应承担大部分建设费用。小型农田水利设施的建设应实行由国务院领导、省级人民政府统筹、县级人民政府为主规划实施的管理体制。以县为单位开展小型农田水利建设，实现小型农田水利工程由分散投入转向集中投入，实现以地方政府投资为主体的小型农田水利设施建设。同时，应进一步创新小型农田水利设施管理的融资机制，通过财政奖补、优惠贷款、财政贴息等方式，引导、带动社会资金加大对小型农田水利设施建设的投入。

（2）小型农田水利设施建成后的管理与维修费用应有地方政府与农户共同分担。对于有困难的农户可以采取贷款等方式给予一定的资金支持。针对小型农田水利设施管护中出现的“国家管不到、集体管不好、农民管不了”问题，应在界定小型农田水利设施产权的基础上，按照“谁投资、谁所有、谁管理”的原则，落实管护责任主体。特别要发挥农民用水合作组织的作用，建立群管为主、专管为辅，专群结合的新型小型农田水利设施管理体系。

（3）完善参与式灌溉管理的制度。进一步完善“一事一议”筹资筹劳制度，加大对小型农田水利设施建设的奖补力度，通过以奖代补、先干后补等多种方式，引导农民群众自愿投工投劳兴修水利。在小型农田水利设施建设过程中应建立以农民投劳为主、地方政府投资为主的“一事一议”筹资筹劳制度，充分发挥农民在建设小型农田水利设施过程中的主观能动性，充分参与到小型农田水利设施的决策与建设过程中。

（4）对小型农田水利设施建设资金和管护资金的来源应有明确的法律保障。应尽快出台国家层面的《农田水利法》，对我国小型农田水利设施的投资机制、融资机制、建设和管护机制等做出明确的规定。

第十二章　生活性村级公共产品服务供给经验借鉴

村容整洁是社会主义新农村建设的重要组成部分，是展现农村新貌的窗口、实现人与环境和谐发展的必然要求。而在我国城乡二元结构体制之下，农村地区除承担本地区所产生的生活垃圾还消纳着大量的城市垃圾，城乡生活污染治理供给制度的差异性更加剧了农村生活环境整治的压力。同时，一方面由于农村税费改革后，村级财政匮乏，青壮年劳动力大量外流，农民自身筹集资金的能力较弱，导致农村地区公共产品及基础设施供给滞后，农民的环境保护意识较弱；另一方面，适合于农村地区的环境治理技术及管理相对空白，随着城市环境保护管理体系的日益完善，农村生活环境问题也备受关注。本章主要从农村生活垃圾、污水、厕所及粪便三方面的村级公共服务展开论述。

12.1　农村生活垃圾的处理

12.1.1　国内农村生活垃圾的处理概述及经验借鉴

12.1.1.1　国内农村生活垃圾的处理概述

市场经济改变了农民的传统生活习惯，却没有改变农民随意倾倒垃圾、随地吐痰等不良习惯。随着农村私生活垃圾由过去易腐烂的菜叶、果皮等发展到塑料、金属、废电池等不可解物质，切实加大农村环境保护力度，加快解决农村突出的生活垃圾污染问题，对于全面推动生态文明建设具有重要意义。

目前对农村生活垃圾的处理方式主要有三种。一是无序处理，即农村生活垃圾的处理处于“无序”状态；二是城乡一体化的处理，即把城市生活垃圾处理模式向农村延伸，对农村生活垃圾实行“统一管理、集中清运、定点处理”的方式；三是农村生活垃圾的三化处理方式，即减量化、资源化、无害化处理，但目前在很多地区推行的农村生活垃圾长效处理机制中涉及的往往只是垃圾的无害化处理，在生活垃圾的减量化、资源化方面涉及较少。本章将选取典型地区为案例，探讨我国现行农村生活垃圾处理方式。

12.1.1.2　国内农村生活垃圾的处理经验借鉴

（1）江浙模式

江苏、浙江地区地理位置优越，经济发展水平较快，是我国城镇化和工业化速度较为迅速的地区。近年来，在农村环境问题的整治上，江浙地区以城乡一体化发展为主线，充分发挥政府的主导作用，积极探索农村污染治理的市场化运转机制，取得了较好的成效，其主要经验做法有二：

一是统筹城乡环境保护。浙江省采取了“户集、村收、镇转运、县市处理”城乡一体化的生活垃圾处理模式，因地制宜地将用于环境治理与保护的生活性公共产品向农村地区延伸。江苏省则按照乡镇分片的原则建立环保分局，制定农村环境综合整治扶持政策，目前全省已有 39 个县级环保局采用了这种方式在乡镇建立了 136 个环保分局。

二是探索实施农村环境污染治理的市场化运转机制。多年来，江苏、浙江两省不断加大对农村环境保护、治理的扶持力度，减免农村环境综合整治工程税费的同时，在不对农民产生负担的前提下，积极发动农民投工投劳共同参与农村环境综合整治。但是，政府的投入依然满足不了对日益严重的农村环境问题整治的需求，为此，江苏、浙江两省探索了市场化运作机制以吸引社会资金的投入，参与农村环境基础设施的建设与运营管理，力图通过这种形式解决农村环境基础设施供给不足、运营管理落后的现状。在此模式下，政府和环保企业共同出资共建垃圾处理厂，各乡镇设立垃圾中转站，各村按规模大小设 1 个以上垃圾收集站，每村配备保洁员，建立起乡镇和村两级垃圾清扫、收集、运输系统。并且，乡镇与环保企业签订协议，规定由环保企业负责农村生活垃圾的日常清洁，实现专业化管理。

“江浙模式”的主要特点就是城乡一体化的生活垃圾处理模式和农村环境污染治理的市场化运作机制。该模式缩减了城乡环境保护公共服务的差距，对农村地区生活环境的改善具有重要的意义。江浙地区比较典型的农村生活垃圾处理模式有两种。

第一种是长兴县农村“创卫”工程。

长兴县，隶属于浙江省湖州市，地处浙江省东南沿海、长江三角洲杭嘉湖平原、太湖西南岸，与该省安吉县、湖州市吴兴区和安徽省广德县、江苏的宜兴市接壤，属苏浙皖三省交界区。辖区内现有 10 个镇、6 个乡，共 224 个行政村。

为推进城乡一体化的发展，长兴县成立了专项领导小组并颁布了《长兴县城乡一体化行动纲要》。其中，针对农村环境污染严重产生的后果，长兴县在此行动纲领中将农村“创卫”工程（全称为“农村创建卫生乡镇、卫生村工程”）列入城乡一体化的“八大工程”之一。并根据”创卫“工程的要求，制定了《长兴县城乡一体化行动乡镇创卫工程实施方案》。

农村“创卫”工程的总体要求是：按照统筹城乡一体化发展的要求，积极推广县区生活环境整治的成功经验，广泛开展卫生乡镇创建活动；以县区带动乡镇，以集镇促进农村，城乡联合行动开展“创卫”活动，不断改善农村生活环境条件，提高人民群众的生活质量，为经济和社会发展创造良好的环境。

为顺利实现“创卫”工程的目标，长兴县还根据实施方案，建立县乡镇创卫工程指挥部，由县委常委、宣传部部长（创建办主任）和县人大副主任担任指挥长，成员由相关部、局分管领导和各乡镇分管领导组成。县乡镇创卫工程指挥部下设办公室，办公室设在县创建办，由县委宣传部副部长、创建办副主任担任办公室主任。县创建办专设乡镇创建指导督查科，从县委宣传部、县卫生局、县城管局、县交通局、县环保局5个相关部门抽调5名办事员集中在乡镇创建指导督查科办公，全力抓好对乡镇“创卫”工程的指导和督查工作。具体的组织结构见图12-1。

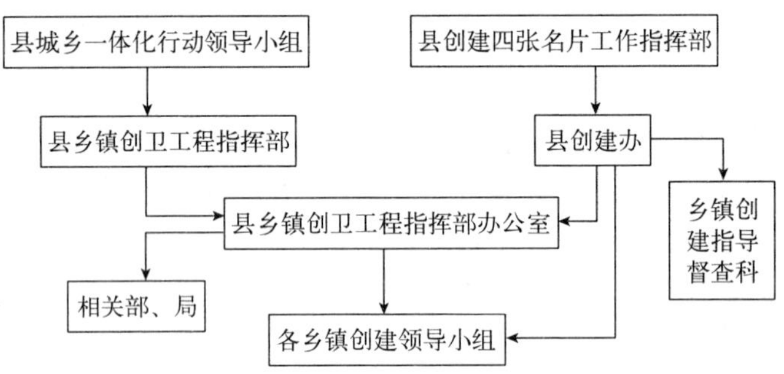

图12-1　长兴县农村“创卫”工程组织结构

在确定组织结构的基础上，为了切实推动农村“创卫”工程，县乡镇创卫工程指挥部根据长兴县的实际情况，采取了五项具体措施：①加强领导，齐抓共创；②加快建设，加强管理；③加强教育，宣传发动；④明确职责，形成合力；⑤加强指导，严格督查。

第二种是德清农村生活垃圾处理模式。

德清县位于浙江北部，总面积936平方公里，全县辖4个街道、8个乡镇151个行政村，总人口49万人。多年来德清县一直重视城乡生活垃圾的处理，自2007年开始，为完善农村生活垃圾的收集、中转、运输系统，加强农村环境基础设施建设，由县统一部署，乡镇具体实施，投入资金约8 000余万元，在各村庄共建立垃圾收集房292座，放置垃圾箱（筒）36 323只，建成垃圾中转站35座（其中吊装式16座、储存式6座、压缩式12座、地坑式1座），投入使用各类环卫专用车辆712辆。

德清县积极探索农村生活垃圾处理市场化运作的工作机制。全县151个行政村通过公开招标的方式确定保洁单位，目前全县拥有农村保洁员1 000余人，有效提高了农村生活垃圾的处理效率。另外，总投资1.2亿元建成的德清县佳能垃圾焚烧发电厂，已于2009年投入运行。政府与投资企业签订了《浙江省德清县佳能垃圾焚烧发电项目特许经营协议》，特许投资企业经营年限为30年。目前，德清县农村生活垃圾的处理已基本形成“户集、村收、乡运、县处理”的格局，在此基础上不断创新推进农村环卫事业的发展，拓宽投融资渠道，吸引社会资本的进入，形成多元投入机制。

(2) 长沙模式

长沙于2007年年初开展了“新农村、新环保、新生活”运动，由此开展了一场以农民自治为特色的农村“环保运动”，“长沙模式”是在此过程中金塘村形成的一种在于探索提供环境保护公共服务的自主供给模式。这种模式不仅推进了村民自治，而且缓解了环境保护公共服务供给不足的状况。其主要措施如下：

一是制定有关农村环境保护的村规民约。金塘村制定、实施了《金塘村环境保护村规民约》，规定实施“门前三包”和“联户保洁”制度。“门前三包”是指每家每户承包门前村容整洁，承包门前环境卫生，承包门前责任区内的环保设施、设备和绿地整理等。“联户保洁”是指分户值周、轮流负责生活垃圾的储运或填埋等。《村规民约》还在环境保护宣传、环境美化等方面做了具体规定。

二是建立村级环保促进会。在实施《村规民约》的同时，金塘村选举成立了环保促进会，促进会成员由村里德高望重的村民和党员代表组成。该会主要负责村里环境保护工作的统筹协调，宣传环境保护知识，监督环境保护村规民约的实施，协调处理有关环境保护的纠纷等。

三是注重环境保护的宣传教育。金塘村成立了农民环保学校，学校规定村民每月至少要接受2～3次环境保护知识的培训，以加强村民环境保护意识。环保学校还经常聘请环保机构的工作人员讲课。

四是实施环境保护听证制度。对于村里涉及环境的重大问题或纠纷由环保促进会组织听证。例如，新建猪场必须经周围邻里签字同意。对于邻里意见不统一的，交由环保促进会组织听证会，请专家提出意见，村民以不记名的方式进行投票表决。

(3) 江苏省农村环境综合整治工作

江苏省于2005年发布了《关于开展农村人居环境建设和环境综合整治试

点工作的通知》，启动了以“六清六建”（清理垃圾，建立垃圾管理制度；清理粪便，建立人畜粪便管理制度；清理秸秆，建立秸秆综合利用制度；清理河道，建立水面管护制度；清理工业污染源，建立稳定达标排放制度；清理乱搭乱建，建立村容村貌管理制度）为主要内容的农村环境综合整治工作，在开展农村人居环境建设和环境综合整治方面进行了有益的探索，为全面启动“农村小康环保行动计划”积累了宝贵的经验。

江苏省每年根据农村环境综合整治规划的安排，对应省直各有关厅（局、办）的职能明确任务分工，把当年的农村环境综合整治工作量化到下辖地市，并由省政府办公厅印发文件进行布置。

为了保障此项工作顺利实施，江苏省建立了考核机制。在每年年底，江苏省将对下辖各地的年度农村环境综合整治任务完成情况进行考核，并将考核结果进行通报。同时，江苏省还将考核结果以及农村环境综合整治工作的开展情况作为党政领导干部政绩考核的重要内容和干部提拔任用的重要依据。

在江苏省农村环境综合整治工作中，涉及了诸多省级单位，并明确了各单位的分工。财政厅主要负责落实各项工作的省级补助资金。建设厅负责建设无害化垃圾填埋场，建立“组保洁、村收集、镇转运、县处理”垃圾处置模式；建设不同类型的农村生活污水处理设施，包括乡镇污水处理厂及集中生活污水处理设施；新（翻）建房配套卫生厕所。科技厅负责针对农村生活垃圾处理、规模化畜禽养殖场废弃物处理、稻秆综合利用等开展研究示范。环保厅负责组织协调农村环境综合整治工作的开展、督办及考核，指导各地开展农村环境综合整治工作。

(4) 陕西省汉中市开展农村垃圾处理的主要做法

汉中市位于陕西省西南部，全市辖9县2区及3个开发区，总人口343余万人。汉江流经该市境内达270公里，流域面积1.96万平方公里，占全市国土面积的72.3%，涵盖全市11个县区、188个镇（街道办）、2 574个行政村。汉中是长江最大支流汉江的发源地，是国家南水北调中线工程水源涵养地，承担着“一江清水送北京”的神圣使命，做好这一区域的农村环境卫生综合整治和农村垃圾处理意义重大。在农村环境整治工作中，汉中市的主要经验做法有：

一是坚持生态立市的方针政策。汉中市树立了环境保护战略理念和环境保护优先方针，牢牢把握“在保护中发展、在发展中保护”的原则，以统筹城乡发展、改善人居环境为目标，大力开展农村环境整治和生态创建，建立和完善农村环境保护的长效机制，积极探索“政府主导、环保牵头、部门合作、群众参与”的农村环境综合整治和农村垃圾处理工作机制，进一步提升全市生态文明建设水平。

二是强化生态保护。汉中市统筹规划汉江水源地保护和农村污染治理，启动了汉江流域污染防治三年行动，大力实施“绿水、蓝天、青山和宁静”四大工程，全力打好城镇污水垃圾集中处理、城区扬尘治理及“煤改气”和“油改气”、节能减排治污、面源污染治理四大战役，加快推动城乡环境整治步伐。

三是建立长效机制。全市 70 个乡镇（街道）建立了环卫站，组建了 3 000 人的农村保洁员队伍，负责农村垃圾的收集清运和污水处理设施的管理与维护，环保治理设施稳定运行，农村垃圾收集、清运基本正常。

四是整合资金投入。汉中市财政每年预算 2 000 万元，专项用于生态创建、农村连片整治示范工程。按照“渠道不变、主体不变、部门配合、合力打造”的模式，整合相关资金 7.3 亿元，重点投入农村环境整治和农村垃圾处理。2013 年全市累计投入整治资金 15.12 亿元，整治污水管渠 2 577 公里，新建垃圾池（房）6 486 座，新增绿化面积 163 万平方米，新增使用清洁能源 9.7 万户，农村基础设施建设明显改善，村容村貌焕然一新。

12.1.2　国外农村生活垃圾的处理概述及经验借鉴

12.1.2.1　国外农村生活垃圾的处理概述

在垃圾处理过程中，许多发达国家制定了一些行之有效的法规政策。如美国联邦政府与议会在 1965 年和 1970 年先后通过了《固体废弃物艘法》和《资源保护与回收法》，1972 年德国通过了《废弃物管理法》等。另外，为了促进农村生活垃圾的处理，一些发达国家往往采取一些经济性政策，通过财政手段向农村生活垃圾处理者提供资金援助，如补助金、通融资金和税收等。有的国家会对垃圾生产者收取全部的处理费用。通过这些经济性政策，确实大大减少了农村垃圾的产量。此外，发达国家都很重视垃圾的分类处理。例如在日本，每家都有家用分类垃圾箱。

目前，国外形成的垃圾处理方法基本上是填埋和焚烧两种。日本和西欧一些国家垃圾焚烧制能居世界领先地位。垃圾的填埋量逐年下降，填埋成为其他处理工艺的辅助方法，成为一切不能再利用物质的最终消纳厂。例如德国对垃圾处理的技术选择了严格的规定，优先顺序为：①源头消减；②回收；③焚烧能源；④填埋处理。

12.1.2.2　国外农村生活垃圾处理的经验借鉴

(1) 美国垃圾处理经验

美国农村垃圾处理开始时间较早，并且是处理效果较好的国家之一，因此选取美国分析其农村污水处理的经验，以期对我国农村污水处理提供借鉴与参考。美国农村大多数人是一家一户分散住在自家土地上，而不是住在市镇，比我国农村居民的居住分散程度还要高。其具体经验做法如下：

一是完善的法律法规。美国很早就开始通过立法手段来强制民众的垃圾管理。例如美国联邦政府与议会在1965年和1970年先后通过了《固体废弃物艘法》和《资源保护与回收法》。

二是多渠道融资手段。美国联邦政府农村发展部负责对农村垃圾治理的资助，但是并不会提供全部建设资金，而对治理项目的70％～80％进行补贴。另外，各州政府也会将污染治理列入专项开支。

三是完善的管理模式。对于农村垃圾处理，美国实行市场化运作的模式。20世纪80年代以后，美国开始普遍实行招标制度，将垃圾处理及服务承包出去。在美国农村，社区是最基层、最贴近农民生活的社会管理单位。农村垃圾治理项目的选址、设计和规划等活动都是由社区的当地居民自己组织、自愿进行的，政府不干预。

四是垃圾公司深入乡村。在美国，规模不大的家庭公司承担着农村的垃圾处理。这些家庭公司的员工也是农民，他们开着垃圾车，到各家收取垃圾，同时也收取一定费用。每家农户都有一个带轮子的垃圾箱，早晨推到垃圾收取地点，再由专车带走垃圾。虽然在美国，农户之间居住比较分散，但是垃圾公司还是会深入每个乡村的每个角落。

（2）日本垃圾处理经验

日本作为亚洲最大的发达国家，环境治理方面在世界遥遥领先，日本农村的环境甚至有“世外桃源”的称呼。日本国土面积小、发展历史短暂，但经济发展迅速，生产生活垃圾量显然是非常巨大的。日本在环境管理方面取得的成就无不得益于日本对环境保护的重视，在经济发展的同时兼顾环境的治理。在环境管理方面，日本先后通过了很多法律法规，在法律层面对国民进行监督。并且还注重对环境保护方面的宣传，例如日本人从小就接受保护环境的教育，因此民众对环境的保护意识已经内化为国民的道德律。日本的垃圾分类技术在世界上非常著名。其具体经验做法如下：

一是完备的法律法规。20世纪50年代开始，日本进入经济的告诉发展阶段，垃圾问题日益严重，日本还针对农村垃圾管理制定专项法律法规。例如1970年的《有关废弃物处理和清扫的法律》、1977年的《再生骨料和再生混凝土使用规范》。2001年制定了《废弃物处理法》，并在以后得到多次修订，旨在遏制废弃物的排放，对垃圾等废弃物进行分类、保管、收集、再生和处理，提高公共环境质量。2000年6月，日本还制定了《循环型社会形成推进基本法》，旨在促进资源的回收利用、减少垃圾和提高废弃物利用率。2002年制定了《垃圾再利用法》。这些法律法规的制定使得日本农村垃圾管理有法可依。日本还在国家法律的层面对农村垃圾予以规制，例如《资源重新利用促进法》要求农村生产生活过程中产生的木材、渣土、粪肥等垃圾必须送到“再生资源设施”进行处理。

二是环保宣传。日本人从小就接受环保教育，比如，日本政府会把垃圾处理方面的环保知识纳入小学生教材，如果一些垃圾收集点的垃圾没有按照规定分类，就会有人将照片送到附近小学，被当做课堂上的反面教材。日本的垃圾处理设施还经常对外开放，老师会带领学生参观，并且在参观之后，学生还会被要求撰写见闻感受，还会制作相关海报等。因此，日本国民环保意识比较强，环保素质也比较高。

三是垃圾分类处理。日本在垃圾分类方面走在世界的前列，并且垃圾分类非常精细。例如，在日本垃圾的回收时间都是固定的，细化到周几回收什么类型的垃圾，如一般垃圾包括厨余类、纸屑类、草木类等，可燃性垃圾包括报纸、纸箱、纸盒等，不燃性垃圾包括饮料瓶、无色透明瓶等，可破碎处理的大件垃圾包括小家电类、金属类、自行车等。在日本，不仅垃圾分类有相应的规定，垃圾收集日和具体投放时间也受到严格的限制，如果错过了规定日期的指定时间，就只能存放垃圾到下个收集日再进行投放。这种细化的分类处理好处是，垃圾车可以装同类垃圾，然后运送到处理厂处理，既省工又省时。日本的垃圾车也很有讲究，全部是自动封闭、自动加压式的，装车的垃圾可以自动压实，易拉罐之类的废弃物可以压扁成片。

(3) 德国垃圾处理经验

德国国土面积为35万平方公里，超过百万人口的城市仅3个（柏林、汉堡和慕尼黑），村镇人口规模多为1 000～2 000人。德国的农村堪比城市，农村的绿化率高于城市，并且基础设施一点也不逊色：上下水、电、通讯、交通应有尽有。德国农村环境的保护离不开以下几点：

一是国家政策支持。德国政府通过财政补贴来扶持农村环境的保护。德国各级政府农业部门首先通过分析研究农业技术对环境的影响，然后制定环境保护政策来协调农业政策。在德国农业部官员看来，他们必须降低城镇建设与交通建设对农村环境的危害，因此，农业部的工作都要考虑到乡村环境的保护，并且通过多方面的补贴与扶持来完善农村的基础设施建设。例如在政策的扶持下，多数的农村地区都建设了相应固废处理系统。

二是注重法制保障。德国有关环境保护的立法中，最具代表性的是《环境损害赔偿法草案》与《环境责任法》这两部法律。德国政府将垃圾处理、饮用水供应等委托给符合条件的私人组织，政府则负责监督和审查管理。

三是垃圾分类。德国的垃圾分类很详细，日常生活中的垃圾大致可以分为六类：有机垃圾、轻型包装、纸类、有毒废物、废旧玻璃和其他垃圾。有的类别还可以细分，比如玻璃可分为白色、绿色和棕色三种。电池、大体积物品等则需要放在指定的位置。德国的儿童从幼儿园开始就进行垃圾分类的教育，随手给垃圾分类的好习惯是从小逐步培养的。

日常的生物垃圾通过专门的生物垃圾桶被收集、切碎，并与真空管道系统收集的黑水一起汇入居住区的技术处理中心。两者的混合物先被高温净化处理，之后导入在30～40 ℃下工作的发酵反应器，经过有氧处理，稳定后还残留富含高浓度营养物质的流质物。这些流质物将被保存起来，并被用于居住区的绿化养护或者卖给临近的农业联合组织。该组织将其分配给各个成员用于农业生产，并保存在季节性存储器中。营养物质的再利用不仅使人类居住区产生的富含营养元素废物以生态可承载的方式进入了自然界的物质循环，而且在一定程度上取代了高耗能的化肥生产，为节能做出贡献。

四是先进的垃圾处理技术。最古老的垃圾处理技术是填埋。但不管是简易填埋还是卫生填埋，垃圾堆积产生的渗滤液与所含重金属对地下水和土壤都有长期潜在的污染威胁。因此，德国从2005年6月开始全面禁止垃圾直接填埋。现在德国应用的新一代生活垃圾处理技术，已不再直接焚烧垃圾，而是通过各种机械、物理和生物化的处理手段来对垃圾进行精细地分拣和再利用。简单地说，就是先把生活垃圾粉碎，通过机械化的流水线，经过磁选、光选、风选等过程，一方面分选出有价值的资源物质（如钢铁和有色金属等）再生利用，另一方面将垃圾中的有害物质提前分离出来，如含有氯元素的聚氯乙烯塑料（PVC塑料）、电池和重金属等，然后再分选出沙石玻璃等惰性不可燃物做成建筑材料，最后将剩余的塑料、橡胶、纸、木、纺织物以及有机生物质等高热值组分烘干脱水，制作成性能稳定的“垃圾衍生燃料”。

（4）英国环境治理经验

英国作家杰里米·帕克斯曼说：英国人坚持认为他们不属于近在咫尺的城市，而属于相对远离自己的乡村，真正的英国人是个乡下人。他认为，“在英国人的脑海里，英国的灵魂在乡村。”城市在英国人心目中仅仅是一个聚会的场所，大部分生活优渥的家庭都只在城里度过忙碌的工作时光，在喧嚣之后，又一如既往地返归乡村生活。英国人对于乡村生活有着与生俱来的热爱。英国乡村不但生活舒适，就连天气和教育环境都比城里更好。对于英国农村环境的保护，具体来说归因于以下几点：

一是英国农村环境保护的法制建设。英国美丽的乡村环境与严格的环境立法制度是分不开的。例如，1949年的《国家农村场地和道路法》旨在对农村的生态环境和道路进行保护。1981 年颁布并实施了《野生动植物和农村法》，对农村环境保护的范围扩大到野生动植物。《国家公园和享用乡村法》还专门设立“国家公园委员会”，主要负责乡村景观保护以及协助地方政府工作，该法案在 1968 年修订后还设立了“乡村委员会”，负责乡村基础设施的建设和保护乡村景观。这些法律和政策的实施为英国农村营造了一个良好的生态环境。

二是对农民保护环境性经营实行补贴。2005 年起，英国政府首次对农民保护环境性经营实行补贴。英国政府决定，农场遵守采取环境保护的措施，政府补贴 105 英镑，农场不施用氮肥，政府每公顷补贴 450 英镑以上，农场主在其经营的土地上不使用化肥和农药的绿色耕作则可以得到 60 英镑的补贴。另外，按照英国环境、食品和农村事务部的规定，农场主还可与政府部门签订协议，一旦签订协议，他们有义务在其农田边缘种植灌木篱墙作为分界，并且保护自家未开发地块中野生植物的自由生长，以便为鸟类和哺乳动物等提供栖息家园。这些措施目的在于鼓励农民在农业生产的过程中注重农村的环境保护，确保农业经济发展与农村环境保护同步进行。

三是注重环境事务的公众参与。英国是一个老牌的资本主义国家，在“日不落”时代，它就是工业化与现代化的代名词。英国作为最先发生工业革命的国家，曾经深受环境污染之害，现在这些美丽的乡村风景，在不断扩张膨胀蚕食周边环境的都市冲击下，仍能保存得这样完整，这份功劳，至少大部分可以归于英国的乡村保护协会。英国在 1908 年就成立了国家农民协会，当时属英格兰和威尔士，目前国家农民协会会员大部分是农场主。农民协会的主要任务就是关注农村环境，听取和反映农民意见，游说政府和立法机构通过各种方式加强农村环境的保护。

（5）荷兰环境治理经验

荷兰作为欧盟的主要成员国之一，是一个面积仅 4 万平方公里的小国，但是按照荷兰国家统计局的统计数据，荷兰有 55％的人口居住在乡村地区。荷兰的乡村环境治理也走在世界的前列。这主要是因为以下几点：

一是法律法规的制定。从 20 世纪 60 年代开始，荷兰陆续制定了大量针对农业和农村环境的法律、法规以及针对各种环境问题的法律规范，如《地表水污染控制法》、《地下水法》、《土壤污染治理法》、《空气污染防治法》、《杀虫剂法》、《化学废料法》、《废弃物污染防治法》等。荷兰目前是国际环境领域最为积极和活跃的国家之一，荷兰的环境管理和环境标准在世界上也是最为严格的国家之一。

二是环境合作社的建立。为了协调人多地少的状况，实现发展和环境保护的共同发展，荷兰政府在 1991 年建立了环境合作社，目前它的创立者多是以农业经营为主的年轻农场主。主要包括以下五个方面的活动：①组织学习交流并提供环境保护活动的实践技巧建议和培训；②代表成员联合提交申请，特别是那些允许联合提交的农业环境计划；③指导完成申请政府环境计划的相关表格的填写；④提供专家支持成员的活动；⑤需要大量人员努力才能成功的发展项目。

12.2 农村生活污水的处理

12.2.1 国内农村生活污水的处理概述及经验借鉴

12.2.1.1 国内农村生活污水的处理概述

农村生活污水处理是农村环境综合整治的重要内容，是保护水资源、改善农村居住环境、提升农村居民生活质量的惠民工程，是推进城乡一体化建设的基础设施项目，是社会主义新农村建设的必然要求。农村税费改革后，农村公共产品供给在所特有的一事一议制度下，生活污水治理服务供给呈现出数量不足、质量不高的特点，农村生活污水治理服务缺失比较严重，但随着城乡统筹的进一步深化，农村社会对公共服务的需求日益增长。为此，各地区开始不断创新农村生活污水治理服务的供给模式和治理机制。

与城市已经形成了比较成熟的污水处理体系不同，农村污水的产生量在不断增加，但同时却没有形成成熟的处理模式，治理资金来源不稳定。农村治理资金一般由村委会和乡镇一级政府提供，资金极为有限，一些地区在对此项服务提供财政支持的基础上，开始探索和尝试多种治理模式。一是自建或合建，即有一定经济实力的村镇开始自建或合建生活污水处理设施；二是在条件允许的前提下，利用周边企业的生活污水处理设施；三是城郊乡镇的生活污水纳入城镇污水管网，由城镇污水处理厂统一集中处理；四是因地制宜地建立人工湿地、沼气池等小型污水处理设施。本章将以浙江省桐庐县为例，介绍该县在生活污水处理工作的经验做法。

12.2.1.2 国内农村生活污水处理的经验借鉴——以浙江省桐庐县为例

桐庐县位于浙江省西北部，地处钱塘江中游，总面积 1 825 平方公里。随着农村生活水平的不断提高，农村生活污水总量增加，已经成为桐庐县农村水污染的主要污染源。据测算，桐庐县农村生活污水年排放总量约为 500 万吨，相当于 10～15 家万吨规模造纸企业污水排放量之和。

桐庐县于 2008 年全面启动了农村环境连片整治工作，并明确了阶段性工作重点和各阶段时间节点。从 2009 年起，桐庐县开始实施农村生活污水处理工作，提出了进行整村推进和农家乐污水治理的计划。2009 年，桐庐县通过进行多方资金的筹集，共下拨资金 1.8 亿元，提出用 4 年时间实现对全县 183 个行政村的农村生活污水治理全覆盖的目标。2009 年年底，桐庐县完成了对 80 个行政村的农村生活污水治理和 132 家农家乐污水治理工作，建成污水处理工程 1 300 余个。2010 年，桐庐县又连续开展了对 45 个行政村和 28 家农家乐的污水处理工作。截至 2011 年年底，桐庐县共投入专项资金 2 亿元，完成 140 个行政村农村生活污水处理整村推进工作和 150 家农家乐污水处理工作，2012 年年底实现了全覆盖的目标。

桐庐县生态建设的成效取得了社会各界的普遍认可。近年来，桐庐县获得了全国生态示范区、全国绿化模范县、国家级卫生县城、国家级生态县等一系列荣誉称号。桐庐县农村生活污水处理模式也在全省范围内作为典型被推广。桐庐模式的成功，主要原因有以下四点：

一是组织完善，严格考核。为农村环境综合整治目标的顺利实现，桐庐县成立了专门的管制机构——治污办，同步整体推进农村生活污水、农家乐污水、卫生改厕和旅游景点污染治理工作。对于已经建成的农村污水处理设施，桐庐县建立了一支专业的工程维护队伍以强化运行和管理，并出台对管理人员的专项考核办法，对管理人员进行有效监督和激励。

此外，桐庐县还积极探索使用信息化管理手段，于 2011 年推行了农村污水数字化管理平台，着手建立了农村生活污水处理工程数字化管理平台、智能移动导航巡查系统及快速监测反馈等管理新模式。

二是财政支持力度大。桐庐县农村生活污水处理设施完全由政府财政出资，对村集体设施建设的补助力度由一开始的 350 元/人提高到 600 元/人。正是因为各地政府的财政支持到位且力度较大，才使得桐庐县顺利实现了四年之内农村生活污水处理全覆盖的目标。

三是因地制宜，分类处理。桐庐县于 2009 年发布了《桐庐县农村生活污水处理实施操作指南》，确定农村生活污水处理的原则为分类处置、资源利用和经济适用。《操作指南》还提出要“根据农村所处区位、人口规模、集聚程度、地形地貌、给排水特点、经济承受能力等具体情况，采用适宜的污水处理技术。”

其中，人工湿地处理模式的主要处理程序是“收集沉淀—简易厌氧—湿地处理—清水排放”，规模以 10 户左右为宜。由于主要通过种植亲水性强、吸污性强的植物来吸收处理污水，人工湿地模式工艺简单，投入资金较少，实效性较强。无动力厌氧处理模式，主要利用无氧环境中的厌氧微生物将生活污水中的淀粉、纤维素、油脂、蛋白质等转化为无机物。沼气池处理模式主要针对养殖户较多的农村，实行一户单建或多户联建，所产的沼气可以用作清洁能源，沼液可以用作作物的有机肥。此外，还可在一些经济条件相对较好的村庄推行太阳能微动力农村污水处理模式，这一模式全程自动化控制运行，其技术在国内处于领先水平。

四是统一施工，保证质量。工程实施之前，桐庐县实施村、镇、县逐级审批的严格程序，统一施工图纸、统一技术培训、统一招投标、统一管网设计，从而保证工程质量一致。工程实施过程中，桐庐县坚持建设和管理并举的原则，紧抓点位布局、材料质量、池体建造、填料摆放、管网设计、窨井尺寸等多环节的细微处，工程施工过程接受村监理小组及农户的现场监督和签字确认，严格按照标准对工程实行全面验收。

总体而言，桐庐县农村生活污水治理的成功主要得益于上级政府的环境财政支持与环境考核制度。一方面各级政府财政支持力度非常大，资金投用到位，使得基层政府工作积极性较高；另一方面上级政府考核严格，监督管理制度完善，基层政府目标明确，标准统一，整体推进。

12.2.2 国外农村生活污水的处理概述及经验借鉴

12.2.2.1 国外农村生活污水的处理概述

在农村生活污水的处理模式上，发达国家各种分散处理模式得到了快速发展，这在很大程度上是由于农村生活污水处理的高成本。例如美国，最初，各种生活污水分散处理模式被视为临时性措施，而在联邦政府取消这方面的财政拨款后，分散处理模式得到越来越多的重视，目前已发展成为农村生活污水处理的主要方式。美国环境保护署（EPA）还负责成立了“国家分散水资源能力发展项目”（NDWRCDP），就农村污水分散处理模式的经济管理和政策问题、工程技术问题、教育培训三大方面集中展开调查和研究，以此对农村社区污水的分散处理设施的建设、更新和管理运营提供指导。另外，如芬兰，生活污水分散处理的管理服务市场也逐渐发展起来。

由于农村生活污水处理服务属于公共物品，政府需要承担主要责任。在发达国家，财政系统较为完善，政府间责任边界也比较清晰。如在美国，州和地方政府承担主要责任，包括各种资助和补助，如建设补贴、低息贷款、公共技术支持以及社区群众的各种教育、培训等。在日本，不同的中央省厅负责推行不同类型的农村污水治理工作，政府内部责任条块较为清晰。

此外，发达国家将利益相关方都纳入污水治理的责任分配体系中来。农户作为污水处理设施的直接受益者和使用者，承担一定责任被证实是必要且富有效率的。如美国、日本、英国都形成了政府、市场化主体、农户三方相互监督、合作共赢的责任分担模式。

12.2.2.2　国外农村生活污水处理的经验借鉴

(1) 美国

美国作为典型的发达国家，农村污水处理在国际上也是一个开展较早的国家，并且收效很好，因此有必要借鉴美国农村污水处理方面的经验。

一是法律保障。美国国家环保局在2002年和2005年分别发布了《污水就地处理系统手册》和《分散式污水处理系统管理手册》，引导地方政府和农户安装、管理和维护分散污水处理系统。除了联邦政府颁布的关于垃圾及污水处理的相应法案以外，各市州还颁布相应的专项法规。关于厕所和下水，在20世纪二三十年代，美国各地先后通过地方法规，要求每一个农户都在地下安装一个化粪罐，禁止开敞式的简易厕所。在安装时，罐中就投有特殊的发酵菌种，以后菌种还可以添加。所有粪便与废水在罐中经过发酵，固体部分大大减少，经过化粪罐处理的液体，变成近乎于清水，然后在地下排放，渗入土壤。因此，美国生产的所有手纸，都规定必须是能够被菌种"吃掉"的。

二是财政支持。例如，美国在1987年开始实施的《清洁水法案》，要求联邦政府用拨给各州的水污染治理款项建立周转基金。各州需要提供20%的匹配基金用于污水治理。这就是清洁水州滚动基金计划。在州滚动计划中，全部资金均来自联邦政府和各州政府。这些资金会低息或者无息贷款给重要的污水处理和相关的环保项目。偿还得到的利息和本金又作为滚动基金用于支持新的项目。

三是完善的管理。1997年，美国国家环保局应美国国会的要求，对全国的分散型污水处理系统进行详细调研，发现分散型污水处理系统在管理上的弊端，根据找出的原因找出解决措施，并在2002年及以后发布一系列关于分散型污水处理系统管理的指导性文件。

四是高效的藻类塘系统和分散污水处理系统。高效藻类塘是通过传统的稳定塘改进的，对COD、BOD5、氨氮、总磷以及病原体等的去除率均较高，同时收割的高等水生植物是很好的肥料。高效藻类塘的优势是施工工程量少，投资及运行费用少，便于管理和维护。

分散污水处理系统在美国农村应用得较多，这种技术常被用在人口密度较小的社区或乡村，因为输送这些地方的生活污水到一个较远的集中式污水处理厂将需要格外高的费用。另外，近些年很多分散居住的农户也应用自动水井和地下化粪罐处理污水。通过一个较深的污水井和地下水管，将生活污水中的固体或半固体物质沉淀井底，再利用沉淀后的污水灌溉草地。

(2) 日本

日本农村除了垃圾处理非常成功，在农村污水处理方面也处于世界领先位置，这得益于以下几点：

一是法律法规。日本的城市和乡村分别采用不同的污水治理法规体系，城市适用《下水道法》，1983 年制定的《净化槽法》对日本乡村分散污水处理进行全面规定，目前该法成为日本乡村污水治理的主要法律依据。

二是净化槽污水处理技术。净化槽技术在治理日本的分散型生活污水方面发挥了重要的作用。20 世纪 60 年代，随着社会生活的现代化，人们对抽水马桶的需求增加，净化槽技术开始迅速发展。日本农村生活污水主要通过三种模式得到治理，即家庭净化槽、村落排水设施和集体宿舍处理设施。日本的净化槽技术主要在排水管网不能覆盖、污水无法纳入集中设施进行统一处理的偏远地区使用。其基本原理是利用土壤和水田对污水自然净化原理，模仿大自然中物质循环过程中的自净功能，通过对落叶、腐朽废木、木炭、石头等自然材料加工作填料，利用微生物吸附和分解污水中有害物质。

（3）德国

德国较为常用的农村污水处理方法是分流式污水处理系统。这种污水处理系统一种是分散市镇基础设施系统，即在没有接入排水网的偏远农村建造先进的膜生物反应器，平时把雨水和污水分开收集，然后通过先进的膜生物反应器净化污水。第二种分流式污水处理方法是 PKA 湿地污水处理系统。该工艺主要将农村生活污水通过水管道，汇集流入沉淀池，经过沉淀池的 4 层筛选之后，再经 PKA 湿地净化处理，然后达标排放或用于农田灌溉。此外，多样性污水分类处理系统也有所应用，主要原理是将污水分为雨水、灰水和黑水后分别处理。

（4）新西兰

新西兰大部分的污水就地处理系统为成熟的化粪池。新西兰环境部制定污水就地处理系统的国家环境标准，提出了强制要求，明确污水就地处理系统的管理责任。从 2010 年 7 月 1 日开始，新西兰污水就地处理系统的所有者要求持有“合适许可证”，证明其污水就地处理系统运行正常并以适当的标准维护。这种污水处理系统主要是通过自然过程消纳污染物，但是当有大量污染物同时产生时，其累积效应就会对人类健康和环境造成负面影响，所以适用于人口分散、污水量相对较小的农村地区，而不是用于对于人口较多、环境较敏感的地区。

（5）澳大利亚

澳大利亚过滤器污水处理系统主要是由澳大利亚科学和工业研究组织的专家在最近几年提出的，是一种将过滤、土地处理与暗管排水相结合的污水再利用系统。过滤器污水处理系统以土地处理为基础，将污水用来浇灌农作物，污水经农作物和土地处理后，再通过暗管排出。该系统既可以满足农作物对水分和养分的需求，同时又能降低污水中污染物的浓度，使其满足排放标准。

12.3　农村厕所及清洁饮水的处理

12.3.1　国内农村厕所及清洁饮水的处理——以碱场村为例

农村环境卫生改善的重点之一是厕所及粪便的处理，世界卫生组织把农村改厕列为初级卫生保健的八大要素之一，我国也把农村改水改厕列为国民经济社会发展的重要指标。黑龙江省碱场村被誉为“农厕革命第一村”，本章将以此为例，探讨其在改厕过程中的经验做法。

碱场村位于黑龙江省鸡西市梨树区的西部，全村现有 205 户 608 人。地处虽然偏僻，但新农村建设较为前沿，街路全部水泥化，住宅普遍砖瓦化，经济发展较快，农民的物质文化生活水平较高。2011 年全村 46 户人家安装了多功能、生态化、组装式的室内厕所，实现了农村厕所改造的一次示范。

这种厕所改造，就是采用新技术、新材料、新设备、新思路，将沿袭几千年的裸露式农村厕所搬到室内，也就是通过安装适合寒地特点的太阳能热水器，使之产出超高温的热水，保证洗浴的需要；通过对粪便裸露式处理方式的改造，使之制成沼气或集中起来封闭处理，既卫生环保又能生产出有机肥；通过新型材料组装整合，把大便池与洗浴间融为一体，适宜安装在任何房间；通过对手动泵的改造，将水井、水池直接与厕所连通，实现 24 小时直供与随时洗浴。厕所改造工作给碱场村村民的经济文化生活带来了巨大变化，如厕难、洗澡难、饮水难和冬季取暖问题得到了改善，粪便处理与环境污染问题也得到了彻底解决。

碱场村在厕所改造中的主要经验做法如下：

一是政府牵头，保障实施。中共鸡西市委、市政府对碱场村试点高度重视。该项工作由主管副市长亲自组织实施，在考察多功能、生态化、组装式室内厕所的技术适用性和成熟性之后，主管副市长听取了区委、区政府的专题汇报，并作出了财政予以扶持、补贴的承诺，还协调财政、农委、科技等相关部门，合力支持试点方案的实施。

二是考察选型，量身定制。碱场村所选用的室内厕所，由当地企业健鑫科技公司生产。梨树区主要领导多次带领有关人员深入企业调研，并根据碱场村的具体情况与农民的收入、消费水平，与公司的研发团队协商，量身订制了一体化的组装式室内厕所，确定了材质、结构、规格、价位等细节问题，使之更符合实际、符合农户的要求。并经过反复论证、修订，最终定型、定位、定价。健鑫科技公司还做出了“让利农户、保本经营、承担风险、一步到位、万无一失”的承诺，日以继夜地进行攻关研制，精益求精地进行试生产和模拟试验。

三是选户试点，发挥农户的示范作用。碱场村选择在原村委会主任家进行本次厕所改造的试点工作，以发挥代表性农户的示范带头作用，用摸得着、看得见的效果统一村民认识，克服各种顾虑与阻力。为试点推广扫清了思想障碍，并提供了一个鲜活的具有说服力的样板。

四是加大财政奖补力度。鸡西市财政局除一次性拨付支持新农村建设资金20万元，还筹划变通从其他高新技术推广项目下一次性拨付15万元，对使用推广多功能、生态化、组装式室内厕所的农户予以补贴、补助，以带动农户参与的积极性。

12.3.2 国外农村厕所及清洁饮水的处理

在许多发展中国家，农村居民已经实现清洁饮水，但是卫生设施还远远落后。在这些国家，政府在改善农村环境卫生方面也进行了大量的投资，如建立坑式厕所。但是，清洁饮水与卫生设施是紧密相连的，如果长期卫生设施滞后（如坑式厕所会污染地下水），清洁饮水也很难维持。

肯尼亚一个叫做“Sanergy”的组织正在证明着：卫生设施不仅仅是提供厕所。这个团体正在运行一个从厕所建设、清空厕所、粪便运输到最终的粪便处理、转化为可再生能源肥料的运行模式。在这个运作过程中，大多数成员都是当地村民。这个叫做“Sanergy”的组织还申请了特许经营权，以促进融资、运营和营销。这个运行模式之所有具有吸引力，是因为它能解决在垃圾粪便处理过程中每一个阶段可能出现的问题，如厕所差的设计和建设、将垃圾粪便排入生活环境当中以及失去利用粪便能源的机会。这其中一个阶段的失败或忽视都可能导致失去另一个阶段带来的好处。这种更全面的卫生设施服务值得在其他发展中国家发展和推广。

20世纪90年代后期，孟加拉国农村地区采用一种叫做“社区领导全面卫生”的方法。“社区领导全面卫生”这一方法的采取旨在消除低收入人群的开放排便。它的思想就是让人们意识到开放排便带来的健康危害，并激励人们自己采取行动解决这个问题。社区领导这一方法基于这样一种想法：为了改变不利条件、社会不公以及健康状况不佳的现状，自上而下的解决方案往往不足。这样，受到影响的村民了解到开放排便是卫生问题的根源，然后给出他们自己解决这一问题的其他方法。这种方法在其他一些国家也成功得到过实施，效果很好。

在东南亚和太平洋国家的农村地区，非政府组织长期以来在提供卫生服务方面发挥了重要作用。与大型基础设施建设把重点放在发起项目相比，非政府组织通常注重建立技术和社会领域之间的联系。它在通过建立社区关系，促进穷人获得卫生服务以及在较短时间内使人们得到服务方面提供过帮助。

在美国，大约有 6 000 万人使用某种形式的现场污水处理系统，大约2 000万人使用常规的化粪池系统。澳大利亚与美国相似，有大约 12%的人口使用化粪池系统清除废水。一些国家鼓励废水重新利用。例如，塞浦路斯启动了一项补贴计划，对那些安装废水回收再利用装置的家庭进行补贴。

附　　录

附录1　课题组主要研究论文成果

陈书昊，苏李红，周密．县域城镇化水平的测度及其影响因素——以辽宁省为例．特区经济，2015（8）．

陈技伟，江金启，张广胜，戚迪明，周密．社会网络、求职方式与新生代农民工的工资决定．南方人口，2015（4）．

郭江影，周密，张广胜，陈技伟，张欢．信息人力资本对农民工城市融合的影响：机理与实证——以辽宁省农民工为例．南方人口，2016（2）．

黄利，周密．农民工与市民的工资决定及差异——人力资本抑或社会资本？第二届东北亚物流工程与现代服务业发展专题学术研讨会，2011－11－26.

黄利，周密．中国主要林化产品出口增长的动因分析：1992—2011. 经济问题探索，2013（9）．

庞辉，周密，黄利．财政支持小型农田水利建设的中外比较与分析．农业经济，2014（3）．

刘鹏，郑相京，周密．农村劳动力流入对城郊地区市民收入的影响——以天津环城四区为例．安徽农业科学，2015（1）．

张广胜，周娟，周密．农民对专业合作社需求的影响因素分析——基于沈阳市200个村的调查．农业经济问题，2007（11）．

张广胜，郭一墨，周密．农林经济管理专业人才培养模式质量评价指标体系构建．高等农业教育，2014（4）．

张广胜，周密．试论社会主义新农村建设的路径选择．沈阳农业大学学报（社会科学版），2007（2）．

周密，赵晓琳．农民工进入、城市规模异质性与城市劳动力市场工资决定——基于面板数据的估计．经济经纬，2017（5）．

周密，张广胜．新生代农民工市民化的阻碍，加大城乡统筹力度，协调推进工业化、城镇化与农业农村现代化——中国农业经济学会2010年年会暨学术研讨会，2010－08－21.

周密，黄利，张广胜．新生代农民工工作稳定性的影响因素．第二届东北亚物流工程与现代服务业发展专题学术研讨会，2011-11-26.

周密，张广胜，杨肖丽，李旻，江金启，戚迪明．城市规模、人力资本积累与新生代农民工城市融入决定．农业技术经济，2015（1）．

周密，张广胜，黄利．新生代农民工市民化程度的测度．农业技术经济，2012（1）．

周密，张广胜，黄利．人力资本、社会资本与市民化抑制．中国人口．资源与环境，2012（7）．

周密，张广胜．一事一议”制度的运行机制与适用性研究．农业经济问题，2010（2）．

周密，刘华，屈小博，黄利．一事一议财政奖补制度对村级公共投资项目的影响．西北农林科技大学学报（社会科学版），2017（5）．

周密，张广胜，黄利，彭楠．外来劳动力挤占了本地市民的收入吗？——基于城市规模视角．上海财经大学学报 2014（1）．

周密，张广胜．村级迁移率与村内农户间收入差距．世界经济文汇，2010（4）．

周密，张广胜，刘华，王晓瑞．应及其协调机制——基于空间计量模型的实证分析．中国农村经济，2017（3）．

周密，张广胜．“一事一议”制度与村级公共投资：基于对118位村书记调查的经验分析．农业技术经济，2009（1）．

周密，赵晓琳，屈小博，霍鹏．城市规模异质性与农民工城市就业的替代效应——基于参数和半参数面板数据估计．经济体制改革，2017（2）．

附录 2　我国历年相关政策文件汇总

财政部关于印发《村级公益事业建设一事一议财政奖补资金管理办法》的通知

财预〔2011〕561 号

农业部，各省、自治区、直辖市、计划单列市财政厅（局），新疆生产建设兵团财务局：

为全面贯彻落实村级公益事业建设一事一议财政奖补政策，规范村级公益事业建设一事一议财政奖补资金管理，切实提高资金使用效益，根据国务院农村综合改革工作小组、财政部、农业部《关于开展村级公益事业建设一事一议财政奖补试点工作的通知》（国农改〔2008〕2 号）、《关于扩大村级公益事业建设一事一议财政奖补试点的通知》（国农改〔2009〕3 号）、《关于认真做好 2010 年扩大村级公益事业建设一事一议财政奖补试点工作的通知》（国农改〔2010〕1 号）等文件精神，我部制定了《村级公益事业建设一事一议财政奖补资金管理办法》，现予印发，请认真贯彻执行。

村级公益事业建设一事一议财政奖补政策是党中央、国务院确定的重大惠民政策，在改善农民生产生活条件、推进社会主义新农村建设、促进农村社会管理创新和基层民主政治建设等方面具有重要意义。各级财政和农村综合改革部门要高度重视，精心组织，周密部署，稳妥实施，确保将党中央、国务院对农民群众的关怀落到实处。

财政部

二〇一一年十二月二十一日

《村级公益事业建设一事一议财政奖补资金管理办法》

第一条　为全面贯彻落实村级公益事业建设一事一议财政奖补（以下简称一事一议财政奖补）政策，进一步规范一事一议财政奖补资金管理，提高资金使用效益，制定本办法。

第二条　本办法所称一事一议财政奖补资金，是指中央和地方各级财政安排专项用于村级公益事业建设一事一议财政奖补项目的资金。

第三条　一事一议财政奖补资金应按照以下原则进行使用和管理：

（一）民办公助，适当奖补。一事一议财政奖补坚持以农民民主议事为前提，以农民自愿筹资筹劳为基础，严格禁止变相加重农民负担。政府通过民办公助的方式，对符合规定的村级公益事业建设项目给予适当奖补。

（二）分清责任，明确范围。对农民通过一事一议筹资筹劳开展的村内道路、农田水利、村容村貌改造以及村民通过民主程序议定需要兴办且符合本省（含自治区、直辖市、计划单列市，新疆生产建设兵团及黑龙江省、广东省中央直属垦区，下同）有关规定的其他公益事业建设项目，国家按规定给予奖补；跨村以及村以上范围的公益事业建设项目继续通过现有专项资金渠道解决，不得列入一事一议财政奖补范围；农民房前屋后的修路、建厕、打井、植树等投资投劳由农民自己负责。

（三）严格管理，专款专用。一事一议财政奖补资金专项用于对农民通过一事一议筹资筹劳开展的村级公益事业建设项目的补助。任何单位或个人不得截留、挪用一事一议财政奖补资金，不得用于村办公场所建设、弥补村办公经费、村干部报酬等超出财政奖补范围的其他支出。

（四）直接受益，注重实效。坚持办实事，重实效，以社会效益为目标，重点支持农民需求最迫切、反映最强烈、利益最直接的村级公益事业建设项目。

第四条　一事一议财政奖补资金使用实行分级管理。省以下各级财政部门的管理职责，由省级财政部门研究确定。

第五条　财政部负责制定一事一议财政奖补资金管理政策，对省级财政部门分配、下达中央财政奖补资金，组织实施对地方各级财政部门管理和使用财政奖补资金的目标考核和监督检查。

第六条　省级财政部门负责制定本省一事一议财政奖补资金管理政策，对省以下财政部门分配、下达财政奖补资金，组织实施对下级财政部门管理和使用财政奖补资金的目标考核和监督检查。

第七条　省以下财政部门依据中央和省级财政部门规定，管理和使用上级财政部门下达的以及本级预算安排的一事一议财政奖补资金。

第八条　中央财政在年初预算中安排一定资金用于支持地方一事一议财政奖补工作，并根据中央财力状况适度增长。

第九条　地方各级财政部门应按照本地区有关规定，将本级财政负责安排的一事一议财政奖补资金列入预算，逐步增加资金规模。

本级财政安排的奖补资金，应与上级财政部门下达的奖补资金一并用于一事一议财政奖补项目。

第十条　中央一事一议财政奖补资金主要依据农业人口、地方财政困难程度等因素分配，并考虑对各省一事一议财政奖补工作开展情况的工作考核和监督检查结果。

第十一条 省、市、县级财政部门对下分配一事一议奖补资金时，应结合本地区实际情况，综合考虑农业人口、地方财政困难程度等因素，并考虑对下级一事一议财政奖补工作开展情况的工作考核和监督检查结果。

第十二条 村级公益事业建设一事一议财政奖补资金支出在“对村级一事一议的补助”科目中反映。地方财政部门可按照“渠道不乱、权限不变、优势互补、各记其功”的原则，将一事一议财政奖补资金和其他财政专项支农资金捆绑使用，放大强农惠农政策效用，但不得将其他专项资金列入“对村级一事一议的补助”科目。

第十三条 一事一议财政奖补资金在县、乡两级实行项目制管理。县级财政部门或乡镇财政所在安排一事一议财政奖补资金时，必须分解落实到每一个具体项目。

一事一议财政奖补项目开展应坚持规划先行、先议后筹、先筹后补的原则，按照村民议定、村级申报、乡镇初审、县级审批、省级备案的流程自下而上进行。

县级财政部门或乡镇财政所应建立项目库，年度建设项目优先从项目库中选取。一事一议财政奖补项目应实行项目预决算、考核验收、绩效评价等制度，提高资金使用效益和资金的安全性、有效性。

第十四条 一事一议财政奖补项目推行报账制。一事一议财政奖补项目原则上实行乡镇报账制，有条件的地方可以实行县级报账制。只有在村民筹资、村集体投入、社会捐赠资金到账，具备项目开工条件后，才能由村级提出申请，由县级财政部门或乡镇财政所按工程进度拨付资金，在项目竣工验收合格后办理清算，多退少补。

第十五条 一事一议财政奖补资金和项目应实行公示制度。县乡财政和农村综合改革部门应当按照政府信息公开的要求，全面公开一事一议财政奖补的政策标准、实施办法、办事程序和服务承诺，并督促村委会依据村务公开的有关规定公示有关情况。

一事一议财政奖补项目应当接受村民代表的全程监督。已建成的一事一议财政奖补项目，对村民筹资筹劳资金、财政奖补资金使用明细等应张榜公示，自觉接受群众监督。

第十六条 各级财政和农村综合改革部门应建立激励约束机制，对辖区内年度一事一议财政奖补工作开展情况进行工作考核，并将考核结果作为下一年度对下分配财政奖补资金的参考因素之一。

工作考核内容主要包括组织保障、资金安排、项目规划、制度建设、监管系统建设、政策落实等方面。工作考核办法另行制定。

第十七条　省级财政和农村综合改革部门每年应选择部分地区或项目，对一事一议财政奖补资金使用效益进行绩效评价，运用科学合理的评价指标、评价标准和评价方法，对资金支出的经济效益、社会效果等进行客观公正的评价。每年3月1日前应将上一年度绩效评价结果和本年度绩效目标报告财政部。

第十八条　财政部对各省管理和使用一事一议财政奖补资金情况的监督检查工作，原则上每年进行一次。

省级财政部门对省以下各级财政部门管理和使用一事一议财政奖补资金情况的监督检查工作原则上每年至少进行一次，监督检查结果应及时报告财政部。

第十九条　乡镇财政所应当充分发挥财政职能作用，加强对一事一议财政奖补项目申报、审核、实施、验收、资金拨付等环节的监督检查。

县级财政部门应认真做好与乡镇财政之间的信息沟通传递工作，把上级财政部门（包括本级财政部门）下发的有关政策、资金和项目管理制度、项目计划批复等及时下发、抄送乡镇财政，确保其有效开展监管工作。

第二十条　各级财政部门应当探索建立财政国库机构、商业银行与一事一议财政奖补信息监管系统联动机制，对一事一议财政奖补资金进行动态监管。

第二十一条　对一事一议财政奖补资金管理和使用中存在的违法行为，依照《财政违法行为处罚处分条例》（国务院令第427号）等有关规定追究法律责任。

第二十二条　各省级财政部门或农村综合改革部门应依据本办法，结合当地实际，制定具体管理办法，并报财政部备案。

第二十三条　本办法自2012年1月1日起施行。2009年1月19日发布的《财政部关于村级公益事业一事一议中央财政奖补事项的通知》（财预〔2009〕5号）同时废止。

财政部关于印发《村级公益事业建设一事一议财政奖补项目管理暂行办法》的通知

财农改〔2011〕3号

农业部，各省、自治区、直辖市、计划单列市财政厅（局）、农村综合改革领导小组办公室，新疆生产建设兵团财务局、农村综合改革领导小组办公室：

为加强村级公益事业建设一事一议财政奖补项目管理，提高一事一议财政奖补工作的科学化、制度化、规范化水平，根据国务院农村综合改革工作小组、财政部、农业部《关于扩大村级公益事业建设一事一议财政奖补试点的通知》(国农改〔2009〕3号)、《关于认真做好2010年扩大村级公益事业建设一事一议财政奖补试点工作的通知》(国农改〔2010〕1号)以及有关规定，财政部制定了《村级公益事业建设一事一议财政奖补项目管理暂行办法》，现予印发，请认真贯彻执行。执行中有何问题，请及时向财政部反馈。

财政部

二〇一一年十二月二十一日

《村级公益事业建设一事一议财政奖补项目管理暂行办法》

第一条 为加强村级公益事业建设一事一议财政奖补（以下简称一事一议财政奖补）项目管理，规范项目建设程序，提高项目建设质量，制定本办法。

第二条 本办法所称一事一议财政奖补项目管理，是指在国家现行一事一议财政奖补政策框架内，各地对一事一议财政奖补项目的规划、申报、实施、验收、管护、资金兑付以及绩效评价、监督检查等环节的管理行为。

第三条 一事一议财政奖补项目管理应全面规范，简便易行，确保尊重农民意愿、议事程序合法合规，确保符合农村实际、促进农村公益事业健康发展。

第四条 一事一议财政奖补项目管理应坚持以下原则：

一是规划先行，有序推进。一事一议财政奖补是一项长期工作，要科学合理确定项目建设规划和年度工作计划，提高项目建设的前瞻性、计划性和协调性，处理好当前与长远、局部与整体等关系，推动一事一议财政奖补工作全面、均衡、有序开展。

二是先议后筹，先筹后补。一事一议财政奖补项目确定要充分尊重农民意愿，所有项目必须经农民民主程序议定后方可按省级政府确定的标准筹资筹劳，并在农民筹资筹劳到位后给予相应的财政奖补。

三是因地制宜，量力而行。一事一议财政奖补项目建设要充分考虑政府财力及农民承受能力，建设的规模及标准要与当地社会经济发展水平相适应。

四是公开公示，阳光操作。一事一议财政奖补项目建设全过程要做到公开透明、公平公正，民主议事、筹资筹劳、招标议标等全过程实行公示制，自觉接受社会和群众监督，确保项目建设质量。

第五条 一事一议财政奖补实行分级管理，以县为主。县级负责项目的规划编制、审核批复、组织实施、资金的分配管理、督促检查。省级负责指导各县级编制规划、制订管理办法、对县级一事一议财政奖补项目管理工作进行年度考核。

第六条　县级应结合本地城乡规划和新农村建设规划，按照村民议定、村级申报、乡镇初审、县级审批的程序，建立一事一议财政奖补建设项目库，编制项目中长期规划和年度计划。

省级应督促指导县级科学编制一事一议财政奖补项目中长期规划和年度计划，统筹协调本省份项目规划工作，汇总编制省级项目规划，经省级农村综合改革领导小组审核通过后报财政部备案。

第七条　各地年度一事一议财政奖补项目原则上从项目库中选取，优先选择群众急需、受益面大、村两委班子得力、群众积极性高的村组，分步实施，重点突破，不断提高项目的覆盖面和受益面。

第八条　一事一议财政奖补项目实行村级申报、乡镇初审、县级审批的管理制度。

村级负责组织村民议事，提出项目申请。具体项目可由村民委员会提出，也可由受益自然村组或部分受益群众提出，并通过召开村民大会或村民代表会议，按照民主程序议定。

乡镇对村级申报的一事一议项目的真实性、可行性、有效性等进行初审，并汇总上报县级主管部门。

县级主管部门对乡镇上报的一事一议项目进行审核批复，上报省级农村综合改革部门备案。

省级农村综合改革部门应将本省份当年一事一议财政奖补项目预算安排、项目建设内容及所在村组名录等情况，于每年5月底前，通过一事一议财政奖补信息监管系统上报财政部备案。

第九条　一事一议筹资筹劳应严格遵守各省级人民政府规定的上限标准，防止以自愿捐款、自愿以资代劳等名义变相加重农民负担。

第十条　一事一议财政奖补项目经审批同意后，县乡财政、农村综合改革部门应根据筹资筹劳资金和财政奖补资金到位情况，督促项目及时开工建设。

第十一条　一事一议财政奖补项目建设可由村两委组织村民自主实施，也可通过招标议标等方式委托具有相应资质的建筑单位施工建设。

第十二条　一事一议财政奖补项目实施中应发挥村民理财小组、项目理事会、项目监督小组等组织的监督管理作用，实行民议、民建、民管，确保项目建设质量。

第十三条　县级有关部门及乡镇要加强对一事一议财政奖补项目实施的技术指导和服务，督促施工单位和监理机构履行职责，加强对施工各环节的质量监控，提高项目建设的科学性和安全性。

第十四条 一事一议财政奖补项目建成后，县乡财政、农村综合改革部门要及时牵头组织项目竣工验收。对验收合格的项目，应及时办理财政奖补资金清算，并做好建设项目绩效评价工作。

第十五条 县乡财政、农村综合改革部门应督促指导村级建立健全一事一议财政奖补项目运行管护机制，落实管护主体，明确管护责任，保证项目正常运转，长期发挥效益。

第十六条 县乡财政、农村综合改革部门应督促指导村级按照村务公开的要求，对已建成一事一议财政奖补项目的名称、资金来源与使用、实施单位、竣工验收等情况，实行全过程公示制度，并在醒目位置设置统一的标识和公示牌，广泛接受监督。

第十七条 县乡财政、农村综合改革部门应重视一事一议财政奖补项目档案管理等基础工作，及时将村民一事一议会议记录、筹资筹劳方案、财政奖补项目申报、项目建设预决算、建设前后图片等相关原始资料汇总归档，规范管理。

第十八条 县乡财政、农村综合改革部门要加强对一事一议财政奖补项目的日常监督检查，确保工程质量、建设进度和奖补资金的合理安全使用。

省级农村综合改革部门应组织一事一议财政奖补项目建设的专项检查，每年至少进行一次，并保证一定的检查面。

第十九条 对一事一议财政奖补项目未履行一事一议财政奖补程序，擅自变更项目地点、内容、标准和投资规模，挤占挪用项目资金或不落实配套资金等问题，应视情节轻重，采取限期整改、通报批评、停止拨款、扣回奖补资金等措施予以处理，并建议相关部门追究有关单位和责任人的责任。

第二十条 地方财政部门可根据本地区实际情况，安排必要的工作经费，保证项目规划、申报、查勘、实施、验收、档案管理等工作正常开展。

第二十一条 省级农村综合改革部门及黑龙江省、广东省中央直属垦区，可参照本暂行办法，结合当地实际，制定具体实施办法，并报财政部备案。

第二十二条 本暂行办法自 2012 年 1 月 1 日起实施。

《关于做好 2010 年扩大村级公益事业建设一事一议财政奖补试点工作的通知》

国农改［2010］1 号

各省、自治区、直辖市、计划单列市农村综合改革领导小组办公室、财政厅（局）、农业厅（委、局、办），新疆生产建设兵团农村综合改革领导小组办公室、财务局、农业局：

2008年开展村级公益事业建设一事一议财政奖补试点以来，工作进展顺利，取得了明显成效，得到了广大基层干部群众的衷心拥护。为让这项政策惠及广大农民，按照2010年中央1号文件精神，现就做好2010年扩大村级公益事业建设一事一议财政奖补试点工作（以下简称“一事一议财政奖补试点”）通知如下：

一、继续扩大一事一议财政奖补试点范围

按照中央关于扩大一事一议财政奖补试点范围、探索建立新形势下村级公益事业建设有效机制的要求，2010年，除已在全省（区、市）开展试点的黑龙江、云南、河北、江苏、内蒙古、湖南、安徽、贵州、重庆、宁夏等10个省份外，从已开展局部试点、工作基础扎实和有扩大试点意愿的省份中，选择确定浙江、福建、湖北、广西、甘肃、山西、陕西、江西、山东、辽宁、四川等11个省份在全省（区）范围内进行试点，新疆、海南、河南、吉林、青海、西藏等6个省份进行局部试点。新增扩大试点的省份试点方案要尽快报国务院农村综合改革工作小组，国务院农村综合改革工作小组会同财政部、农业部于3月底前审核批复后实施。其他省（市）按照中央有关政策要求，自主开展试点。

二、精心制定试点工作方案

各试点省份和地区要按照中央精神，结合实际，精心制定试点方案，明确政策，增强试点工作的针对性和有效性。在奖补范围上，主要是对村民通过一事一议筹资筹劳开展的“户外村内”公益事业建设项目进行财政奖补。在试点面上，坚持“普惠制”和“重点制”相结合，既要根据新农村建设规划，支持重点村的建设，又要保证一定的试点面，特别是让偏远贫困地区和少数民族地区的老百姓尽快受益。在奖补方式上，各试点省份和地区要按照中央精神，结合实际，建立健全奖补办法。在组织实施上，将一事一议财政奖补试点和当地党委、政府确定的农村中心工作以及新农村建设总体规划相结合，与解决难点村、上访村的问题相结合，与农村基层组织建设相结合，着力解决群众关心的重点问题，努力为农民办实事、办好事，确保试点发挥最大政策效用。

三、进一步完善一事一议财政奖补制度

各试点省份和地区要认真总结试点经验，按照“政策透明、操作规范、办法便捷”的原则，完善一事一议财政奖补的操作程序及资金、劳务管理办法，加强制度建设。一是完善一事一议筹资筹劳办法。坚持村民自愿、量力而行、民主决策、上限控制的原则，合理确定筹资筹劳标准，强化筹资筹劳审核程序，引导农民出资出劳开展村级公益事业建设，严禁加重农民负担。二是完善一事一议财政奖补资金管理办法。要细化奖补操作程序，实行奖补资金专账管理、奖补项目报账制、公示制和村民理财小组监督制，提高财政奖补工作的透明度和有效性。按照规定，要将一事一议财政奖补资金支出全部列入政府收支分类科目中的“农村综合改革”款“对村级一事一议补助”项反映，中央财政根据现行有关规定和决算等情况进行清算。三是建立试点地区竞争淘汰机制。各试点省份和地区每年要定期组织有关部门对试点县（市）的工作进行定期考评。对违反政策、截留挪用村民一事一议所筹资金和财政奖补资金等行为，要责令其及时纠正；经多次督促整改不到位的试点县（市），除退还农民所筹资金，追回财政奖补资金，追究有关人员责任外，不再安排下年度一事一议财政奖补资金，并停止向农民筹资筹劳。

四、建立健全村级公益事业建设投入的有效机制

按照2010年中央1号文件精神，中央财政增加了对村级一事一议财政奖补资金的预算安排。各试点省份和地区也要相应增加对村级一事一议财政奖补资金的投入，并纳入年度预算。各试点省份在具体操作中，要围绕新农村建设总体规划，以一事一议为基础，以财政奖补机制为平台，按照“性质不变、渠道不乱、统筹安排、集中投入、各负其责、各记其功”的原则，加强部门间的沟通协调，探索整合有关涉农专项资金的办法，集中力量建设农民急盼解决、直接受益的村级公益事业。同时，鼓励社会捐资赞助村级公益事业建设，提倡集体经济投入，形成村级公益事业建设多元稳定投入有效机制。

五、加强对一事一议财政奖补试点的监督检查

各试点省份和地区要建立健全一事一议财政奖补监督检查办法，切实加强对改革试点工作的督查。督查的重点是，是否存在没有通过一事一议筹资筹劳开展村级公益事业建设、虚列项目套取奖补资金的行为，一事一议筹资筹劳项目是否符合适用范围，村民出资投劳是否自愿，一事一议和财政奖补工作程序是否规范，一事一议所筹资金、劳务和奖补资金的管理使用是否公开透明、张榜公示，有无截留挪用等。对检查中发现的问题，违纪违规的要及时纠正整改，问题严重的要追究有关人员的责任，涉嫌犯罪的要移送司法机关处理。国务院农村综合改革工作小组、财政部、农业部将组织力量对各地试点情况进行专项检查。

六、加强对一事一议财政奖补试点工作的领导

试点实践证明，领导重视是搞好试点工作的关键。各试点省份和地区要从落实科学发展观、促进统筹城乡协调发展的高度，切实加强领导，层层落实责任制。坚持政府主要领导亲自抓，分管领导靠前抓，职能部门具体抓，形成上下联动、左右协调、齐抓共管的工作机制。试点省份要对本省（区、市）一事一议财政奖补工作全面负责，强化措施，搞好对县一级的分类指导和督查。财政部门要安排必要的工作经费，创造条件，支持农村综合改革领导小组办公室、农业部门有效开展工作。坚持以县为主组织实施，县级人民政府要切实担负起村级公益事业建设的组织规划、指导协调和管理监督责任。乡村干部要进村入户进行宣传发动，组织农民开展好一事一议奖补项目建设，落实好各项试点政策。各级农村综合改革领导小组办公室、财政、农业等部门要加强沟通协调，及时安排部署扩大试点工作，通过新闻媒体、召开经验交流现场会、举办政策业务培训班等多种形式，加强宣传和指导，总结推广经验，确保试点工作有序进行。

国务院农村综合改革工作小组

财政部

农业部

二〇一〇年三月一日

《关于扩大村级公益事业建设一事一议财政奖补试点的通知》

国农改［2009］3号

各省、自治区、直辖市农村综合改革领导小组办公室、财政厅（局）、农业厅（委、局、办）：

为深化农村综合改革，推进社会主义新农村建设，2008年，国务院农村综合改革工作小组、财政部、农业部选择在黑龙江、河北、云南三省及其他省份部分地区开展了村级公益事业一事一议财政奖补试点工作（以下简称一事一议财政奖补试点），取得了积极成效，为全国扩大试点积累了经验。根据《中共中央国务院关于2009年促进农业稳定发展农民持续增收的若干意见》（中发［2009］1号）关于“总结试点经验，完善相关政策，扩大农村公益事业一事一议财政奖补试点范围”精神，现就进一步扩大一事一议财政奖补试点工作有关事项通知如下：

一、充分认识扩大一事一议财政奖补试点的重要意义

在当前应对国际金融危机、扩大内需促进经济平稳较快发展的新形势下，扩大一事一议财政奖补试点，具有十分重要的意义。扩大一事一议财政奖补试点，发挥财政资金带动作用，有利于完善和激活一事一议筹资筹劳制度，让农民依靠自己的双手，在政府支持下改善生产生活条件；有利于充分利用农村富

余劳动力发展村级公益事业，带动农民就业，拉动农村投资和消费，促进农村经济发展；有利于继续贯彻“多予、少取、放活”的方针，为公共财政覆盖农村开辟新渠道，引导社会资金流入农村，促进城乡公共服务均等化，加快形成城乡经济社会发展一体化新格局；有利于充分发挥农民的主体作用和首创精神，推进以村民大会、村民代表会议为主要形式的村民民主议事决策实践，转变基层政权组织职能，完善乡村治理机制，促进农村基层民主政治建设。

二、扩大一事一议财政奖补试点的指导思想和基本原则

（一）指导思想。扩大一事一议财政奖补试点工作的指导思想是，以邓小平理论和“三个代表”重要思想为指导，全面贯彻落实科学发展观，按照党的十七届三中全会和 2009 年中央一号文件要求，进一步总结经验，完善政策，健全制度，积极扩大试点，探索建立“政府资助、农民参与、社会支持”的村级公益事业建设新机制。

（二）基本原则。一是坚持农民自愿，量力而行。开展一事一议财政奖补试点，要尊重农民主体地位，调动农民参与积极性，坚持农民自愿，量力而行，妥善处理调动农民积极性和减轻农民负担的关系。二是突出重点，注重实效。一事一议财政奖补项目要重点选取那些群众需求最迫切、反映最强烈、利益最直接的村级公益事业作为切入点，力求取得实效。三是因地制宜，分类指导。各地要结合实际，制定财政奖补政策，加强分类指导，确保财政奖补政策切实可行和农民群众直接受益。四是加强管理，规范操作。要规范议事程序，健全各项制度，确保议事和审批过程、政府奖补项目的申报、资金和劳务的使用管理透明、公开，实现管理的精细化和科学化。

三、扩大一事一议财政奖补试点的实施步骤

2009 年，除已在全省开展试点的黑龙江、河北、云南三省以外，从已开展局部试点，具有一定工作基础和扩大试点愿望的省份中，选择江苏、内蒙古、湖南、安徽、贵州、重庆、宁夏等七个省份在全省范围内开展试点；选择湖北、广西、甘肃、福建、山西、陕西、江西等七个省份在局部扩大试点。上述扩大试点省份的试点工作方案经工作小组会同财政部、农业部审批后实施。目前没有开展试点的省份由各省（自治区、直辖市）选择 1～2 个县（市）自主开展试点，积累经验。在此基础上，再用 1～2 年时间，在全国全面推开一事一议财政奖补工作。

四、因地制宜，制定一事一议财政奖补办法

（一）精心制定奖补试点方案。各试点省份要按照中央精神，结合实际，制订切实可行的试点方案。在试点面上，要坚持“普惠制”和“特惠制”相结合，既要集中财力抓重点村的建设，又要保证一定的试点面，让惠民政策的阳光照耀到更多的老百姓。在奖补标准上，要根据经济发展水平、财力状况、建设成本、试点地区的努力程度等因素分类确定，对老少边穷地区予以适当照顾，向投入大、工作实、效果好的地区适当倾斜。在奖补项目选择上，要遵循先易后难的工作原则，优先支持解决群众最需要、见效最快的村内道路（包括农场、林场道路）硬化、村容村貌改造等村内公益事业，让农民群众看见实实在在的效果。在奖补内容上，既可以是资金奖励，也可以是实物补助，只要群众拥护，符合实际，富有成效，都可以大胆尝试。

（二）建立村级公益事业建设稳定的投入机制。各试点省份要调整财政支出结构，增加一事一议财政奖补资金的投入。对中央选择批准试点的省份，中央财政根据地方财政的奖补情况，按照《财政部关于村级公益事业一事一议中央财政奖补事项的通知》（财预［2009］5号）有关规定，安排资金予以补助。同时，以新农村建设规划为平台，鼓励有条件的地方，结合实际，将支农专项资金和一事一议奖补资金捆绑使用，分别管理，各记其功，重点解决当前农民最急需、最现实的村级公益事业建设问题。倡导社会捐资赞助，鼓励集体经济投入，引导村民筹资筹劳，形成村级公益事业建设稳定投入机制。

（三）确定简明规范的奖补工作程序。各地要制定一事一议建设项目财政奖补的具体审核管理办法，简化审批程序，提高工作效率。奖补资金的申报原则上实行自下而上，先建后补，由开展一事一议筹资筹劳的村申请，乡镇人民政府对村级申报奖补项目的合规性、可行性和有效性进行初审，县级财政、农业部门按职责复审。对一定限额以下的项目，要充分发挥县乡贴近农村、熟悉基层的优势，由县级审批，省级备案。对一些重点议事建设项目由县级上报省级农村综合改革领导小组办公室、财政、农业部门审核，确定奖补金额。为使试点工作尽快开展起来，各地可先预拨部分奖补资金，一些项目可实行建设和奖补并行，在项目竣工验收合格后办理结算，全部兑现奖补资金。财政奖补资金拨付到县级以后，统一由县级人民政府负责管理，在县级财政部门设立专户，专账管理，列入各级财政“对村级一事一议补助”决算科目，确保专款专用。要坚持实行财政奖补资金报账制。原则上只有在村民筹资、村集体投入、社会捐赠资金到账，具备项目开工条件后，才能由村级提出申请，由县级或乡镇财政部门按工程进度拨付资金。

五、健全一事一议财政奖补试点相关配套措施

（一）建立健全一事一议筹资筹劳制度。按照《国务院办公厅关于转发农业部村民一事一议筹资筹劳管理办法的通知》（国办发［2007］4号）要求，引导村民按程序、合理筹资筹劳，防止不顾农民承受能力，加重农民负担。对资金需求量较大的议事项目，可以一次议事，按规定的筹资限额标准筹集两年的资金，但须经全体村民同意，并报省级农民负担监督管理部门审核批准后方可实施，且第二年不准再筹。试点省份和地区根据实际，经省级人民政府批准，可以适当提高筹资筹劳标准。对筹资确有困难的，允许以工折资，或以物料折资；对筹劳确有困难的，在坚持农民自愿的前提下，允许以资代劳。

（二）实行一事一议奖补项目建设情况公示制。全面公开一事一议财政奖补政策、实施办法、办事程序和服务承诺，由村民代表对一事一议建设项目进行全程监督和管理。已建成的一事一议奖补项目，村级要将筹资筹劳的数量、项目资金（实物）的安排使用等情况进行公示，得到村民认可，提高财政奖补工作的透明度和有效性。

（三）建立档案管理制度。乡镇要将村民一事一议筹资筹劳的会议记录、村民签字方案、奖补项目申请表等原始材料汇总归档，对一些重点奖补的项目和基础数据，省或县也要建档立册，规范管理，夯实工作基础。

（四）建立督促检查制度。加大监督检查和绩效考核力度，不准超出议事适用范围、违反民主议事程序开展村民筹资筹劳，不准借债建设议事项目；不准向农民下达筹资筹劳指标；不准强迫农民筹资筹劳建设政府“形象工程”，加重农民负担。对试点工作成效显著的要予以奖励，对违反一事一议程序、加重农民负担、截留挪用筹集资金和奖补资金的行为要及时责令纠正，追回资金，追究责任。

（五）建立村级公益事业设施管理和养护制度。按照“谁投资、谁受益、谁所有、谁养护”的原则，对一事一议财政奖补项目形成的资产，落实管护责任主体和养护资金来源，提高资产的使用效率和养护水平，发挥资产的长期效用。

六、加强对扩大一事一议财政奖补试点工作的组织领导

村级公益事业建设财政奖补工作，政策性强，牵涉面广，工作量大，既关系着亿万农民群众的切身利益，也事关农村社会经济的长远发展。各试点省份要从落实科学发展观、统筹城乡发展的高度，提高思想认识，坚持主要领导亲自抓，层层落实责任，形成上下联动、左右协调、齐抓共管的工作机制。要加强分类指导，正确处理政府资金奖补和农民筹资筹劳的关系、调动农民建设积极性和减轻农民负担的关系、兴建村级公益事业和设施养护的关系，逐步完善一事一议财政奖补试点相关政策，确保改革试点规范运行。要坚持以县为主组织实施，县级人民政府要切实担负起村级公益事业建设的组织规划、指导协调和管理监督责任，要成立一事一议财政奖补工作领导小组，建立协调制度。乡镇人民政府要加强农村基层组织建设，做好具体组织协调工作；村“两委”干部要发挥好带头和表率作用，发动和组织村民开展一事一议。各级农村综改办、财政、农业等部门要深入调查研究，加强政策宣传，搞好组织协调，发挥各自的职能优势，认真履行职责，及时总结试点经验和做法，确保扩大试点工作顺利推进。

国务院农村综合改革工作小组
财政部
农业部
二〇〇九年五月二十一日

农业部《关于积极做好一事一议财政奖补试点工作的通知》

农经发〔2008〕号

各省、自治区、直辖市（农林、农牧）厅（委、局、办）：

近日，国务院农村综合改革工作小组、财政部、农业部发出《关于开展村级公益事业建设一事一议财政奖补试点工作的通知》（国农改［2008］2号，以下简称《通知》），中央财政将安排一定资金，选择黑龙江、河北、云南3个省在全省范围开展一事一议财政奖补试点工作，并对有关事项作出安排。这是完善一事一议筹资筹劳制度的重大措施，是构建村级公益事业建设投入新机制的重要内容，也是推进农村基层民主政治建设的有效途径。为深入贯彻落实《通知》精神，切实做好一事一议财政奖补试点工作，现通知如下：

一、试点省份要深入探索，为全面开展一事一议财政奖补试点工作积累经验

（一）扩大一事一议筹资筹劳实施面，为财政奖补奠定基础。要加强对一事一议筹资筹劳工作的组织领导，确定专人负责，明确工作责任，切实加强对一事一议筹资筹劳组织实施的指导。采取典型示范、经验交流、检查督促等多种形式，鼓励和引导广大农民群众积极参与民主议事，切实做到民主决策、民主管理、民主监督。通过多种措施，扩大一事一议筹资筹劳实施面，为实施一事一议财政奖补奠定基础。要加强调查研究，善于分析新情况、解决新问题，积极探索加强农村基层民主制度建设的新途径。

（二）严格执行政策，切实防止加重农民负担。各级农民负担监管部门要与财政部门密切协作，共同做好对一事一议财政奖补项目审核的工作，防止将一事一议变成加重农民负担的口子，防止将一事一议财政奖补项目变成上级立项、农民配套的钓鱼工程，防止将一事一议财政奖补项目变成劳民伤财的形象工程，防止平调、挪用筹集的资金、劳务及财政奖补资金的违规行为。

一事一议财政奖补项目审核工作的重点在基层。县级农民负担监管部门要认真复审一事一议筹资筹劳财政奖补方案，切实纠正不符合一事一议筹资筹劳规定的有关问题，配合做好奖补资金的兑现工作。对超出一事一议适用范围、违反议事程序、超过限额标准的，不得列入财政奖补范围；举债兴办的村内公益事业建设项目，不得列入财政奖补范围。特殊原因确需跨年度筹集资金和劳务，须经全体村民同意，报省级人民政府农民负担监管部门审核批准后方可实施。对筹集资金、劳务及财政奖补资金的管理使用情况实施监督、审计，真正把筹集的资金、劳务和财政奖补资金落实到一事一议项目建设上。

省级农民负担监管部门要主动与财政部门沟通协调，共同拟定有关文件，共同审核确定奖补项目，加强一事一议财政奖补全过程的管理监督。

（三）结合实际，制定奖补实施办法。要深入调研，积极探索，加强沟通，结合本省实际，与财政部门共同尽快制定一事一议财政奖补的具体实施办法，以便为本省开展一事一议财政奖补试点提供依据，并为全国开展这项工作积累经验。

二、非试点省份要创造条件，为开展一事一议财政奖补工作奠定基础

（一）抓紧提出一事一议筹资筹劳的实施意见。开展一事一议筹资筹劳是一事一议财政奖补的前提。各省（区、市）要根据《国务院办公厅关于转发农业部村民一事一议筹资筹劳管理办法的通知》要求，结合本省（区、市）实际，抓紧提出一事一议筹资筹劳的实施意见，明确具体政策界限、限额标准和分摊办法等，并加强指导、监督和管理，保证一事一议筹资筹劳工作的健康开展。

（二）积极组织培训。村民一事一议筹资筹劳是一项新制度。各级农民负担监管部门要制定培训方案，有计划、有步骤地开展培训。通过培训，要使基层干部特别是村组干部提高对一事一议筹资筹劳重要性的认识，能够利用一事一议的方式，积极组织农民议事；使基层干部熟悉并严格执行筹资筹劳的适用范围、民主程序等相关规定，组织农民把该议的事议好；使基层干部提高民主管理能力，把农民急需办的、直接受益的事办实办好。

（三）主动开展试点。非试点省份的农民负担监管部门要积极做好一事一议财政奖补的有关基础工作，争取地方政府支持，主动与财政部门沟通协调，共同选择少数具备条件的县（市）开展试点，探索路子，为全面开展一事一议财政奖补试点工作创造条件、奠定基础。

三、建立健全制度，规范一事一议财政奖补工作

（一）深入开展宣传，调动农民群众参与一事一议的积极性。各地要根据一事一议、财政奖补的工作内容、进度，利用新闻媒体、开辟专栏等多种形式，加大宣传力度，做到一事一议、财政奖补的有关政策宣传进村、入户、到人。通过广泛宣传，增强农民群众参与民主议事的主动性，增强执行民主决议的自觉性，逐步推动和规范一事一议筹资筹劳、财政奖补工作的开展。

（二）建立健全制度，规范财政奖补程序。在一事一议财政奖补试点中，要深入研究，积极探索，建立健全预（决）算、项目验收、财务公开、档案管理、监督检查等项制度，实行电子信息化操作，做到一事一议财政奖补底数清楚、把关严格、村民明白、查阅方便、监督到位，管理规范。

（三）加强调查研究，认真总结经验。各级农民负担监管部门要通过深入调研，及时掌握了解面上情况，及时发现解决出现的问题，及时总结宣传试点经验，切实提高工作指导和服务水平。各省（区、市）的一事一议筹资筹劳实施意见、财政奖补的具体实施办法，要及时报我部经管司备案。

为规范操作、有序推进一事一议财政奖补试点工作，在总结3省和各地试点经验的基础上，我部与国务院农村综合改革工作小组、财政部将适时制定有关一事一议财政奖补的具体实施办法。

中华人民共和国农业部

二〇〇八年三月十八日

《村民一事一议筹资筹劳管理办法》

为规范村民一事一议筹资筹劳（以下简称筹资筹劳），加强农民负担监督管理，保护农民的合法权益，促进农村基层民主政治建设和推进社会主义新农村建设，根据有关法律、行政法规的规定，制定本办法。

本办法所称筹资筹劳，是指为兴办村民直接受益的集体生产生活等公益事业，按照本办法规定经民主程序确定的村民出资出劳的行为。筹资筹劳应遵循村民自愿、直接受益、量力而行、民主决策、合理限额的原则。农业部负责全国筹资筹劳的监督管理工作。县级以上地方人民政府农民负担监督管理部门负责本行政区域内筹资筹劳的监督管理工作。乡镇人民政府负责本行政区域内筹资筹劳的监督管理工作。

一、筹资筹劳的范围与对象

（一）筹资筹劳的适用范围：村内农田水利基本建设、道路修建、植树造林、农业综合开发有关的土地治理项目和村民认为需要兴办的集体生产生活等其他公益事业项目。

对符合当地农田水利建设规划，政府给予补贴资金支持的相邻村共同直接受益的小型农田水利设施项目，先以村级为基础议事，涉及的村所有议事通过后，报经县级人民政府农民负担监督管理部门审核同意，可纳入筹资筹劳的范围。

属于明确规定由各级财政支出的项目，以及偿还债务、企业亏损、村务管理等所需费用和劳务，不得列入筹资筹劳的范围。

（二）筹资筹劳的议事范围为建制村。

（三）筹资的对象为本村户籍在册人口或者所议事项受益人口。

筹劳的对象为本村户籍在册人口或者所议事项受益人口中的劳动力。

（四）五保户、现役军人不承担筹资筹劳任务；退出现役的伤残军人、在校就读的学生、孕妇或者分娩未满一年的妇女不承担筹劳任务。

（五）属于下列情况之一的，由当事人提出申请，经符合规定的民主程序讨论通过，给予减免：

1. 家庭确有困难，不能承担或者不能完全承担筹资任务的农户可以申请减免筹资；

2. 因病、伤残或者其他原因不能承担或者不能完全承担劳务的村民可以申请减免筹劳。

二、筹资筹劳的程序

（六）需要村民出资出劳的项目、数额及减免等事项，应当经村民会议讨论通过，或者经村民会议授权由村民代表会议讨论通过。

（七）筹资筹劳事项可由村民委员会提出，也可由 1/10 以上的村民或者 1/5 以上的村民代表联名提出。

对提交村民会议或者村民代表会议审议的事项，会前应当向村民公告，广泛征求意见。提交村民代表会议审议和表决的事项，会前应当由村民代表逐户征求所代表农户的意见并经农户签字认可。

（八）召开村民会议，应当有本村 18 周岁以上的村民过半数参加，或者有本村 2/3 以上农户的代表参加。召开村民代表会议，应当有代表 2/3 以上农户的村民代表参加。

村民委员会在召开村民会议或者村民代表会议前，应当做好思想发动和动员组织工作，引导村民积极参与民主议事。在议事过程中要充分发扬民主，吸收村民合理意见，在民主协商的基础上进行表决。

村民会议所做筹资筹劳方案应当经到会人员的过半数通过。村民代表会议表决时按一户一票进行，所做方案应当经到会村民代表所代表的户过半数通过。

村民会议或者村民代表会议表决后形成的筹资筹劳方案，由参加会议的村民或者村民代表签字。

（九）相邻村村民共同直接受益的筹资筹劳项目，应当由受益村协商、乡镇人民政府协调，按照分村议事、联合申报、分村管理资金和劳务的办法实施。

（十）筹资筹劳方案报经乡镇人民政府初审后，报县级人民政府农民负担监督管理部门复审。对符合本办法规定的，县级人民政府农民负担监督管理部门应当在收到方案的 7 个工作日内予以答复；对不符合筹资筹劳适用范围、议事程序以及筹资筹劳限额标准的，县级人民政府农民负担监督管理部门应当及时提出纠正意见。

三、筹资筹劳的管理

（十一）省级人民政府农民负担监督管理部门应当根据当地经济发展水平和村民承受能力，分地区提出筹资筹劳的限额标准，报省级人民政府批准。

（十二）对经审核的筹资筹劳事项、标准、数额，乡镇人民政府应当在省级人民政府农民负担监督管理部门统一印制或者监制的农民负担监督卡上登记。

村民委员会将农民负担监督卡分发到农户，并张榜公布筹资筹劳的事项、标准、数额。

村民委员会按照农民负担监督卡登记的筹资筹劳事项、标准、数额收取资金和安排出劳。同时，应当向出资人或者出劳人开具筹资筹劳专用凭证。

（十三）村民应当执行经民主程序讨论通过并经县级人民政府农民负担监督管理部门审核的筹资筹劳方案。对无正当理由不承担筹资筹劳的村民，村民委员会应当进行说服教育，也可以按照村民会议通过的符合法律法规的村民自治章程、村规民约进行处理。

（十四）筹集的资金应单独设立账户、单独核算、专款专用。

村民民主理财小组负责对筹资筹劳情况实行事前、事中、事后全程监督。筹资筹劳的管理使用情况经民主理财小组审核后，定期张榜公布，接受村民监督。

（十五）任何单位或者个人不得平调、挪用一事一议所筹资金和劳务。

任何机关或者单位不得以检查、评比、考核等形式，要求村民或者村民委员会组织筹资筹劳，开展达标升级活动。

任何单位或者个人不得擅自立项或者提高标准向村民筹资筹劳；不得以一事一议为名设立固定的筹资筹劳项目。

村民或者村民委员会有权拒绝违反规定的筹资筹劳要求，并向乡镇人民政府及县级以上地方人民政府农民负担监督管理部门举报。

（十六）地方人民政府农民负担监督管理部门应当将筹资筹劳纳入村级财

务公开内容，并对所筹集资金和劳务的使用情况进行专项审计。

（十七）属于筹劳的项目，不得强行要求村民以资代劳。村民自愿以资代劳的，由本人或者其家属向村民委员会提出书面申请，可以以资代劳。

以资代劳工价标准由省级人民政府农民负担监督管理部门根据不同地区的实际情况提出，报经省级人民政府批准后予以公布。

（十八）由村民筹资筹劳，开展村内集体生产生活等公益事业建设的，政府可采取项目补助、以奖代补等办法给予支持，实行筹补结合。

对政府给予扶持资金的筹资筹劳项目，有关项目管理部门在进行项目审核、审批时，农民负担监督管理部门应就项目筹资筹劳是否符合村民一事一议的有关规定进行审查，并参与对项目筹资筹劳和资金使用情况的监督。

对使用财政一事一议筹资筹劳以奖代补专项资金的事项，具体审核管理办法由财政部、农业部另行制定。

（十九）违反本办法规定要求村民或者村民委员会组织筹资筹劳的，县级以上人民政府农民负担监督管理部门应当提出限期改正意见；情节严重的，应当向行政监察机关提出对直接负责的主管人员和其他直接责任人员给予处分的建议；对于村民委员会成员，由处理机关提请村民会议依法罢免或者作出其他处理。

（二十）违反本办法规定强行向村民筹资或者以资代劳的，县级以上地方人民政府农民负担监督管理部门应当责令其限期将收取的资金如数退还村民，并依照本办法第十九条规定对相关责任人提出处理建议。

（二十一）违反本办法规定强制村民出劳的，县级以上地方人民政府农民负担监督管理部门应当责令其限期改正，按照当地以资代劳工价标准，付给村民相应的报酬，并依照本办法第十九条规定对相关责任人提出处理建议。

四、其他规定

（二十二）根据受益主体和筹资筹劳主体相对应的原则，可适当缩小议事范围。以村民小组或者以自然村为单位议事的，参照本办法的有关规定执行。

（二十三）本办法自发布之日起施行。

国务院办公厅

二〇〇七年一月十六日

附录3　辽宁省相关政策文件汇总

《辽宁省一事一议财政奖补村内道路建设项目管理办法》

第一章　总　　则

第一条　为加强我省一事一议财政奖补村内道路建设项目管理，规范项目建设程序，提高项目建设质量，根据《村级公益事业建设一事一议财政奖补项目管理暂行办法》（财农改〔2011〕3号）及有关制度办法，结合我省实际，制定本办法。

第二条　本办法所称项目管理，是指按现行一事一议财政奖补政策要求，对一事一议村内道路建设项目计划、申报、审批、实施、验收、管护、资金兑付，以及绩效评价、监督检查等环节的管理。项目管理应全面规范，简便易行，确保尊重农民意愿、议事程序合规，确保符合农村的实际情况。

第三条　本办法所称村内道路，是指国家村通油路工程以外的行政村内通屯连户道路，包括行政村内自然屯与自然屯之间道路、自然屯内巷道及相应村内道路配套的桥梁，国有农（林）场类似于村屯内的生活区公益性道路。

第四条　一事一议财政奖补村内道路建设应坚持以下原则：

（一）统筹规划，有序推进。要结合县级城乡总体规划，科学合理确定村内道路建设项目计划，提高项目建设的前瞻性、计划性和协调性，处理好当前和长远、局部和整体、一般和重点的关系，推动一事一议财政奖补工作全面、均衡、有序开展。

（二）先议后筹，先筹后补。一事一议财政奖补村内道路建设项目，要在充分尊重村民意愿的前提下，必须经村民民主议事程序同意后，方可按省政府确定的标准筹资筹劳，并在农民筹资筹劳到位且完成路基改造任务后，才能给予相应的财政奖补。

（三）因地制宜，量力而行。要充分考虑政府财力及村民承受能力，村内道路建设的规模及标准要与当地社会经济发展水平相适应。一事一议财政奖补资金实行总量控制。

（四）公开公示，阳光操作。一事一议财政奖补村内道路项目建设要做到公开透明、公平公正，民主议事、筹资筹劳、招投标、实施和验收等全过程实行公示制，自觉接受社会和群众监督，确保项目建设质量。

第二章　管理职责

第五条　一事一议财政奖补村内道路建设实行分级管理和以县为主的管理机制。省农村综改办（含省财政厅，下同）总牵头并组织协调相关工作，负责筹集和分配省以上财政奖补资金，以及对市县财政奖补资金使用的监管等；省交通厅（省公路管理局，下同）负责项目行业管理，包括对项目实施、进度及质量的监管等；省农委负责村民民主议事和筹资筹劳的监管等。

第六条 市农村综改办（含市财政局，下同）牵头，会同市交通局和市农委共同进行项目计划编制和审核，负责落实本级承担的奖补资金，监督和指导县农村综改办（含县财政局，下同）落实本级负担的奖补资金，规范县乡财政奖补资金使用和管理，做好检查验收和相关协调工作等；市交通局（市公路管理处，下同）主要负责项目行业管理，包括对项目实施、进度和质量的监管等；市农委主要负责一事一议民主议事和筹资筹劳管理。

第七条 县级农村综改办牵头，会同县交通局和县农委共同进行项目计划编制和审核，负责落实本级负担的奖补资金，规范使用和及时拨付各级奖补资金，组织协调交通、农委等部门及时有效开展民主议事和筹资筹劳，村内道路项目规划设计、监理和招投标，项目实施监管、验收检查等。

县级交通局负责项目实施全过程的监督和指导，监管项目建设进度、质量控制，以及发布工程进度和质量信息等工作。

县级农委负责村民民主议事、筹资筹劳管理，指导乡、村规范履行一事一议筹资筹劳项目申报和审批等。

第八条 县级政府是一事一议财政奖补村内道路建设实施主体，必须实行“一把手”负责制，切实加强领导和组织协调相关部门、乡镇政府及村委会的工作。县乡政府要做好宣传发动、落实相关政策，组织村民完成村内道路路基改造、排水工程等工作。

第三章 项目建设标准

第九条 村内道路项目建设标准，主要包括路基和路面两部分：

（一）路基建设标准。路基表层的填料要采用易于压实、强度高、水稳定性好的砂砾、砂性土、山皮土、砾石等，不得含有腐殖土、黏性土等土质，表面要平整密实、边坡稳定、线形平顺、纵向排水顺畅。

路基最小填土高度应使路肩边缘高出路基两侧地面积水高度，并有 0.5 m 的安全高度，同时考虑地下水、毛细水和冰冻的作用，不使其影响路基的强度和稳定性。

路基宽度为路面宽度和土路肩宽度之和，单侧土路肩宽度一般不小于 0.75 m，当地形受限时，可采用 0.5 m。结合沿线地形、地质、水文等自然条件，设置必要的排水设施。

结合沿线地形、地质、水文等自然条件，设置必要的排水设施。村屯外的路段可采用直接开挖的土质边沟，村屯内的路段可设置石砌边沟或混凝土预制插板边沟，边沟宽度可视路基宽度而定，但单侧不得小于 30 cm。

（二）路面建设标准。包括村内道路路面宽度和路面结构层两部分。

一是路面宽度。村内组与组间道路，一般情况路面宽度要达到 5 米，特殊情况不低于 3.5 米，路基宽度可根据实际情况适当加宽。村内主巷道路面宽度原则上不低于 5 米，分巷道路面宽度可因地制宜，原则上不低于 3 米，路基可根据实际情况适当加宽。

二是路面结构层。一般由面层、基层和垫层组成。

常用的路面面层主要有沥青混凝土，最小厚度为 2.5 cm；沥青贯入式，最小厚度为 4 cm；普通水泥混凝土，最小厚度为 18 cm；纤维混凝土，最小厚度为 7 cm 等标准。

常用的路面基层主要有水泥稳定沙砾（砾石）、天然沙砾（砾石）等结构。其中水泥稳定沙砾（砾石）为半刚性结构层，厚度不小于 15 cm；天然沙砾（砾石）为柔性结构层，厚度不小于 20 cm。

常用的路面垫层主要有天然砂砾（砾石），厚度不小于 15 cm。

三是村内道路常用的路面结构形式有 6 种（详见附件 1）。各地在村内道路建设中可因地制宜选择相应的结构形式，其中村内主通道（含组间路）可采用较高标准结构，村内其他巷道可采取较低的标准结构，以降低项目造价。

（三）村内道路桥梁项目。小桥桥面净宽与路基同宽，大、中桥桥面净宽根据实际情况确定，但不小于原路路基宽度。

第十条　各级农村综改、交通、农委等项目管理部门，以及村内道路项目涉及的乡镇和行政村、勘察设计、施工、监理、质监等单位均要执行本规定，并承担相应的责任。

第四章　建立项目库

第十一条　一事一议财政奖补村内道路建设项目实行村民议定、村级申报、乡镇初审、县级审批、市省备案的管理制度。

拟开展一事一议筹资筹劳的行政村，由村民委员会组织制定村内道路建设方案，并按规定开展一事一议民主议事，落实筹资筹劳，再将筹资款（包括村民筹资、村集体投入、社会捐赠等资金）全额交存乡镇“一事一议项目”专户，经县级农民负担监督管理部门审批后，即可上报项目建设和奖补资金申请，填报《一事一议财政奖补村内道路项目申报文本》（附件 2），并附筹资筹劳方案、村民会议或村民代表会议议事记录、村民筹资交存乡镇专户凭证、县级农民负担监督管理部门审批结论等相关资料，上报乡镇政府审核批准后，每年 1 月初由乡镇政府将一事一议村内道路建设项目和奖补资金申请表，上报县级农村综改办、交通局和农委等部门。

县属国有农（林）场参照村民委员会的项目建设和奖补资金申请及所附相关资料，提出申请经县主管部门审核后报县农村综改办、县交通局和县农委。

第十二条 县级农村综改办、交通局和农委等部门共同对乡镇政府及县属国有农（林）场主管部门上报的村内道路建设项目和奖补资金申请等情况进行审核确定，再由县级农村综改办组织录入一事一议财政奖补信息监管系统，建立一事一议村内道路项目库。

省、市属国有农（林）场可参照上述做法，提出村内道路建设项目和奖补资金申请，分别经省、市农村综改办、交通（厅）局和省、市农委审核批复后，由省、市农村综改办组织录入一事一议财政奖补信息监管系统，建立一事一议村内道路项目库。

第五章 年度计划编制

第十三条 县级政府每年要编制一事一议财政奖补村内道路建设项目年度计划。年度计划的编制要与全县美丽乡村建设、新农村建设、农村新社区建设、城镇化建设、村内道路建设等总体规划，以及省政府确定的重点区域相结合，充分考虑农村的经济发展，统筹兼顾、协调发展，同时还要考虑项目库建设情况、财政配套能力、村民筹资筹劳能力和施工力量等因素。对城市扩展规划内的郊区城镇、已规划新城新市镇建设地区，以及纳入村屯改造和整村移民扶贫地区等不得纳入计划编制范围。

第十四条 村内道路建设计划编制工作，要在县级政府统一领导下，由县级农村综改办牵头，会同县交通、农委等部门具体负责，依据省每年按因素法确定下达的年度奖补资金控制额度，共同从一事一议村内道路项目库中选择重点项目，填制《一事一议财政奖补村内道路建设项目计划表》（附件 3），经县级政府批准后，于每年 3 月底前上报市、省相关部门备案。

第十五条 对列入年度计划的村内道路建设项目，县级农村综改办、交通和农委等部门要指导乡镇政府和村委会，在项目实施年度的 5 月中旬前，组织村民完成路基改造、排水工程等工作。未完成上述任务或经县级相关部门验收不合格的，可按程序调整项目年度计划，由县农村综改、交通和农委审核后，报县政府审批。

第十六条 年度计划下达后，项目建设必须严格执行审批文件要求，各部门或实施单位不得擅自更改地点、性质、内容、标准和投资规模等。因村民要求等客观原因确需变更的，必须由县级农村综改、交通和农委等部门共同审核批准，报县政府批准后，才能变更，并及时上报市、省相关部门备案。单个部门擅自同意变更计划的，县级农村综改办对已变更的项目不给予财政奖补。

第六章　项目施工管理

第十七条　一事一议财政奖补村内道路项目计划经县级政府审批后，可由县级农村综改办会同交通、农委等联合纪检、监察部门，采用招投标或竞争性谈判方式确定有相应资质的设计单位，并签订设计服务合同，根据村内道路状况，对自然屯到自然屯的道路进行施工图设计，对自然屯内巷道统一出具施工标准图。施工图或施工标准图设计完成后，由乡镇政府和村民委员会于每年5月中旬前，组织村民完成路基改造和排水设施等建设。

第十八条　一事一议财政奖补村内道路建设要根据各地实际情况，因地制宜，在具备已明确的实施条件且确保质量的前提下，可按村民意愿由乡镇政府组织实施，也可由县级政府组织实施。

第十九条　乡镇政府组织实施的村内道路建设项目，应于年度计划下达后，由乡镇政府向县级农村综改、交通、农委等部门提出申请，经审核批准后，方可由乡镇政府组织实施，同时上报市农村综改办备案。

第二十条　由乡镇政府组织实施的村内道路建设项目，要由当地乡镇政府召集相关部门和项目村，在当地纪检、监察部门等行政监督下，统一组织进行村内道路项目路面工程的招投标，确定具有相应资质的施工队伍施工。乡镇政府、项目所在地的村两委要与施工单位共同签订施工承包合同和安全生产合同，并报送县级农村综改、交通、农委等部门备案，再由乡镇政府和村两委共同负责或组织村民监督施工单位按施工图设计开展村内道路建设。

第二十一条　由县级政府组织实施的村内道路建设项目，要由县级农村综改办会同交通、农委等部门，在当地纪检、监察部门等行政监督下，共同负责村内道路项目路面工程的招投标工作，确定具有相应资质的施工队伍施工。县级农村综改办、交通和农委等部门要与施工单位签订施工承包合同和安全生产合同，并组织施工单位按施工标准图开展村内道路建设。乡镇政府和村两委共同负责组织村民监督施工单位施工。

第二十二条　县级农村综改、交通、农委等部门要联合纪检、监察部门，采用招投标或竞争性谈判方式确定有相应资质的施工监理单位，并签订监理服务合同，对年度内实施的一事一议财政奖补村内道路建设项目进行监理。监理单位及监理人员应严格执行监理服务合同，承担项目建设全过程的监理责任。

第二十三条　村内道路建设项目全面实行合同制管理，特别是项目施工承包合同要明确严禁项目分包或转包。项目组织实施单位与施工单位、勘察设计单位、施工监理单位签订合同后，须严格履行合同条款要求，坚决杜绝对项目建设转包和分包行为。

第二十四条　项目开工实行报告审批制度，具备开工条件的村内道路项目由施工单位提出开工申请，经监理签字后，由县级农村综改办、交通和农委共同审批，未经审批不得擅自开工；经监理单位审查，施工单位自检体系不健全、原材料检验项目不全或不合格的项目不得开工。

第二十五条 要加强项目实施阶段的管理，用于项目建设的材料和设备，必须按规定进行检验，经检验不合格的产品，不得进入施工现场。施工过程中，施工单位应按规范要求的试验项目和频数对原材料进行质量监控。要严把工程转序关，转序前监理人员必须进场核实检测，经乡镇政府或县级农村综改、交通和农委等部门同意后，方可进行下道工序施工。

第二十六条 路基改造合格、排水设施到位的项目可进行路面项目施工，沥青贯入式路面应于 8 月底前完工，沥青混凝土摊铺路面应于 9 月 15 日前完工；水泥路面及桥涵项目可于 10 月底前完工。

第七章　项目监督管理

第二十七条 一事一议财政奖补村内道路建设应发挥村民理财小组、项目监督小组等监督管理作用，实行民议、民管，确保项目质量。村委会要组织部分村民成立项目监督委员会，并与项目监理人员相互合作，实行专业监理和村民监管相结合的办法，共同负责监督项目质量。

第二十八条 县级农村综改办要会同交通、农委等部门，加强对村内道路项目的日常监督检查，督促施工单位和监理机构履行职责，加强对施工各环节的质量监控，确保工程质量，提高项目建设的科学性和安全性。若发现施工单位有层层转包或分包行为的，要及时给予纠正，并因地制宜地实行有效的制裁措施。

第二十九条 监理单位及监理人员要全面负责本单位承担的所有村内道路建设项目监理内业的填报和整理，对玩忽职守、不认真履行责任的监理人员，要追究其相应责任。

第八章　项目验收管理

第三十条 村内道路项目完工后，要经工程质量监督单位出具质量鉴定报告。县级农村综改办牵头，会同县交通、农委等部门，于每年 10 月中旬至 11 月底，对年度内完工的每条村内道路，就村民民主议事、筹资筹劳、施工管理（招投标、合同和工程质量等）、资金使用管理、项目档案等情况，共同组织全面检查验收。

第三十一条 县级验收结束后，由市农村综改办牵头，会同交通、农委等部门共同对县级验收结果进行全面核实，并分别上报省相关部门。省农村综改办、省交通厅和省农委等部门要组成考核验收小组，或聘请中介机构，对各市、县验收工作进行实地抽查或检查验收和绩效评价。

第三十二条　考核验收后，对市、县级能够有效控制工程质量、项目造价和建设进度，且较好地完成各项指标的，在分配下年度一事一议财政奖补资金时给予适当奖励；对未能完成规定指标的或经核实不属于一事一议奖补范围的，按规定相应扣减当年奖补资金，并核减下年度奖补额度。

第三十三条　对市、县在建设和施工管理中因人为失误给项目造成重大损失浪费，以及在工作中玩忽职守、徇私舞弊的，省有关部门将根据情节给予相关人员行政处分和经济处罚，构成犯罪的，移交司法部门依法追究其法律责任。

第九章　奖补资金管理

第三十四条　各级财政对一事一议村内道路路面建设给予奖补，其中路宽3米的村内道路，平均每公里补助20万元；路宽3.5米的村内道路，平均每公里补助25万元；路宽5米的村内道路，平均每公里补助35万元；村内道路桥梁项目，平均每平米补助2 000元，所需奖补资金省以上财政承担70%，市、县承担30%。对康平等15个省定扶贫开发工作重点县，省以上承担80%，市、县承担20%。国有农（林）场类似于村内道路建设项目按上述政策执行。

第三十五条　村民一事一议筹资筹劳的范围、对象、程序和标准等要严格按照《辽宁省村民一事一议筹资筹资劳管理办法》（辽政办发〔2010〕16号）、《关于调整全省村民一事一议筹资筹资劳限额标准的通知》（辽农负发〔2013〕1号）规定执行。凡村民议事程序不规范、不按限额标准筹资酬劳的，一律不得列入一事一议财政奖补村内道路项目计划。

第三十六条　财政奖补资金实行总量控制、分级负责、专账管理、县乡报账、专款专用的管理方式，必须专项用于一事一议村内道路路面及桥梁工程建设所需的人工费、材料费、机械作业费、设计监理费等补助，其中的设计监理费用，可按不超过奖补资金的3%提取，由县级农村综改办根据相关规定和合同，直接拨付给设计和监理单位。财政奖补资金不得用于项目管理费和村内道路路面及桥梁工程建设以外的其他支出，也不得返给出资人。村民筹资筹劳、村集体投入、社会捐赠等资金主要用于村内道路路基改造和排水设施建设，且保证不增加村民负担、不增加村级债务、不降低建设标准。

第三十七条　市、县财政视村民一事一议民主议事和筹资筹劳开展情况，按相应承担的比例，先行落实奖补资金，省财政视市、县财政奖补资金落实情况，同比例拨付奖补资金。县级财政采取建补并行的方式，按项目进度拨付资金，项目竣工验收合格后进行清算。国有农（林）场的财政奖补资金按预算关系拨付。

第三十八条 村内道路项目路面施工前，县级财政依据项目年度计划，按报账制管理的要求，预先拨付30%的奖补资金到施工单位或乡镇财政；项目实施过程中，依据项目实施进度向施工单位或乡镇财政拨付资金，竣工前支付至奖补资金90%；项目完工后，经相关部门验收合格，再支付5%的奖补资金支付给施工单位；剩余的5%奖补资金为质量保证金，一年缺陷责任期满后未发现工程质量问题，质量保证金全额支付给施工单位。如未按规定程序及时拨付奖补资金的，省将在年终考核时相应扣减考核分数，并相应扣减上年度奖补资金额度。财政奖资金拨付后，要及时列支，记"对村级一事一议补助"支出科目。

第三十九条 各级财政部门要加大对奖补资金管理和使用情况的监督检查，严防虚报、套取、截留和挪用。对违反操作、截留挪用、骗取村民筹资和财政奖补资金的行为，要责令纠正，追回资金，并按规定追究相关当事人责任。如奖补资金管理和使用中存在违法行为，依据《财政违法行为处罚处分条例》（国务院令第427号）规定追究法律责任。

第十章 管护和档案管理

第四十条 县乡财政、农村综改部门应督促村级建立健全一事一议财政奖补项目运行管护机制，按照"谁投资、谁受益、谁所有、谁养护"的原则，落实管护主体，明确管护责任，保障项目正常运转，长期发挥效益。对奖补项目形成的资产，要及时登记入账，切实做好固定资产管理工作。

第四十一条 县乡财政、农村改办部门应重视一事一议财政奖补村内道路项目档案或数据库管理等基础工作，及时将财政奖补项目申报、项目建设预决算、建设前后图片、竣工验收报告等相关原始资料汇总归档，由乡镇政府和村民委员会留存，分别建档立册，实行档案化、规范化管理。

第四十二条 按照政府信息公开的要求，一事一议村内道路建设要实行"七公开"制度，即公开建设项目、建设标准、资金来源和使用（包括筹资筹劳）、招投标、参建单位（设计单位、施工单位、监理单位、质监单位）、工程进度及质量、交（竣）工验收，并项目现场要建立简易公示牌或公示栏，向社会和群众公开，接受社会和群众的监督。

第十一章 附 则

第四十三条 除村内道路外的其他村级公益事业建设一事一议财政奖补项目管理可参照执行。

第四十四条 本办法自下发之日起执行。《辽宁省一事一议财政奖补村内道路建设实施方案》（辽农改办〔2011〕24号）、《辽宁省一事一议财政奖补村内道路建设项目管理实施细则》（辽农改办〔2011〕29号）、《关于调整一事一议财政奖补村内道路建设有关政策和要求的通知》（辽农改办〔2012〕5号）、《关于完善一事一议财政奖补村内道路建设相关政策的通知》（辽农改办〔2012〕47号）同时废止。

辽宁省财政厅

二〇一五年九月八日

辽宁省《关于村级公益事业建设一事一议财政奖补试点工作的意见》

我省为国家确定的2010年全面开展村级公益事业建设一事一议财政奖补试点工作省份。为推动试点工作深入开展并取得实效，结合我省实际，现提出如下意见。

一、指导思想、基本原则和工作目标

（一）指导思想。

深入贯彻落实科学发展观，坚持统筹城乡发展，围绕新农村建设，以农民自愿出资出劳和直接受益为基础，以政府奖补资金为引导，充分发挥农民和社会各方面的积极性，探索建立新形势下“政府资助、农民参与、社会支持”的村级公益事业建设有效机制。

（二）基本原则。

1. 农民自愿，筹补结合。尊重农民主体地位，以村民民主决策、自愿筹资筹劳为前提，政府给予适当奖补，调动农民参与的积极性，促进村级公益事业建设。

2. 突出重点，注重实效。在全省普遍实施的基础上，合理确定重点加以推进，并选择农民需求最迫切、反映最强烈、利益最直接的村屯改造等村级公益事业项目为切入点，确保农民群众直接受益，力求取得实效。

3. 健全机制，合力推进。建立健全各项制度，引导村民筹资筹劳，倡导社会捐赠赞助，鼓励村集体经济组织投入，形成有效的村级公益事业建设投入运行机制。将现有用于农村各项公益事业建设的投入与一事一议财政奖补资金整合使用，分别管理。

4. 规范管理，阳光操作。按有关制度和办法要求，规范项目和资金管理，确保政府奖补项目的申报与审批、资金和劳务的使用管理公正合理、公开透明，接受群众监督。

（三）工作目标。

在全省（不含大连市）涉农县（含县级市、区，下同）全面开展一事一议财政奖补试点工作，重点支持以村屯改造为主的村内公益事业建设，力争用一年时间，使绝大部分村屯建设有较大改观，逐步建立村级公益事业建设稳定的投入机制。

二、奖补范围与责任划分

（一）奖补范围。

主要包括以村民一事一议筹资筹劳为基础、目前财政涉农资金没有覆盖的以村屯改造为主要内容的户外村内道路、环卫设施、文化活动场所、植树造林、村容村貌以及水渠（灌溉支渠以下的斗渠、毛渠）、堰塘、桥涵、机电井、小型提灌或排灌站等村级公益事业建设项目。国有农（林）场类似于村级公益事业建设的项目纳入财政奖补范围。

超过省政府规定的筹资筹劳限额标准、举债兴办的村内公益事业建设等项目，不列入奖补范围。

（二）责任划分。

村级公益事业具有准公共产品性质，政府、村集体经济组织和农民都有建设村级公益事业的责任。跨村以及村以外范围的公益事业建设项目投入应主要由各级政府分级负责，由现有的投入渠道解决；村内道路、小型水利、环卫设施、文化活动场所、植树造林等村民直接受益的公益事业，应以村民通过一事一议筹资筹劳和村集体经济组织投入为主，财政适当给予奖补；农民自家受益的修路、建厕、打井、植树等投资投劳由农民自己负责。

三、奖补比例与奖补方式

（一）奖补比例。

对农民通过一事一议筹资筹劳开展的村级公益事业建设，财政按照筹资筹劳（折资）总额的50%比例予以补助。所需财政奖补资金省以上财政承担70%，市、县财政承担30%，市、县两级财政都要承担，具体承担比例由市确定。对15个省定扶贫开发工作重点县，省以上财政的奖补比例提高到80%，市、县财政承担20%。国有农（林）场类似于村级公益事业建设项目，财政按照职工（农工）筹资筹劳（折资）总额的50%比例给予补助，省以上财政承担70%，市、县财政或国有农（林）场承担30%。其中县属国有农（林）场的项目，市财政承担10%，县财政承担20%；市属国有农（林）场的项目，市财政承担10%，国有农（林）场承担20%；省属国有农（林）场的项目，由国有农（林）场承担30%。

（二）奖补方式。

财政奖补资金实行总量控制，并采取预先下达和建补并行的方式兑现，项目竣工验收后清算。坚持普惠和重点相结合，在各市、县普遍开展一事一议财政奖补工作基础上，省选择农村综合改革工作基础好、奖补资金安排较多、群众筹资筹劳踊跃的县作为重点县，在奖补项目上给予优先支持。

四、申报程序和工作机制

（一）申报程序。

1. 奖补项目和资金申请与审批。村民委员会在制定村级公益项目建设方案，并按规定落实一事一议筹资筹劳后，通过乡镇政府向县农村综改办、县财政局和县农委（县农发局、县农经局、县农林局，下同）提出奖补项目及资金申请。县农村综改办、县财政局和县农委审核后，按省实施方案确定的省、市、县相应审批限额，分别逐级我县政府，市农村综改办、市财政局、市农委和省农村综改办、省财政厅、省农委审批。

2. 奖补资金拨付和清算。省、市、县财政采取预先下达和年终清算的方式兑现财政奖补资金。市、县财政视村民一事一议筹资筹劳开展情况，尤其是筹资存人乡镇村会计委托代理办公室专户情况，按相应承担的比例，预先将奖补资金下达到县或乡镇财政设立的报账户，省财政视市、县财政奖补资金到位率情况，同比例下达省奖补资金。县农村综改办和县财政局采取建补并行和报账制方式，按项目进度拨付资金，项目竣工验收合格后清算。

国有农（林）场的奖补项目和资金申请、审批按隶属关系，经同级主管部门审核后，报同级农村综改办、财政局和农委，参照上述申报程序进行审批，财政奖补资金按预算关系拨付。

（二）工作机制。

试点工作实行省统筹、市协调、以县为主的工作机制。省主要负责统筹组织、政策制定、实施方案审批、工作指导、监督和检查验收等；市主要负责组织协调、市级政策和方案制定、对县实施方案的审批和工作指导、监督检查等；县主要负责全面组织实施的各项工作。省、市要尽量下移管理权限，充分发挥县一级工作积极性。

五、相关配套措施

（一）严格执行村民一事一议筹资筹劳制度。坚持村民自愿、民主决策、上限控制、程序规范的制度规定，积极引导农民出资出劳开展村级公益事业建设，严禁加重农民负担。对资金需求量较大、超过省政府规定的筹资筹劳标准的议事项目，可以一次议事，按规定的筹资限额标准筹集 2 年的资金，但须经全体村民同意，并报省农民负担监督管理部门审核批准后方可实施，且次年不准再筹。

（二）统筹编制奖补项目规划。县级政府要根据新农村建设总体规划和群众意愿，结合村级公益事业的发展现状，按照“统一规划、突出重点、因地制宜、连片推进、分步实施”的要求，组织统筹编制以行政村为单元的一事一议财政奖补项目5年规划和年度计划，并与村屯建设、扶贫开发整村推进、乡村道路建设、饮水安全工程、村容村貌整治、农村环境连片整治、文化广场建设等政府扶持政策有机结合。

（三）制定切实可行的实施方案。各市、县政府要结合本地实际，制定切实可行的实施方案。各市实施方案报省农村综改办、省财政厅、省农委审批；重点县实施方案，经市农村综改办、市财政局、市农委审批后，报省农村综改办、省财政厅、省农委备案。实施方案要明确有关政策，增强试点工作的针对性和有效性。既要考虑有一定的试点面，又要兼顾财政和农民的承受能力，坚持普惠和重点相结合，优先选择受益面大、村“两委”得力、群众积极性高的村组项目和关系老百姓日常生活、农民群众最急需、见效最快的村内道路硬化、垃圾处理、村容村貌整治等村屯改造项目以及边远山区、少数民族等经济欠发达地区的项目。

（四）建立奖补项目农民自主施工管理制度。项目实施由村民委员会组织农民自主建设，无法由村民自行完成的建设项目，由村民委员会组织招投标实施。项目建设中，村民委员会要在受益农户中民主推选部分村民组成工程建设监督小组，代表受益农户全程监督工程建设进度、质量。项目完成后，村民委员会要组织村民理财小组、工程建设监督小组、另选部分受益农户组成工程验收小组，对项目建设进行检查验收，并出具验收意见后，再由专业部门验收。村民委员会要将一事一议财政奖补项目建设的有关情况向村民公示，接受群众监督。项目验收要以农民满意为根本标准。

（五）建立奖补项目设施管理和养护制度。按照“谁投资、谁受益、谁所有、谁养护”的原则，对奖补项目形成的资产，归项目议事主体所有，并承担日常管理和养护责任，建立农村公共设施运行维护新机制，提高资产的使用效率和养护水平，发挥资产的长期效用。

（六）实行检查验收和奖罚机制。省、市要定期组织有关部门对县级试点工作进行考核验收。省对重点县实行动态竞争进退机制，考核验收合格的继续作为重点县；不合格的退出重点县；工作业绩突出的非重点县可在下年度列为重点县。对成效显著的县给予适当奖励；对存在严重问题，经多次督促整改不到位的县，除追回财政奖补资金，追究有关人员责任外，下年度不再安排省财政奖补资金。

（七）切实加强财政投入和资金管理。各级财政要加大一事一议财政奖补资金投入力度，将所需奖补资金列人年度财政预算，并规范地实行资金拨付清算制、专账管理和报账制、村民理财小组监督制等资金管理制度，对财政奖补项目实行单项核算、考核等单项管理制度，加强资金和项目管理，确保试点工作规范有序开展。

六、加强组织领导

各地要从落实科学发展观、促进统筹城乡协调发展的高度，切实加强对试点工作的组织领导，层层落实责任制。要坚持政府主要领导亲自抓、分管领导靠前抓、职能部门具体抓，形成上下联动、左右协调、齐抓共管的工作机制。各市政府要做好对县级试点工作的分类指导和督促检查。县级政府要切实负起组织规划、指导协调、推动实施和管理监督责任。财政部门要安排必要的工作经费，支持农村综改办、农业部门有效开展工作。乡村干部要进村人户进行宣传发动，组织农民开展好一事一议财政奖补项目建设，落实好各项政策。

各级农村综改办、财政、农业等部门要密切配合，通过新闻媒体、召开经验交流现场会、举办政策业务培训班等多种形式，加强宣传和指导，总结推广经验，确保试点工作健康有序进行。

省农村综合改革领导小组办公室

省财政厅

省农委

二〇一〇年五月十日

辽宁省《村民一事一议筹资筹劳管理办法》

第一章　总　　则

第一条　为规范村民一事一议筹资筹劳（以下简称筹资筹劳），加强农民负担监督管理，保护农民的合法权益，促进农村基层民主政治建设和扎实稳步推进社会主义新农村建设，根据有关法规和《国务院办公厅关于转发农业部村民一事一议筹资筹劳管理办法的通知》（国办发〔2007〕4号），结合我省实际，特制定本办法。

第二条　本办法所称筹资筹劳，是指为兴办村民直接受益的集体生产生活等公益事业，按照本办法规定经民主程序确定的村民出资出劳的行为。

第三条　筹资筹劳应遵循村民自愿、直接受益、量力而行、民主决策、合理限额的原则。

第四条　省农委负责全省筹资 监督管理工作。各市、县级农民负担监督管理部门负责本行政区域内筹资筹劳的监督管理工作。乡镇人民政府负责本行政区域内筹资筹劳的监督管理工作。

第二章　筹资筹劳的范围与对象

第五条　筹资筹劳适用于村内农田水利基本建设、道路桥梁修建、植树造林、村容村貌整治、农业综合开发有关的土地治理项目和村民认为需要兴办的集体生产生活等其他公益事业项目。

对符合当地农田水利建设规划，政府给予补贴资金支持的与相邻村共同直接受益的小型农田水利设施项目，先以村级为基础议事，涉及的村所有议事通过后，报经县级农民负担监督管理部门审核同意，可纳入筹资筹劳范围。

第六条　下列事项不得纳入筹资筹劳范围：

（一）大中型水利基础设施建设、农村电网改造、学校建设和维护、五保户供养、民兵训练等明确规定应由财政支出和不应由农民承担的项目。

（二）偿还债务、企业亏损、村务管理等所需费用和劳务。

（三）水电费、有线电视收视费等有确定收费对象和标准的费用。

（四）需长年实施并应由农户自己完成的田间地头沟渠、房前屋后卫生维护等项目。

（五）不符合筹资筹劳有关规定的其他项目。

第七条　筹资筹劳的议事范围为建制村。

第八条　筹资的对象为本村户籍在册人口或者所议事项受益人口。

第九条　筹劳的对象为本村户籍在册人口或者所议事项受益人口中的男性18周岁至55周岁、女性18周岁至50周岁的劳动力。

第十条　五保户、现役军人、军烈属不承担筹资筹劳任务；退出现役的伤残军人、在校就读的学生、孕妇或者分娩未满1年的妇女、完全丧失劳动能力的村民不承担筹劳任务。

第十一条　属于下列情况之一的，由当事人提出申请，经符合规定的民主程序讨论通过，给予减免：

（一）家庭确有困难，不能承担或者不能完全承担筹资任务的农户可以申请减免筹资；

（二）因病、伤残或者其他原因不能承担或者不能完全承担劳务的村民可以申请减筹劳。

第三章　筹资筹劳的程序

第十二条　需要村民出资出劳的项目、数额及减免、以资代劳工价标准等事项，应当经村民会议讨论通过，或者经村民会议授权由村民代表会议讨论通过。

第十三条　筹资筹劳事项可由村民委员会提出，也可由1/10以上的村民或者1/5以上的村民代表联名提出。还可由乡镇人民政府根据各村实际情况，建议村民委员会组织开展集体生产公益事业建设项目。项目实施方案可由村委会结合实际自行制定，也可根据国家和政府扶持项目投资计划或实施方案制定。

第十四条　对提交村民会议或者村民代表会议审议的事项，会前应当向村民公告，广泛征求意见。提交村民代表会议审议和表决的事项，会前应当由村民代表逐户征求所代表农户的意见并经农户签字认可。

第十五条　召开村民会议，应当有本村 18 周岁以上的村民过半数参加，或者有本村 2/3 以上农户的代表参加。召开村民代表会议，应当有代表本村 2/3 以上农户的村民代表参加。

村民委员会在召开村民会议或者村民代表会议前，应当做好思想发动和动员组织工作，引导村民积极参与民主议事。在议事过程中要充分发扬民主，吸收村民合理意见，在民主协商的基础上进行表决。

第十六条　村民会议所做筹资筹劳方案应当经到会人员的过半数通过。村民代表会议表决时按一户一票进行，所作方案应当经到会村民代表所代表的户过半数通过。村民会议或者村民代表会议表决后形成的筹资筹劳方案，由参加会议的村民或者村民代表签字。

第十七条　相邻村村民共同直接受益的筹资筹劳项目，应当由受益村协商、乡镇人民政府协调，按照分村议事、联合申报、分村管理资金和劳务的办法实施。

第十八条　筹资筹劳方案通过后，村民委员会要将筹资筹劳项目、数额以及村民会议或村民代表会议讨论表决等有关情况，填入省级农民负担监督管理部门统一监制的《村民一事一议筹资筹劳申报表》，经乡镇人民政府初审后，报县级农民负担监督管理部门复审。对符合本办法规定的，县级农民负担监督管理部门应当在收到方案的 7 个工作日内予以答复；对不符合筹资筹劳适用范围、议事程序以及筹资筹劳限额标准的，县级农民负担监督管理部门应当及时提出纠正意见。

第四章　筹资筹劳的管理

第十九条　筹资筹劳原则上实行上限控制，每年每人筹资不得超过本县（市、区）农民上年人均纯收入的 1%，每年每个劳动力数量最高不得超过 10 个标准工日以资代劳工价标准不得超过当地当时劳动工日的工价标准。各县（市、区）筹资、筹劳及以资代劳工价标准的具体上限标准由县级农民负担监督管理部门会同统计部门研究提出，经县级人民政府并报市人民政府审核同意后于每年 3 月底前公布，并报省农委备案。上限标准可一年一定，也可以几年不变。

第二十条 对经审核的筹资筹劳事项、标准、数额，乡镇人民政府应当在省级农民负担监督管理部门统一印制的《农民负担监督手册》上登记，由村民委员会发到农户。

第二十一条 村民委员会要向出资出劳人出具由市级农民负担监督管理部门统一印制的筹资筹劳专用收据。

印制筹资筹劳专用收据所需费用由市级财政部门承担，列入当年财政预算。

第二十二条 筹资要严格用于一事一议项目建设。村民筹资（包括自愿以资代劳资金）、村组织筹资（包括自有和各种赞助）必须全部落实到位，并交乡镇村会计委托代理办公室专户管理，单独核算，专款专用。

第二十三条 筹劳要严格用于一事一议项目建设所需劳务。村民筹劳以出劳为主，任何单位和个人不得强行要求村民以资代劳，不得以筹劳名义变相集资。村民因外出务工、经商等原因不能出劳的，可委托他人代劳，也可自愿以资代劳。

第二十四条 对政府给予扶持资金的筹资筹劳项目，有关项目管理部门在进行项目审核、审批时，农民负担监督管理部门应就项目筹资筹劳是否符合村民一事一议的有关规定进行审查，并参与对项目筹资筹劳和资金使用情况的监督。

第二十五条 项目预算不能留资金缺口，禁止村集体经济组织借贷款或拖欠工程款搞项目建设，坚决制止村集体经济组织发生新的债务。

第二十六条 村民理财小组对筹资筹劳的提取、管理、使用情况实行事前、事中、事后全程监督。

第二十七条 各级农民负担监督管理部门应当将筹资筹劳的提取和使用情况纳入村级财务公开内容，并开展专项审计。乡镇人民政府对劳务的使用情况要进行专项审计；县级农民负担监督管理部门对筹资使用情况每年全面审计一次；省、市农民负担监督管理部门进行重点审计。

第二十八条 任何单位和个人不得平调、截留、挪用一事一议所筹资金，任何单位和部门不得以检查、评比、考核等形式，要求村民或村民委员会组织筹资筹劳。在村级一事一议筹劳范围外需要村民出劳的，要给予劳动者报酬。

第二十九条 村民或者村民委员会有权拒绝不符合规定的筹资筹劳，有权向乡镇人民政府或县级以上农民负担监督管理部门举报。对未经批准要求村民或者村民委员会组织筹资筹劳的，农民负担监督管理部门应责令其限期纠正，已收取的资金必须全部退回，已形成的劳务，必须按当地以资代劳工值标准给予报酬。对强迫村民筹资筹劳情节严重的，移交行政监察机关处理。构成犯罪的，移交司法机关依法追究当事人的刑事责任。

第三十条 各级政府和有关部门要加强对筹资筹劳的领导，要围绕农村和农民的需要，设立投资项目，做到上下结合，资金互补；对村民委员会和村民自筹资金有困难的，可通过缩小建设项目范围或延长建设期等方式分重点地区、逐年完成建设；国家投入不足，村民无力解决的项目，暂缓安排。

第三十一条 各级政府要建立以奖代补等制度引导鼓励村民筹资筹劳开展村内集体生产生活等公益事业建设。

第三十二条 村民必须按《农民负担监督手册》登记的数额，及时缴纳资金和出劳。对无正当理由不承担筹资筹劳的村民，村民委员会应当进行说服教育，也可以按照村民会议通过的符合法律法规的村民自治章程、村规民约进行处理。

第五章 附 则

第三十三条 以村民小组或者以自然村为单位议事的，参照本办法的有关规定执行。

第三十四条 本办法由省农委负责解释。

第三十五条 本办法自发布之日起施行。

辽宁省人民政府办公厅

二〇一〇年四月二十七日

参　考　文　献

安瑾瑾，岳书铭．2011. 村级公益事业建设一事一议财政奖补试点办法比较分析［J］. 山东农业大学学报（社会科学版），(4)：33－38.

陈定洋，王泽强．2008. 从非合作博弈到合作博弈——基于当前农村社区公共产品供给机制“一事一议”制度分析［J］. 商业研究，(3)：52－56.

曹海林，刘焕智，许庞．2017. 一事一议财政奖补政策实施的农户满意度及其影响因素分析——基于苏北 H 镇的田野调查［J］. 经济问题探索，(1)：44－50.

曹海林，许庞．2014. 一事一议财政奖补政策效应分析——基于苏皖二镇的实地调查［J］. 农村经济，(12)：46－50.

陈杰，刘伟平，余丽燕．2013. “一事一议”财政奖补制度绩效及评价研究——以福建省为例［J］. 福建论坛（人文社会科学版），(9)：133－138.

陈杰，刘伟平，余丽燕．2013.《“一事一议”财政奖补制度绩效及评价研究——以福建省为例》［J］. 福建论坛（人文社会科学版），(9)．

陈强．2014. 高级计量经济学及 Stata 应用［M］. 2 版．北京：高等教育出版社．

蔡起华，朱玉春．2015. 社会信任、关系网络与农户参与农村公共产品供给［J］. 中国农村经济，(7)：57－69.

陈硕，朱琳．2015. 基层地区差异与政策实施——以农村地区“一事一议”为例［J］. 中国农村经济，(2)：66－75.

陈潭，刘祖华．2009. 迭演博弈、策略行动与村庄公共决策——一个村庄“一事一议”的制度行动逻辑［J］. 中国农村观察，(6)：62－71，96－97.

常伟，苏振华．2008. 农村公共产品问题的历史考察［J］. 中共宁波市委党校学报，(6)：79－86.

邸焕双．2014. 创新与重构：新农村建设背景下的农村社区公共产品供给制度分析［D］. 长春：吉林大学．

杜辉．2012. 村级公益事业建设一事一议、财政奖补的执行偏差与矫正［J］. 贵州社会科学，(3)：64－69.

杜威漩．2015. 小农水管护场域的进化博弈与制度嵌入［J］. 农村经济，(5)：92－97.

冯静生．2011. 水利建设投融资的国际经验［J］. 中国农村金融，(19)：82－83.

高鉴国，高功敬．2008. 中国农村公共品的社区供给：制度变迁与结构互动［J］. 社会科学，(3)：68－76.

高子达．2016. 河北省农村公共服务运行维护机制研究［J］. 经济研究参考，(17)：36－39.

广西罗城仫佬族自治县财政局课题组．2012. 村级公益事业建设“一事一议”财政奖补工作研究——基于对广西罗城仫佬族自治县的调查［J］. 经济研究参考，(70)：37－39，48.

韩鹏云，刘祖云．2012. 农村“一事一议”制度变迁：理论内涵及路径创新［J］. 山东农业大学学报（社会科学版），（2）：34－38.

韩鹏云，刘祖云．2011. 村级公益事业“一事一议”：历程、特征及路径创新——基于制度变迁的分析范式［J］. 经济体制改革，（5）：31－34.

何文盛，姜雅婷，王焱．2015. 村级公益事业建设一事一议财政奖补政策绩效评价——以甘肃省6县（区）为例［J］. 中国农村观察，（3）：38－51，96－97.

黄坚．2006. 论“一事一议”的制度困境及其重构［J］. 农村经济，（11）：125－127.

黄维健．2009. 关于农村公共产品供给机制问题［J］. 经济学家，（1）：26－28.

何文盛，姜雅婷，王焱．2015. 村级公益事业建设一事一议财政奖补政策绩效评价——以甘肃省6县（区）为例［J］. 中国农村观察，（3）.

胡静林．2013. 深刻学习领会党的十八大精神　加快一事一议财政奖补政策转型升级［J］. 农村财政与财务，（7）.

刘祖华．2007. 农村“一事一议”的实践困局与制度重构［J］. 甘肃理论学刊，（9）：98－101.

吕玮，赵佳佳．2007. 中国经济发展过程中的公共服务与收入分配调节［J］. 财贸经济，（5）：45－52.

林万龙．2002. 乡村社区公共产品的制度外筹资：历史、现状及改革［J］. 中国农村经济，（7）：27－35.

林万龙．2007. 中国农村公共服务供求的结构性失衡：表现及成因［J］. 管理世界，（9）：62－68.

刘鸿渊，闫泓．2008. 农村村级公共产品“一事一议”难题与破解［J］. 求实，（8）：89－92.

罗敏．2012. 村级一事一议财政奖补政策执行中的问题及建议——以甘肃省农村公益事业建设为例［J］. 财政研究，（3）：71－73.

罗仁福，王宇，张林秀，刘承芳，易红梅．2016.“一事一议”制度、农村公共投资决策及村民参与——来自全国代表性村级调查面板数据的证据［J］. 经济经纬，（2）：30－35.

罗万纯，陈怡然．2015. 农村公共物品供给：研究综述［J］. 中国农村观察，（6）：84－91.

林万龙，刘仙娟．2006. 税费改革后农村公共产品供给机制创新：基于交易成本角度的探讨［J］. 农业经济问题，（4）：30－34.

林万龙．2007. 农村公共服务市场化供给中的效率与公平问题探讨［J］. 农业经济问题，（8）：4－10.

刘燕，冷哲．2016. 一事一议财政奖补对微观主体的激励效应研究——一个理论分析框架［J］. 财政研究，（5）：76－89.

李燕凌．2014. 县乡政府农村公共产品供给政策演变及其效果——基于中央“一号文件”的政策回顾［J］. 农业经济问题，（11）：43－50.

李琴，熊启泉，孙良媛．2005. 利益主体博弈与农村公共品供给的困境［J］. 农业经济问题，（4）：34－37.

李成威．2005. 公共产品理论与“一事一议”制度［J］. 中央财经大学学报，（11）：13－17.

李世刚，尹恒．2012. 县级基础教育财政支出的外部性分析——兼论“以县为主”体制的有

效性 [J]. 中国社会科学，(11) .

李秀义，刘伟平 . 2015. 财政奖补后村庄公益事业建设合作困境的破解——基于福建 39 个村庄的实证分析 [J]. 农林经济管理学报，(1)：91 - 100.

李秀义，刘伟平 . 2017. 农村社区公共品“民办公助”供给中的村干部激励研究——对福建省 25 县 239 村一事一议财政奖补实践的调研分析 [J]. 西部论坛，(2)：21 - 29.

李秀义，刘伟平 . 2016. 新一事一议时期村庄特征与村级公共物品供给——基于福建的实证分析 [J]. 农业经济问题，(8)：51 - 62，111.

梁昊 . 2013. 一事一议财政奖补项目后续管护机制研究 [J]. 财政研究，(6)：31 - 34.

凌玲 . 2011. 基于村民参与视角的农村公共产品供给影响因素研究 [D]. 杭州：浙江大学 .

龙小宁，朱艳丽，蔡伟贤，李少民 . 2014. 基于空间计量模型的中国县级政府间税收竞争的实证分析 [J]. 经济研究 (8) .

马萍 . 2016. 关于村级公益事业建设“一事一议”财政奖补政策的几点思考 [J]. 中国乡镇企业会计，(5)：86 - 87.

马衍伟 . 2008. 国外运用税收政策推进农村水利基础设施建设的成功经验 [J]. 水利发展研究，(1)：62 - 67.

聂苏 . 2004. 农村“一事一议”应缓行 [J]. 调研世界，(8)：48 - 49.

彭长生 . 2012. 基于村干部视角的“一事一议”制度绩效及评价研究 [J]. 农业经济问题，(2)：24 - 31.

彭长生，孟令杰 . 2007. 农村社区公共品合作供给的影响因素：基于集体行动的视角——以安徽省“村村通”工程为例 [J]. 南京农业大学学报（社会科学版），(3)：1 - 6.

彭长生 . 2011. “一事一议”将何去何从——后农业税时代村级公共品供给的制度变迁与机制创新 [J]. 农村经济，(10)：7 - 10.

汝信，陆学艺，李培林 . 2006. 2006 年中国社会形式分析与预测 [M]. 北京：社会科学文献出版社 .

宋怡，徐淑明 . 2016. 莒南县一事一议财政奖补工作的再思考 [J]. 中国乡镇企业会计，(4)：184 - 185.

石文伟 . 2013. 加强广西“一事一议”工作的思考 [J]. 经济研究参考，(5)：10 - 12，20.

孙良顺 . 2016. 小型农田水利设施供给机制的困境及路径选择 [J]. 南通大学学报（社会科学版），(1)：119 - 124.

伍德里奇 . 2007. 横截面与面板数据的经济计量分析（中译本）[M]. 北京：中国人民大学出版社 .

王海员，陈东平 . 2012. 村庄民主化治理与农村公共品供给 [J]. 中国农村经济，(6)：72 - 84.

王安才 . 2009. 关于农村公益事业“一事一议”财政奖补的思考 [J]. 地方财政研究，(5)：19 - 21.

王树宝，陈文顺 . 2007. “一事一议”政策与农田水利建设 [J]. 中国农村水利水电，(11)：37 - 38.

王卫星 . 2014. 美丽乡村建设：现状与对策 [J]. 华中师范大学学报（人文社会科学版），

(1)：1-6.

卫龙宝，凌玲，阮建青．2011. 村庄特征对村民参与农村公共产品供给的影响研究——基于集体行动理论［J］. 农业经济问题，(5)：48-53，111.

卫龙宝，张菲．2012. 农村基层治理满意程度及其影响因素分析——基于公共物品供给的微观视角［J］. 中国农村经济，(7)：87-98.

徐勇．2002. 乡村社会变迁与权威、秩序的建构———对两部乡村政治研究著作的评价和思考．中国农村观察，(4)：76-79.

徐小军，郭琴．2008. 农村“一事一议”：历史形成、制度缺陷及完善路径［J］. 云南行政学院学报，(3)：131-135.

许庞，曹海林．2015. 农户对“一事一议”财政奖补政策实施的满意度研究——基于安徽省462家农户的问卷调查数据［J］. 湖南农业大学学报（社会科学版），(2)：85-89.

谢洲．2012. 农村公共品供给一事一议财政奖补制度研究［D］. 重庆：西南大学．

项继权，李晓鹏．2014. 一事一议财政奖补：我国农村公共物品供给的新机制［J］. 江苏行政学院学报，(2)：111-118.

余丽燕．2015.“一事一议”农村公共产品供给分析——基于福建省的调查［J］. 农业经济问题，(3)：33-40.

项继权，李晓鹏．2014.“一事一议财政奖补”：我国农村公共物品供给的新机制［J］. 江苏行政学院学报，(2)：111-118.

杨卫军，王永莲．2005. 农村公共产品提供的“一事一议”制度．财政科学，(1)：181-187.

叶兴庆．1997. 论农村公共产品供给体制的改革［J］. 经济研究，(6)．

禹朝悠．2014. 云南省村级公共产品供给一事一议财政奖补制度研究［D］. 重庆：重庆大学．

殷光胜，胡灿莉．2011. 西部地区农村公益事业建设财政奖补制度研究——以云南财政奖补制度实践为例［J］. 经济问题探索，(6)：54-58.

赵翠萍．2012. 参与式灌溉管理的国际经验与借鉴［J］. 世界农业，(2)：18-22.

张林秀，罗仁福，刘承芳，等．2005. 中国农村社区公共物品投资的决定因素分析［J］. 经济研究，(11)：76-86.

张颖举，常玉红．2009. 村级公共产品一事一议财政奖补制度构建［J］. 福建行政学院学报，(4)：49-53.

张克中，贺雪峰．2008. 社区参与、集体行动与新农村建设［J］. 经济学家，(1)：32-39.

张少春，2011. 全面推开村级公益事业建设一事一议财政奖补工作［J］. 中国财政，(9)：8-11.

张国林，姚玉凤，梁群，宗英飞．2006. 近500年辽宁西部地区干旱成因分析及防御［C］//中国农学会农业气象分会．中国农学会农业气象分会2006年学术年会论文集．

张颖举．2010. 村级公益事业投资中的政府角色与农民行为［J］. 改革，(2)：119-122.

张晓波，樊胜根，张林秀，黄季焜．2003. 中国农村基层治理与公共物品提供［J］. 经济学（季刊），(3)．

占少华．2013. 乡村公共治理的六个视角及其问题——兼议“一事一议财政奖补”政策［J］.

社会科学战线，(10)：221-227.

周密，张广胜.2009.“一事一议”制度与村级公共投资：基于对118位村书记调查的经验分析［J］.农业技术经济，(1)：88-92.

周密，张广胜，刘华，王晓瑞.2017.一事一议财政奖补制度实施的双重效应及其协调机制——基于空间计量模型的实证分析.［J］.中国农村经济，(3)：60-73.

周密，张广胜.2010.“一事一议”制度的运行机制与适用性研究［J］.农业经济问题，(2)：38-43，110-111.

周志敏.2011.完善一事一议财政奖补制度的思考与建议［J］.经济研究导刊，(1)：28-29.

Akerlof G A，R E Kranton. 2000. Economics and Identity［J］. Quarterly Journal of Economics，115（3）：715-753.

Calderón C，L Servén. 2004. The Effects of Infrastructure Development on Growth and Income Distribution［J］. Social Science Electronic Publishing，2004（270）.

Elhorst J P，S Fréret. 2009. Evidence of Political Yardstick Competition in France Using a Two-regime Spatial Durbin Model with Fixed Effects［J］. Journal of Regional Science，49（5）：931-951.

Farina F，P Sbriglia. 2008. Conditional cooperation in a sequential move game［J］. International Review of Economics，55（1-2）：149-165.

Gravel N，A Michelangeli，A Trannoy. 2006. Measuring the social value of local public goods：an empirical analysis within Paris metropolitan area［J］. Applied Economics，38（16）：1945-1961.

Luo R，L Zhang，J Huang，S Rozelle. 2007. Elections. fiscal reform and public goods provision in rural China. Journal of Comparative Economics［J］. 35（3）：583-611.

Martinezbravo M，P I M Gerard，N Qian. 2011. Do Local Elections in Non-Democracies Increase Accountability?［J］. Evidence from Rural China. Cepr Discussion Papers.

Pickhardt M. 2006. Fifty Years after samuelson's "The pure theory of Public Expenditure" what are we left with?［J］. Journal of the History of Economic Thought，28（4）：439-460.

Murrell P，K T Dunn，G Korsun. 1996. The Culture of Policy-Making in the Transition from Socialism：Price Policy in Mongolia［J］. Economic Development & Cultural Change，45（1）：175-194.

López R，G I Galinato. 2007. Should governments stop subsidies to private goods? Evidence from rural Latin America［J］. Journal of Public Economics，91（5）：1071-1094.

Anwar S. 1997. Public consumer goods，output-generated variable returns，and labor supply［J］. Journal of Economics，65（2）：201-215.

Shen Y，Y Yao. 2008. Does grassroots democracy reduce income inequality in China?［J］. Journal of Public Economics，92（10-11）：2182-2198.

Buchholz W，W. Peters. 2001. The Overprovision Anomaly of Private Public Good Supply［J］. Journal of Economics，(74)：63-78.

Zhou M, G Zhang. 2010. Voluntary provision of village-level public goods: From the view of the "One Case One Meeting" system [J]. China Agricultural Economic Review, 2 (4): 484 - 494.

Ziblatt D. 2008. Why Some Cities Provide More Public Goods than Others: A Subnational Comparison of the Provision of Public Goods in German Cities in 1912 [J]. Studies in Comparative International Development, 43 (3 - 4): 273 - 289.

后　　记

本书是国家自然科学基金面上项目“农民工非技能型人力资本的测度及其对城市融合的影响机制与实证”（批准号 71573179）、2017 年度辽宁省社科规划基金重点项目“城镇化背景下辽宁省村级公共产品供给机制创新”（批准号 L17AGL009）等项目的阶段性研究成果，在数据搜集、成果交流等过程中受到上述相关项目的资金支持。

项目研究过程中，我们始终奉行认真、严谨、前瞻和系统性的原则，一方面力求紧扣项目的研究内容、研究思路和目标承诺，由浅入深、由点及面，确保研究成果质量；另一方面，紧密联系社会发展现状，洞察社会发展脉络，力求研究中所使用的数据、资料及方法、理念等既不落伍，又能够符合农村社会发展实际，确保研究结论的可靠性和可信性，以及对策研究的系统性和有效性。

归纳本书，有如下主要特点：一是针对性和前瞻性。本书针对村级公共产品供给问题立意和展开，目的在于呼吁政府和社会给予村级公共产品服务供给的关注，以助推新农村建设及全面建成小康社会目标的尽快实现；同时，本书凝练了著者对村级公共产品供给问题多年的观点和看法，这些观点和看法，既借鉴于知名学者、前辈的真知灼见，也是著者结合理论和中国农村实际进行思考的结果。二是系统性。本书从探讨村级公共产品供给制度的演变历程着手，由浅入深，既强调理论与实际相结合，又重视宏观研究与微观研究、定性分析与定量分析的有机结合，在村级公共产品供给制度的运行机制及其绩效研究中，特别重视系统理念、系统思维和系统方法的使用，从而确保本书结构框架、内容及各专项问题研究的系统性。

在本书的撰写过程中，著者克服统计数据和同类可借鉴学术研究成果不足的困难，花费大量时间精力进行实地调研，取得了许多珍贵的数据，并召开专家论证会和学术研讨会，在深刻分析我国村级公共产品供给现状的基础上，提出了今后我国村级公共产品供给制度的完善对策，具有较强的应用价值。相信本书的研究成果能够给政府相关部门的决策者以参考和启发，也能够为后续研究奠定较为坚实的基础。

本书顺利完成还要归功于团队成员的共同努力，他们是沈阳农业大学经济管理学院研究生赵晓琳、康壮、罗婷婷、童柳荫、孙晓瞳、刘华、王晓瑞，他们不同程度地参加了本书的写作，在此对他们付出的巨大努力深表感谢。

由于水平和时间所限，书中难免疏漏和不当之处，敬请读者批评、指正。

著　者

2017年11月

图书在版编目（CIP）数据

村级公共产品自愿性供给问题研究 ：基于“一事一议”制度的运行机制及绩效视角 / 周密等著．—北京：中国农业出版社，2018.3
ISBN 978-7-109-23892-3

Ⅰ.①村… Ⅱ.①周… Ⅲ.①农村-公共物品-供给制-研究-中国②农村-社会主义民主-建设-研究-中国 Ⅳ.①F299.241②D638

中国农业出版社出版
（北京市朝阳区麦子店街 18 号楼）
（邮政编码 100125）
责任编辑 刘明昌

北京万友印刷有限公司印刷 新华书店北京发行所发行
2018 年 3 月第 1 版 2018 年 3 月北京第 1 次印刷

开本：700mm×1000mm 1/16 印张：16
字数：300 千字
定价：38.00 元